講談社選書メチエ

690

オカルティズム

非理性のヨーロッパ

大野英士

MÉTIER

オカルティズム◉目次

序章　毒薬事件——悪魔の時代の終焉と近代のパラドックス

全ては一六七二年に発覚したある「事件」に発端をもつ。いや、それは「ある終焉の発端」なのだ。

「毒薬事件」。見かけは、太陽王ルイ十四世治世下でおきた陰惨にして淫靡《いんび》というべき一連の事件である。とりあえず最近出版された幾つかのフランス語の書籍（ジャニーヌ・ユア『ブランヴィリエ夫人』、アルレット・ルビーグル『一六七九－一六八二、毒薬事件』、クロード・ケテル『太陽王の影』[1]）などをもとに事件を再構成していくことにしよう。

ブランヴィリエ侯爵夫人

自称サラシー＝カヴァルリー連隊の予備士官サント＝クロワ騎士こと、ジャン＝バティスト・ゴダンが一六七二年にパリの自宅で遺体で発見された。残された所持品の中から、当時の民事警察の最高権力者、パリ民事代官アントワーヌ・ドゥリュー＝ドブレの娘、ブランヴィリエ侯爵夫人マリー＝マドレーヌが、親と実の兄弟二人を毒殺し、妹の毒殺も企てていたことをうかがわせる証拠——ブランヴィリエ侯爵夫人が保証を与えた多額の借金の証文と、彼女のサント＝クロワ宛の多数の手紙、毒薬のサンプル——が発見されたのだ。

ブランヴィリエ侯爵夫人は夫との間に五人の子どもをもうけていたが、夫は公務のために留守がちのうえ、浮気性であり、彼女はやがて夫自身の紹介で出会った、美貌で如才ない放蕩児サント＝クロワとの恋に落ちた。当時彼女は三十三歳。整った愛らしい顔に「驚くほど透き通った青い眼」をもった小柄の美人という評判だったが、中には「本当の意味で美しいとは言えない」と言う者もあった。ブランヴィリエ侯爵夫人は、やがて浪費家の夫に預けていた自らの財産の管理をサント＝クロワに任せるようになる。それればかりか、このいかがわしい男との不倫関係を公衆の目に晒《さら》して憚《はばか》らなかったため、事件発覚から九年前の一六六三年、パリ警察の大立者《おおだてもの》だった父親は、部下に命じてサント＝クロワを逮捕し、一時バスティーユ牢獄に閉じ込めた。しかし、ブランヴィリエ侯爵夫人はサント＝クロワを狂おしいほどに愛していた。サント＝クロワは、彼らの恋愛の障害を取り除き、また二人の遊興によって生じた莫大な借財を清算するため、父親を殺して実家の財産をせしめようとブランヴィリエ侯爵夫人をそそのかし、一六六六年から七〇年にかけて、父親と二人の兄弟を次々に毒殺させる。サント＝クロワは、偽金作りに携わり、バスティーユ出獄後は錬金術＝科学の知識を利用して、毒薬やその他の怪しげな薬を手広く商っていた。ちなみに、サント＝クロワが錬金術や毒薬の製法を学んだのは、バスティーユ牢獄に投獄されていた期間、イタリア人同房者からだったらしい。

サント＝クロワ自身の死の原因は病死である。彼の死後、サント＝クロワの下男でサント＝クロワのために毒殺に関わる汚れ仕事を一手に引き受けていたラ・ショセが捕えられ、一六七三年、グレーヴ広場で生きながら車刑（鉄の棒で四肢の骨を粉砕して折り曲げ、地面に水平に立てた車輪上に架ける刑罰）に処されたが、処刑の前に行われた改悛尋問《かいしゅんじんもん》＝拷問《ごうもん》で全てを明らかにした。

ちなみにフランス旧体制下には準備尋問と改悛尋問という二種類の拷問があった。準備尋問は、被疑者から犯罪事実を自供させるために行う拷問で、必要に応じて行われた。一方、改悛尋問は、すでに死刑が確定した者に共犯者の名前を明かさせるために行われるものだが、こちらは死刑判決を受けた者には必ず行われる措置だった。歴史家クロード・ケテルによれば、これは、罪を犯した者に、神による最後の審判が行われる前に、全ての罪を告白させて改悛させ、地獄の永遠の業火に焼かれることを防ぐため、カトリック教会・司法権力の「温情」にもとづいて科されるものであったという。拷問手段は、三角木馬や、指責め（動物の骨でできた数珠を指の間に挟み込ませた上で手を圧迫する）、吊り落とし（縛って柱に吊り上げ、落下させる）、火責めなどが用いられたが、パリで用いられたのはもっぱら水責め（口に漏斗《ろうと》をくわえさせ、強制的に水を飲ませる）と足枷責め《ブロドウカン》（腿《もも》から足にかけて、次々に板で挟んで骨が砕けるほど締めつける）だった。ラ・ショセが拷問されたのは、足枷責め。ブランヴィリエ侯爵夫人は逮捕後、水責めの拷問を受けている。

　事件後、国外脱出し、イギリス、その後フランス北部のピカルディーに隠れていたブランヴィリエ侯爵夫人は四年後の一六七六年にベルギーのリエージュで拘束され、パリに送還されると、パリ裁判所付属牢獄（コンシェルジュリー）に収容された。同年、四月末から行われた裁判の結果、パリ民事警察最高権力者の父親と兄弟二人の殺害、妹の殺害未遂の罪で、斬首による死刑と決まった。さらに付加刑としてノートル＝ダム寺院前での公然告白の刑が科された。公然告白とは、自分が犯した罪を公衆の面前で告白し、恥辱を身に引き受ける刑罰だ。ブランヴィリエ侯爵夫人の事件は特にサント＝クロワとの恋愛模様をめぐって現代のフランス国内でも関心が高まっており、カトリーヌ・エルマリ＝ヴィエイユの伝記『影の侯爵夫人』[2]にもとづきフランス国営放送フランス2《ドゥー》によって二〇一一年テレビ映画が放映された。また二〇一五－一八年に放送されたフランス・カナダ合作（カナル＋《プリュス》）のテレビ・シリーズ『ヴェルサイユ』（監督ジャリル・レスパート他）もこの毒薬事件が元になっている。もっとも主人公はブランヴィリエ侯爵夫人ではなく、モンテスパン侯爵夫人（一六四一－一七〇七）に置き換えられているが。

「毒薬事件」の進展

しかし事件はこれで終わったわけではなかった。というより始まったばかりだったのだ。一六七六年末、大審院弁護士フェリーの愛人となっていたラ・ド・ラグランジュという女が、神父ナーユと組んで、結婚詐欺を犯した上でフェリーを殺害するという事件が発生した。女はフランス西部のアンジューで人頭税・塩税の徴税役をしていた男の妻で、夫が盗品隠匿《いんとく》の罪で縛り首になった後、パリにのぼり、フェリーの愛人に納まっていたが、そのかたわら占いや、占いを用いた遺失物の捜索、毒薬の取引などにも関わっていた。事件は、ラ・ド・ラグランジュの愛人になっていた神父ナーユがフェリーになりすまし、自身が作成したラ・ド・ラグランジュとフェリーとの結婚証明書を持参して公証人のもとに出頭し、ラ・ド・ラグランジュにフェリーの遺産全額を遺贈するという遺言書を作成させた後に、フェリーを毒殺したというものだ。ところが遺産を横取りされたフェリーの親族の訴えで、悪事が露見。そこから、次々に占いや、堕胎、媚薬や惚れ薬を含む怪しげな薬剤や毒薬の販売、錬金術、黒ミサ等を請け負う胡乱《うろん》無法な男女の国際的な陰謀団のネットワークが浮上してきた。

シャトレ裁判所刑事代官と、パリの民事代官――すなわち、ブランヴィリエ侯爵夫人の父アントワーヌ・ドゥリュー＝ドブレが相次いで横死した後、司法から警察を独立させる形で一六六七年に創設されたパリ警察の初代警視総監を務めることになったガブリエル・ニコラ・ド・ラ・レーニーの捜査により、ルイ・ド・ヴァナン、彼の下男ラ・シャボワシエール、ヴァシモン伯爵夫妻といった、いずれおとらずいかがわしい連中が次々とラ・ド・ラグランジュ事件の捜査線上に上がってきた。ルイ・ド・ヴァナンは南仏プロヴァンス出身で、ブランヴィリエ侯爵夫人の愛人サント＝クロワ同様、錬金術師・偽金作り・毒薬作り・魔術師・治療師などを兼ねた男で、女性向けの頬紅などの化粧品の販売も手がけていたらしい。フランス民俗学者の蔵持不三也は大著『シャルラタン』[3]の中で、近代前夜のフランスで、「生半可な医術を営み、怪しげな薬を売りつけてはいずこともなく去っていく」周縁的な治療者「シャルラタン」の存在を活写した。彼らは、いかがわしさという点では人後に落ちるものではなかったが、客寄せ芸人を引き連れ、大きな祭りや市などで口上を述べて客を集める派手で陽気な性格を併せ持ち、その後の芸能や演劇にも影響をもたらした。サント＝クロワやルイ・ド・ヴァナンは、あるいはこうした陽気なシャルラタンたちの陰鬱な裏の顔だったのかも知れない。

ラ・ド・ラグランジュやルイ・ド・ヴァナン等の一味の中心にいたのは、当時、イタリアに隣接したサヴォワの白十字連隊の士官を務めていたシャストゥーユという男だった。彼はヴァナンと同じプロヴァンスの貴族出身で、私掠船《しりゃくせん》船長の手でチュニジアに奴隷として売られ、そこで錬金術を学んだ後、脱走してサヴォワ公の宮廷にもぐり込むという波瀾万丈の経歴を誇り、「謎の男」「首謀者」と呼ばれ仲間たちから恐れられる存在だった。陰謀団は連隊士官シャストゥーユの導きで、数年前に起こったサヴォワ公カルロ・エマヌエーレ二世の毒殺に関与していた。またヴァナンの錬金術の助手で、サント＝クロワの従僕ラ・ショセ同様、毒殺などの汚れ仕事を一手にこなしていたラ・シャボワシエールは、フランス国王ルイ十四世の近衛連隊へ加入することを目論んでいたことが明らかになった。今や事件はフランスの外交や国王の命にも関わる深刻な様相を帯び始める。[4]

一六七八年、毒殺者の一斉取り締まりが行われ、一六七九年には、ルイ十四世の命により戦争国務卿フランソワ・ミシェル・ルヴォワの監督下に「兵器廠裁判所《アルスナル》」、別名「火焔法廷《シャンブル・アルダント》」と呼ばれる特別法廷が設置された。審理は黒いカーテンに覆われ、常に蠟燭の明かりに照らされた部屋で秘密裡に行われ、その判決に対する控訴は認められなかった。

そしてこの特別法廷の尋問・拷問、犯人相互の告発によって、次々に事件に連なる者たちが逮捕されていった。その数は、最終的には三百人を超える数となる。

逮捕者の一方は、女占い師《ドゥヴィヌレス》を自称する女たちと、彼女たちと組んだ錬金術師、偽金使い、毒薬使い、魔術師（一人が何役も兼ねているので誰が何者と一言では特定できない、いずれもいかがわしい生業《なりわい》の男たち）、彼らと組んだ悪徳司祭たち……。また一方は、その客となったさまざまな階層に属する女たち……町家《まちや》の女房や奥方、さらには公爵夫人、侯爵夫人、伯爵夫人といった名だたる貴族・名家に連なる女性たち。数ははるかに少ないが、やはり名望ある貴族の男性たち……。需要と供給で結ばれ、毒薬と魔術、実利と奇矯な幻想とが奇妙な形で結合した一大共同体の存在が浮上したのだ。

毒薬と魔術と

逮捕された女占い師の中で最も有名で、組織の中心にいたのはラ・ヴォワザンことカトリーヌ・デエ（一六三七頃－一六八〇）という産婆だった。

ロマン派の歴史家ミシュレは、彼の有名な『フランス史』のルイ十四世の項目で次のように書いている。現代に比べると利用できる資料には限りがあったが、ミシュレは大筋のところで「何が行われたか」を見誤っていない。

恋愛と色事、出産と堕胎でよく知られた館があった。その館を構えている婦人たちは、どんな要求にも応えてくれ、自然の成り行きによって彼女たちの最初の生業である堕胎を幼児殺しへ、さらには重要な人物の殺人へと広げてしまっていた。不快な夫、目障りなライバル、それから出世の競争相手、宮廷の敵たちは姿を消し続けた。この生業は栄えていた。よく知られた熟練の毒薬使いの女たちであるラ・ヴォワザン、ラ・ヴィグルー、ラ・フィラストルらは妖術を用いる司祭たちと結びつき、大きな邸宅、従僕、門番、四輪馬車を所有していた。[5]

ラ・ヴォワザンは逮捕された一六七九年当時四十二歳。確かに彼女の暮らしぶりは、他の女占い師に比べれば格段によかったが、実際はミシュレが述べているような、大きな邸宅に住み貴族のような豪奢な生活をしていたわけではなかった。家は、取り壊されたばかりのパリ城壁（現在のグラン・ブルヴァール）と、フォーブール・サン・ドニ通りの中間にある庭つきの一軒家で、家具と言っては、テーブルと二脚の椅子、そして堕胎させた胎児を焼く焼却炉を隠すタピストリーがあるだけだった。それでも彼女の暮らしぶりが他の女占い師たちよりもはるかによかったのは、彼女が当時の社会生活に必要なさまざまな「裏需要」の元締めであり——最も羽振りがよかったが、こうした境遇を享受していたのは彼女一人ではない——、必要に応じて、堕胎、毒殺、黒ミサ……それぞれの専門に通じた者に仕事を回していたからだ。

彼女たち「女占い師」の関わる主な分野は「愛」とその「結果」である妊娠、結婚と、さらにその「結果」である相続だった。占いを通じて下層階級から上流階層までの多くの顧客の悩みを聞き、新しい愛を得たい女、失った愛を取り戻したい女に「惚れ薬」を調合して与えたり、愛を成就させる「呪文」を唱える。そしてその結果できた赤ん坊を彼女たちが産婆として取り上げる。

それが仮に不倫その他の理由で当の女が望まない妊娠だった場合——幼児死亡率が極めて高かった当時、特に下層階級の男女の場合、そもそも子供の養育にそれほどの注意が払われていないこともあって——、その胎児は産婆たちの手で今度は堕胎させられる。

そもそも「惚れ薬」や「愛の呪文」は黒ミサと密接に結びついていた。

彼女たち、捕えられた女占い師の証言を信ずるなら、カンタリス（ツチハンミョウ科の甲虫、ミドリゲンセイ、俗に言うスパニッシュフライを乾燥させたもの。カンタリジンという劇薬成分を含み、媚薬用途の他に強力な毒薬としても用いられる）などと共に、最も強力な惚れ薬の成分と考えられていたのは、胎児や胎盤、臍の緒を焼いた灰を溶かしたり、それを蒸留して作った溶液だったという。また黒ミサには、堕胎によって取り出された胎児の灰を混ぜた聖餅《せいべい》や、キリストの血の象徴であるワインの代わりに、胎児の血を正真正銘の司祭が聖別した聖体が使われた。

大酒飲みで妻に暴力を振るったり、浮気をしたりといった夫の非行を矯正したり、親や年の離れた夫の早死にを願う場合にも、大体はこの種の黒ミサが用いられた。

しかし顧客がそれを望んでいる場合には、さまざまな「呪文」や黒ミサの延長線上で、「遺産の粉末」すなわち、「毒薬」が提案されることになる。

すると普段は怪我や疣《いぼ》に効く万能薬や出血時の血管収縮剤などを調合・販売している療法師＝シャルラタンが、錬金術や化学の知識を応用して砒《ひ》素やカンタリス、蝦蟇《がま》の浸出液をつめた薬瓶や薬包を顧客の元に送り届ける。また場合によっては、顧客の要望を実現し、また宮廷の有力者の庇護を取り付けるためにも、配下の男女を従僕や女中として送り込むこともあった。
　この他、女占い師は、その情報ネットワークを利用した結婚仲介業や、遺失物の探索、賭け事に勝利をもたらす呪いや護符の販売なども行った。「勝利の手《マン・ド・グロワール》」に語呂が通じるマンドラゴラ（ナス科の植物）、すなわち絞首台の下に生えるマンドラゴラや、その代用品になる処刑された人間のミイラ化した手首が高値で取引されていたという。[6]
　女占い師は多様な顧客の需要に応えるため、それぞれが錬金術師や療法師、死刑執行人と繋がりをもち、同様に、黒ミサを司式する司祭をも抱えていた。
　この方面で産婆ラ・ヴォワザンが特に重用し、後世、最も悪名を馳せたのが、聖マルセル教会の聖具納室係を務めていたエティエンヌ・ギブール（一六〇三／一〇－一六八六）という司祭だった。ギブールはパリ生まれ。逮捕された一六八〇年の時点で七十歳を超えた高齢で、モンモランシー（一六三二年にルイ十三世に対する陰謀を企んだ罪で処刑されたアンリ二世）の私生児を自称していた。ギブールは「やぶにらみで」片方の目が完全にあらぬ方角を向いていたが、血色がよく、三十歳ほども年の違うジャンヌ・シャフランという女に七人の子供を産ませていた。彼は、ラ・ヴォワザンや他の女占い師のために、頻繁に黒ミサを行ったが、こうした黒ミサは通例依頼した女の腹、しかも素裸にした女の腹の上で行われたという。ラ・ヴォワザンの娘は、その供述の中で次のように証言している。

　彼女〔ラ・ヴォワザン娘〕は彼女の母親〔ラ・ヴォワザン〕の命令で二回、黒ミサに参加した。彼女は修道院長〔ギブールは仲間うちでこう呼ばれていた〕が彼女の母親の部屋の脇の小部屋から上祭服を着て出て、母親の部屋に入り、そこで黒ミサをそれぞれ別の日に二回挙げるのを見た。彼女はそれらの黒ミサに参加したわけではなかったが、祭壇や黒ミサに必要な品物を用意するのを手伝った。祭壇は、椅子の上にしつらえられた。椅子の上に敷物が敷かれ、黒ミサは女の腹の上で行われたが、女は、丸裸で、足を下に垂らし、逆さにした椅子の脚の上に枕を載せてそこに仰向けざまに頭をのけぞらせる姿勢を取った。ギブールは薄布と布巾を女の腹に被せると、胃の辺りに十字架を載せ、腹に聖杯を置いた。女の身体の脇には椅子の上に載せられた蠟燭が赤々と灯されていた。彼女は、修道院長がその種のミサを唱えるのを二度見たわけだが、その時に修道院長はミサ通常文を唱えるのが通例だった。ただ、主の聖体奉献を行う際、例外的に、ギブールは、ミサの依頼主の名前を口にした。また彼は、手書きの書物を一冊持っていて、それをミサの時に使用した。ドゥラポルトとペルティエがこの種のミサに参加し、答唱した。（「ラ・ヴォワザン娘の証言」『バスティーユ文書』VI[7]）

モンテスパン侯爵夫人と黒ミサ

しかし、一六七九年になって事件の様相は一変する。ラ・ヴォワザンの主要な共犯者で、新たに逮捕された魔術師ルサージュ、ルイ・ド・ヴァナンの協力者でやはり女占い師のマドレーヌ・シャプラン、彼女の女中ラ・フィラストル、ラ・ヴォワザンの娘など複数の口から、ルイ十四世の公式愛人で、国王の子供を八人も産んでいたモンテスパン侯爵夫人がラ・ヴォワザンと頻繁に接触していたという証言が上がってきた。モンテスパン侯爵夫人はその美貌と才知で長く王の寵愛を集め、ルイ十四世の宮廷に実質的な王妃として君臨していたのだが、彼女が年齢を重ねるに従い王の愛は彼女の元の侍女フォンタンジュ夫人へと移りつつあった。モンテスパン侯爵夫人はルイ十四世の寵愛を取り戻すために、ラ・ヴォワザンを通じて、国王には惚れ薬を、フォンタンジュ夫人には毒薬を調製させるべく、自身が黒ミサに参加していたという。しかも、その惚れ薬の製造には、早産した赤ん坊や堕胎させた胎児の生き血が使われていたというのだ。

> モンテスパン夫人は、およそ三年前、ラ・ヴォワザンの家でこうした黒ミサをギブールに挙げさせた。彼女は夜の六時に来て、真夜中にラ・ヴォワザンの家を出た。（…）それからしばらくして、ラ・ヴォワザン娘は、ギブールが彼女の母親の腹の上で同様に黒ミサを挙げる場面に立ち会った。そして、聖体奉献の際、ギブールはルイ・ド・ブルボン〔ルイ十四世〕の名と、二、三語からなる婦人の名前を口にしたが、モンテスパンの名前は言わなかった。
>
> ギブールはルペールが堕胎させた娘の子供にラ・ヴォワザン母の家で洗礼を授けた。ラ・ヴォワザン娘は、三、四人の子供が暖炉で焼きつくされるのを見た。母親の命により、モンテスパン夫人のミサに供されるべく、月足らずで生まれた子供をギブールが盥《たらい》に入れ、喉を掻ききり、聖餐杯の中に血を流し込み、血を聖餅と共に聖別してミサを終えると、子供の内臓を取り出し、ラ・ヴォワザン母が翌日それを蒸留するためにデュメニルのところに持って行った。ガラスの瓶につめられた血と聖餅はモンテスパン夫人が持っていった。（「ラ・ヴォワザン娘の証言」『バスティーユ文書』Ⅵ）[8]

『さかしま』で有名な世紀末作家ユイスマンス（一八四八－一九〇七）が悪魔主義を扱った作品『彼方』[9]

（一八九一）の中には「バスティーユ古文書」によるとして、ギブール師の黒ミサと共に、デ・ズゥイエという女が自分の経血と、連れだって来た男の精液を混ぜ合わせて、「魔除けの煉物」を作ったという挿話が出てくる。『バスティーユ文書』はすでに一八七三年には刊行されているし、ユイスマンスは友人でフランス国立図書館の司書をしていたレミ・ド・グールモン（一八五八－一九一五）を介して黒魔術の資料を集めてもらっていたので、『バスティーユ文書』の存在を知っていたとしてもおかしくない。事実、ユイスマンスの文章は『バスティーユ文書』の一節と字句のレベルまで酷似している。しかし、ユイスマンスは表面上のおぞましさに驚くばかりで、事件の全体像に気づいていた節はない。あるいは彼が見たのは資料の一部だったのかも知れない。デ・ズゥイエは実はモンテスパン侯爵夫人の侍女で、彼女が持ち帰ったのは「魔除けの煉物」ではない。パリ初代警視総監ラ・レーニーは、デ・ズゥイエを介して、ラ・ヴォワザンおよびギブールに接触し、フォンタンジュ夫人ばかりか王の命そのものを狙っていたのではないかと、真面目に疑っていたのだ。

ある時、デ・ズゥイエが、英国人と言われ、ミロール〔マイ・ロード〕と呼ばれていた外国人と、ラ・ヴォワザンのもとを訪れた。ギブールは白い祭服をまとっており、襟垂帯《ストラ》と、左腕につける飾り帯をつけていた。そしてデ・ズゥイエの経血と、外国人の精液を聖杯に入れ、ラ・ヴォワザンが扼殺した子どもの血と、何かの粉末と、蝙蝠《こうもり》の血、それにほどよくまとまるように小麦粉を加えて混ぜ合わせた。（…）彼らは、この混合物を王の服につけるか、あるいは彼の通るところに置くかして――デ・ズゥイエは彼女が王宮に出ているので、そうするのはたやすいことだと言っていたが――それによって王を衰弱死させようと考えていた。これは、ラ・ヴォワザンの持っ

ていた書物の方法による魔法である。（「パリ警視総監ラ・レーニーの覚書」『バスティーユ文書』VI[10]）

だが、結局、尋問＝拷問を介して手に入った情報は錯綜し、最終的な結論の出ないままに、一六八〇年八月、王は火焔法廷の審理の停止を命じた。パリ初代警視総監ラ・レーニーは極秘の調査を一六八一年まで続けさせたものの、その間に関係者を次々に処分することで、幕引きを計った。モンテスパン侯爵夫人は処罰されることはなかった。しかし、王宮でのかつての地位を取り戻すことはなく、王の寵愛は、一六八一年、フォンタンジュ夫人が若くして死んだ後は、マントノン夫人に移っていった。王ははるか後年の一七〇九年、「特殊案件」（モンテスパン侯爵夫人の事件を指す）に関わる全ての調書の焼却を命じた。しかし、王に忠実である以上に、綿密細心であったラ・レーニーは焼却した調書とは別に、ひそかに詳細な調書の写しを残していた。事件の全貌が初めて明らかになったのは、十九世紀末になって『バスティーユ文書』が公刊され、一八九九年フランツ・ファンク＝ブレンターノの著書『パリの毒殺劇』が出てからのことである。ただし、事件の真相、特にモンテスパン侯爵夫人の事件への関与についてはまだ論争が続いている。

魔術の終焉

フランス国王ルイ十四世の宮廷を騒がせたこのスキャンダルが、オカルティズムの歴史の中で、なぜ重要なのか？　それはこの事件がカトリック教会ではなく初代警視総監という国家官僚の手によって裁かれたことにある。この事件の時期は、フランス・ヨーロッパにおける「魔女狩り」が終焉した時期に符合している。またこの事件の結果として「魔女」「魔法」「悪魔」といった概念が、少なくとも宗教裁判の対象からはずされ、黒ミサのような「魔術」と深い関わりをもっていた媚薬や惚れ薬、毒薬などが、国家管理の手に移され、いわゆる「薬局方《ファルマコペイア》」の制定を招いたからだ。

フランスにおける魔女狩りの最後の波は一六七〇年から七二年に訪れている。この時期、フランス北西部ノルマンディー地方のエーユ・デュプュイにおける魔女裁判では三十四人の「魔女」が死刑宣告を受けた。しかし、この時、ルアン高等法院議長クロード・ベロは告発の軽薄さを批難する手紙を著し、一六七二年には国務院がすべての魔女裁判の停止を命令する。

そして「毒薬事件」の終結を受ける形で一六八二年八月に発布されたルイ十四世の勅令により、毒薬を含む「薬品」の製造販売が登録制になる、つまりこの事件を機に現代まで続く「薬局方」が成立した。また、同じ勅令によって「黒ミサ」や「占い」「魔術」「悪魔崇拝」等これまでカトリック教会の「異端審問」によって断罪されてきた行為が、文字通りの「魔術」ではなく、単なる「迷信」への荷担として国家の裁判所で断罪されることとなった。

つまりフランスでは、――そして遅かれ早かれヨーロッパ全域で――これ以降、万能薬を売り歩くシャルラタンは、文字通り、「いかさま師」「偽医者」として扱われるようになると共に、魔女・魔術師の実在は否定され、魔女・魔術師を自称する者は、偽魔女や偽魔術師として扱われることとなったのだ。

毒薬事件は、ルーダンやノルマンディーのような農村部で起こったように「魔女狩り」としてではなく、絶対王政の発展する中心都市パリを舞台に起きた「犯罪事件」として処理された。首謀者である産婆ラ・ヴォワザンも「悪魔崇拝」の罪ではなく「殺人」と国王に対する「大逆罪」として処断された。しかし地方と都市との違いはあれ、「毒薬事件」においても、魔女狩りにおいても、狙い撃ちにされたのは、まず、「生命」を司る女たち、「産婆」や「民間療法」に従事する女たちだったことはここで記憶しておいてもよいだろう。

『悪魔の歴史　12〜20世紀』[11]の中で歴史家ロベール・ミュッシャンブレは、「黄昏の悪魔——古典主義からロマン派へ」と題された章の中で「ルイ十四世の治世の最後は、悪魔というイメージ像が、夢の領域へと転落していった時期に当たる」[12]と述べている。

しかし、我々が問題とする「オカルティズム」は、十七世紀後半以降のこうした「超自然」「悪魔」の衰退にもかかわらず、いや、さらに十八世紀末から十九世紀初頭、フランス革命がその結果にすぎないと見なせるような「エピステーメーの転換」（この問題については後述する）を経ながらも、廃れることはなかった。また、近代のめざましい実証科学の発展にもかかわらず、あるいはそれと相即的に、非理性的なもの、秘教的なものへのある特有な接近のあり方——近代オカルティズム——として復活し、それが現代にまで及んでいるということなのだ。魔術が力を失ったにもかかわらず、オカルティズムが成立する！

現代に直接連なる近代オカルティズムを語る前に、まず、「なぜ今オカルティズムなのか」、そもそも「オカルティズムとは何を意味するのか」を問わねばならない。そして『オカルティズム』と題されたこの書物の中で我々はいったい何を語ろうとしているのかを、明かにしておく必要があるだろう。

第一章　オカルティズムとは何か

今なぜ「オカルティズム」か

　本書の執筆が最終段階に入った二〇一八年七月六日、一九九五年に坂本堤弁護士一家殺害事件や、地下鉄サリン殺傷事件など一連のオウム事件の罪を問われた麻原彰晃こと松本智津夫死刑囚以下、オウム事件関係者七名の死刑が執行された。実は、筆者は、一九九三年八月からフランスに留学中で、フランスのテレビ・ニュースで麻原が逮捕されたニュースを見た以外は、一連のオウム騒ぎはほとんど知らずに過ごし、二〇〇〇年暮れにフランスから帰国後に初めて事件の詳細に触れた。当時、オウムが日本においてどれほど大事件として捉えられていたか、新聞、週刊誌、単行本をはじめ、どれだけ膨大な量の活字が印刷され、テレビ映像が流され、オウムに絡んだ有名人が輩出されたか同時代的にはほとんど何も知らずに過ごしたことになる。

　その後も、オウムについては大して知りもしないのが現状だが、麻原彰晃の「教え」や、その宗教観は、彼を犯罪に向かわせた世界観も含めて、ブラヴァツキー夫人の衣鉢を継いだ「ニューエイジ」に属するオカルティズムの中では、むしろ、平凡な部類に属するくらいに考えている。その犯罪的な宇宙観、大量殺人に至る教義もその中では「正統」とすらいえる。また、知的訓練をろくに受けたこともない「独学」の教祖に、名だたる大学を卒業したエリートたちが幻惑され、犯罪に加担し、また、多くの知識人・文化人・タレントが、彼をカリスマとして祭りあげた現象も、オカルティズムの歴史の中では奇異とはいえない。むしろ、正にそうした現象こそが、「オカルティズム」「宗教」「神秘主義」の本体であり、実相なのだ。

別に、オウム真理教の犯した犯罪を擁護しようなどという意思は毛頭ない。

科学が進化し、専門化・数学化が極端に進み、厳密な審査を経た「査読論文」の山が積み重ねられても、人間が何故生きるのか、そもそも人間存在に「意味」はあるのか、死後の世界はあるのか、霊魂は存在するのかという問いに未だ答えはない。理系・文系を問わず学問の中に踏み込めば踏み込むほど、そうした、一人の人間が生きていく時の支えとなる「真理」は遠くなるばかりだ。だからこそキリスト教オカルティズムの中に、幽遠なチベット仏教の中に、アメリカの新宗教の中に、「真理」を見つけたとする自称「最終解脱者」の言説の中に、超越者が引き起こすとされる「奇蹟」の中に、真っ当な「学問」が提供してくれない「真理」を見出したと「信じ」、それに帰依する人間が現れたとしても何もおかしくはない。

本書は、そうした新たな「真理」へのガイドブックではない。

「宗教的真理」――キリスト教・仏教から、オウムのような新興カルトまで含めて、宗教が「顕教《エクソテリズム》」として提示する「教理」とは別に、その宗教が限られた入信者・秘儀伝授者にのみ伝える奥義としての「オカルティズム的真理」――と、「科学」との間の対話の可能性は、現代においてほぼ閉ざされているといってよい。オカルティズムはせいぜい宗教学や宗教社会学の片隅でわずかに扱われているにすぎない。ヨーロッパ、アメリカでは、そうしたオカルティズムの分野にもまだしも、それなりの関心が払われ、オカルティズム関係の講座をもつ大学もあり、現在でも年間十本内外のオカルティズムに関する博士論文も書かれている。ただそれでも全体から見れば例外的位置づけにとどまっている。日本の学界では、欧米以上に実証的な科学主義の伝統が妨げになって、特に自然科学の分野からオカルティズム研究はほぼ完全に追放された格好だ。[1]

しかし、十九世紀末から二十世紀初頭の一時期、オカルティズムは偏奇《へんき》な興味に駆られたごく少数の科学者が人知れず取り組むというマイナーな研究対象ではなく、キュリー夫妻をはじめ、ノーベル賞を受賞したクラスの一流の学者たちが真剣に取り組むメジャーな研究対象だったのだ。

オカルティズムと近代。しかし、それを語るためには、古代から近代に至る人間の世界認識の大きな枠組みの変遷《へんせん》に一通り目を通さなければならない。

本書は、オカルトを肯定も否定もしない。本書で試みるのは、変遷する世界認識の枠組みの中に、オカルティズムを、人間の歴史に刻まれた社会現象として記述することだ。それが、今後、失われた科学との対話を再開するよすがともなり、また、新興宗教をも含めたオカルトや超常現象に対する相対的な距離の取り方を我々に学ばせてくれることになるだろう。

オカルティズムとは何か?

「オカルティズム」「魔術」というと、現代の脱宗教化＝世俗化が進んだ社会からすれば、いかにも突飛なもの、異常なものという印象を与えるかもしれない。しかし、エジプト、メソポタミア、ギリシアなど古代文明はもとより、中世から近世にかけて、さらには近代においてすら、「オカルト」「魔術」は、「世界をどう理解し、操作するか」を教えてくれる重要な知的体系を指していた。

社会学者フィル・ザッカーマンが二〇〇七年に発表した調査によれば、北欧・西ヨーロッパ・東アジアでは、すでに国民の半数以上の人間が神を信じないか、神の存在に懐疑的な考えを抱いており、その割合は年を追うごとに増加している。その中で、わが日本は、神を信じない人口比率の多さの点で、名誉ある第五位の位置につけているという。[2]

一方で古代以来のオカルトや魔術に淵源をもつお守り、「恋愛」などに関わる占い……、いや、そればかりではない、魔法、奇蹟、幻影、聖霊、悪魔、魔女等々、超自然なるものの誘惑は、こうして脱宗教化、脱聖化した日常を生きる我々を今も幻惑し続けている。

現代日本に即して状況を整理してみよう。二十世紀後半、チリのピノチェト政権における人権抑圧政策に始まり、サッチャリズム、レーガノミクスから世界に広まった新自由主義の悪夢に晒《さら》され、殺さなければ殺されるという映画『バトル・ロワイアル』[3]そのままの冷酷非情な経済戦争を、「戦う」すべも全くない裸の個の立場で日々戦うことを余儀なくされているのが純粋な私たち――いや、不純な欲望をいっぱい抱えているのは確かだけれど、他人には優しくありたいと願いながら、それでも日々の戦いに駆り出され続けているのが、我々の暮らしである。そんな我々が、最後に逃げ込むつかの間の安らぎの場が「オカルティズム」なのだ。幻想文学《ファンタジー》、ラノベ、マンガ、アニメ、全てがめくめく魔法を綴り、とんでもない方向へと日々増殖し続けている。ついでにもう一つ興味深い事実を指摘しておくと、安らぎの場だったはずのオカルティズムの想像世界でも、『戦闘美少女の精神分析』[4]が指摘するとおり、たとえば魔法の世界に迷い込んだ優しいはずの乙女たちは、なぜかそこでも「戦闘」することを強いられねばならないのだが。

さて、ある言葉を説明するには、その言葉が使われた記録を辞書で調べるとよい。そもそも「オカルティズム」（フランス語ではオキュルティスム）という名詞が登場したのは、より広い領域を指すとされる「エソテリシズム」（フランス語ではエゾテリスム。なお英仏両語が入り混じった形になるが、本書では日本での慣用にならい、以降「オカルティズム」「エゾテリスム」の語を使用する）と共に、十九世紀、それも末期に至ってからとされる。

大ロベール辞典[5]でオキュルティスムの初出は、孤立した用例としては一八四五年。正式の登場とされるのは一八九三年。エゾテリスムのほうはこれよりやや早く、大ロベール辞典での初出は一八四〇年である。また、歴史家ジャン＝ピエール・ロランの一九九二年の記述によれば[6]、エゾテリスムを最初に使用したのはジャック・マテル（一七九一―一八六四）の『グノーシス主義の歴史』[7]で、一八二八年のことだという。

また、オキュルティスムに対応する形容詞オキュルトの方は十二世紀の用例がある。エゾテリスムに対応する形容詞エゾテリックの最初の用例は一七五二年。このときキリスト教の表向きな教義＝顕教＝エグゾテリックな教義に対立し、許された少数の者のみに明かされる裏の教義「隠秘された」知＝密教＝エゾテリックな教義という意味で使われている。エゾテリックはフランス語オリジナルの言葉ではなく、古代ギリシア語の「エソーテリコス（ἐσωτερικός）」から導入された。つまり密教的教義は古代ギリシアにも存在したわけだ。

さて、エゾテリスム（隠秘主義）研究のフランスにおける第一人者と目され、高等社会研究所（オート・ゼチュッド）のエゾテリスム講座を担当していたアントワーヌ・フェーヴルは「オカルティズム」および「エゾテリスム」を四つの基本的要素と二つの副次的要素を備えた思考形態として記述することを提案している[8]。まず、四つの基本要素とは、①コレスポンダンス（照応・二つのものが対応関係にあること）②生きている自然　③想像力と媒体　④変成の体験　だ。二つの副次的要素とは、⑤和協《コンコルダンス》の実践　及び　⑥伝授だという。[9]

ルネサンスの神秘主義

このフェーヴルのオカルティズム、エゾテリスム定義がそのままに当て嵌まるのはルネサンスのオカルティズム・エゾテリスム思想だ。ルネサンス魔術の圏内では、あらゆるものが互いに似てさえいれば（相似・類比）、照応《コレスポンダンス》関係にある（特別な関係にある）とみなされる。また目に見える現実世界と不可視の世界との間には、無数の照応関係が存在し、これによって世界が、読み解くべき書物のようなものとして理解される。例えば、宇宙（マクロコスモス）と、人間（ミクロコスモス）の間には、照応関係が存在する。これによって宇宙の様々な現象を観察することで、人間の運命がどのように定まるかが理解できる。さらに惑星に祈りを捧げることで、人間の運命に影響を与えることも可能になる。これが魔術や占星術の基本原理だ。あるいは、聖書、つまり神から与えられた聖なる書物と、宇宙や自然、歴史の間にも同様の照応関係が存在している。聖書をよく理解すれば、自然や歴史の仕組みが分かり、未来の予知も可能になる。宇宙や自然の法則、歴史の法則は、神によって定められ、予《あらかじ》め聖書の中に書き込まれているというわけだ。

また、自然の中にも、予め超自然的な神の啓示が書き込まれている。したがって、自然を書物のように繙《ひもと》いて、そこに働いている神秘的な力を読み取り、その神秘的な力を使いこなすことによって、神的な力をわがものにすることができる。「魔術」「同種療法《ホメオパシー》」などに共通する考え方だ。さらに、神・人・自然は実は一つに結ばれており、自然の中に神が人間を救済する計画が書き込まれていると考え、そういう観点から神・人・自然の関係を研究することもできる。この研究は「神智学《テオゾフィー》」と呼ばれる。

神的な世界を、具象的に、あるいは抽象的に象《かたど》った媒介物の間にも相似や類比の原理が想定され、神秘的な力を操作する道具として用いられる。「護符」や「曼荼羅《まんだら》」などに祈りを捧げたり、それを護持することで、自分もその神的な力に与《あずか》ることが可能になる。媒介物が擬人化した姿を取ると、「仲介霊」や「天使」となる。神と人間との間を媒介するこうした仲介者に頼ることで、神と人との関係理解も進めば、神に間接的に働きかけることもできるのだ。

ただし、こうした宇宙や自然、人間界に存在する「照応《コレスポンダンス》」を誰でも読み取ることができるわけではない。それぞれの宗教伝統を受け継ぎ、その伝統に通じた「秘儀伝授者《イニシアトゥール》」や「導師《グル》」による「秘儀参入《イニシエーション》」によって、神秘を志した人間の境位を向上させ、さらに奥深い神秘に到達できるよう人間存在を作り変えることが求められる。オカルティズムにおいては、人間の「知的活動（グノーシス）」と、照応を読み解き、神秘的な力に働きかける能力である「活動的想像力」とは区別されない。いわゆる「知的」でない人間でも、活動的想像力に秀でていれば、より高い宗教的境位を約束されるのがオカルティズムの世界なのである。

一方、それと、相反するようだが、一般にオカルティズム集団は、自身の集団の教義を超えて、神的なものには共通の源泉があり、あらゆる宗教が根っこのところでは繋がっていると考えている。従って、たとえそのオカルティズム集団がある特定の宗教伝統に由来していようと、キリスト教とも、ユダヤ教とも、仏教とも、神秘の奥底では互いに通底しており、ある共通の「真理」を共有していると考える傾向がある。

オカルティズム・エゾテリスムとはこうした一つの世界理解、「神秘的存在」に繋がろうとする世界理解のあり方であり、人間が宇宙・自然を読み解くことで、神的なものに働きかける行為である。

オカルティズム二千年史？

フェーヴルによれば、キリスト教が西欧世界で公認された古代末期以来、宇宙論の領域は神学に完全に従属していた。神は普遍的であり、神の創り出した被造物にすぎない自然も神の中に完全に包摂され、自然だけを独立して語ることはできなかった。しかし、十二世紀以降、キリスト教圏においても、イスラム圏においても「自然」に関する学問や研究が、「神学」から解放された。そこから、古代の宇宙論や自然論を足がかりに、神（神秘）に宇宙・自然の現実の姿を対応させることで、より具体的に理解しようとする動きがでてきた。こうして、いわば、神的世界に接近する境界領域として、「エゾテリスム」と包括的に認知しうる空間＝様態が成立する。エゾテリスムはあらゆるところに神の秘密の真理を探り、解明した秘密の真理を利用して、願いを実現させようと試みる。エゾテリスムの中で、時に願いを実現させるための行動マニュアルを作ったり、それを実際にやってみることを、オカルティズムと呼ぶようになった。

とはいえ、エゾテリスムもオカルティズムも「相似＝類似原理」に依拠していることには変わりはない。すなわち「相似たもの」はあらゆるものが互いに対して相互に影響を及ぼしうるという原理である。[10] 相似たものの「照応《コレスポンダンス》」は目に見えるもの（可視的なもの）も、目に見えないもの（不可視的なもの）も超越して作用するのであり、エゾテリスムもまた、知識や天啓、能動的＝創造的な想像力が関与する限りで、実践的な局面を有していないわけではない。[11] また逆に、しばしばオカルティズムはエゾテリスムの意味で使われることからも、両者の境界は曖昧だ。フェーヴル的には、エゾテリスムとオカルティズムとはしばしば同じ意味に使われる。

フェーヴルはこうした見方にたって、ルネサンス魔術から、二十世紀のルネ・ゲノン（一八八六–一九五一）、レイモン・アベリオ（一九〇七–一九八六）、ニューエイジ等の現代の新宗教運動に至るまでの膨大な領域を驚くべき博識で辿っている。のみならず、古代・中世についても、相似に基づく照応《コレスポンダンス》の存在など上に挙げた六つの指標が萌芽的であっても認められれば、それをもオカルティズム・エゾテリスムとして扱い、その主著『西欧隠秘学への接近』[12]（一九八六）において、二千年を超える期間、ヨーロッパで神学や科学に貫通している「能動的な想像力」の歴史を描き出してみせる。

確かに、フェーヴルのエゾテリスム観に立てば、歴史的に存在するさまざまな「オカルティズム」「エゾテリスム」思想やそれに伴う現象を一定の整合性をもって展望することが可能になる。

つまり、フェーヴル的理解に立てば、オカルティズム・エゾテリスムは、相似に基づく照応関係を発見する想像力が発現する一つの思考の型になり、古代から現代に至るまで、そういう傾向が一貫して存続しているかに見える。[13]カントは想像力を「知覚と概念のあいだに固定された単純な心的能力」と規定したが、そういう機械論的な想像力とは別に、「創造的・能動的想像力」が介入する限りの汎神論的神秘主義の圏域はいささかも揺るがなかったことになる。

しかし、本当にそうなのだろうか。オカルティズムとは古代から現代まで一貫した系譜なのだろうか。

ごく単純に言えば、歴史の見方には二通りある。古代以来、人間の本質は変わらず、人間の神秘的な世界も含めた世界理解の仕方（いわゆる認識論）には変化はなかったとする考え方。もう一つは歴史や人間の意識、世界認識のあり方には、時々、大きな断裂が生じており、ある時代を境に、人間意識に大きな変化が起こり、全く異なる世界認識がなされるようになり、そこに「認識論的断絶」というべき巨大な変化が起こっているという考え方である。後者の考え方を代表するのが、ミシェル・フーコー[14]、ハンス・ブルーメンベルク[15]、カール・ポッパーなどの論者である。あらかじめ予告しておくと、本書はオカルティズム・エゾテリスムを有史以来不変の定数として理解しようとするフェーヴルとは異なる立場から記述されることになる。近代のオカルティズムを論じる際、こうした認識論的断絶（ミシェル・フーコーの用語を借りれば、「エピステーメー転換」）を考慮に入れなければ、およそその主要な動向が理解不能のものになってしまうと筆者が考えているからだ。

オカルティズムの歴史と「近代」の問題

オカルティズムの歴史を大まかに要約すると以下のようになるだろうか。

古代（エジプト、メソポタミア、ギリシア）の宗教儀礼に始まり、ヘレニズム期に、古代以来の宇宙論を背景として、魔術・占星術・錬金術として一応の体系化をみる。これらはキリスト教の台頭によって一旦は抑圧され、異教・異端あるいは悪魔主義と結びついた黒魔術としてわずかな命脈を維持するが、ルネサンスの古代復興にともない、ルネサンス魔術として復興する。しかし、古代復興の一面である、聖書をギリシア語・ヘブライ語の原典で理解しようとする人文主義により生じた宗教改革、キリスト教の新旧両陣営への分裂は、大規模な宗教戦争や魔女狩りを引き起こし、多くの犠牲者を生み出した。

一方、ルネサンス魔術は、同じ時期、天体観察や錬金術から生じた「近代」科学の発展、特に、

「コペルニクス革命」によって、その理論的な基盤を脅かされると共に、その後、次々に新しい知見を発見し続ける「近代科学」や「医学」との絶えざる緊張関係に置かれる。

十九世紀以降、こうした近代科学を乗り越えるオカルティズム側の抵抗として、「動物磁気」「心霊術」が流行する。十九世紀から二十一世紀の現代に至るまで、オカルティズムによって「発見」された「超能力」「超常現象」「超心理学」を、近代科学を超える新たな認識のパラダイムとして認知させようという努力が延々と続けられる。その一方、オカルティズム・エゾテリスムを、旧来のキリスト教・ユダヤ教を超えて、チベット仏教を含む仏教、ヨガ、イスラム神秘主義等、様々な神秘主義的諸潮流と習合させ、新たな宗教的地平を切り拓こうとする動きが顕著となる。

従って、フェーヴル的なエゾテリスムの定義や概念は、こうしたオカルティズム・エゾテリスムの多様な局面を反映させるには余りにも狭隘《きょうあい》にすぎる。フェーヴルは、先にあげた四つの要素と二つの副次的要素を備えた宗教は全て同じく「オカルティズム・エゾテリスム」に包含されると考える。彼の視点からは、近代の「コペルニクス革命」や、さらにそれを準備した「形而上学」的諸問題は、すべて排除されてしまう。フェーヴルにとって近代とは、世界を科学に譲り渡すことで、彼の擁護する「神」や「一元的有神論（ルネ・ゲノン）」を貶めてきた、邪魔者にすぎないのだ。

そこで我々は、現代におけるオカルティズム、エゾテリスムの権威として国際的に認められているフェーヴルの所見に対しては一定の敬意は払いつつも、オカルティズム・エゾテリスムをフェーヴルよりも広い、むしろ、人間の日常を超える認識への到達を目指す一連の思考や、それに随伴する諸現象という意味にとることにしよう。古代・ルネサンスから現代に至る過程で世界観は何度も変貌した。また、それに伴い、認識の地平は何度も切断され、知の地殻変動が生じた。それにもかかわらず、現代に至るまで、オカルティズム・エゾテリスムの血脈は絶えることなく存続した。我々はそうした諸現象をあるがままに辿り、なにゆえ、人はここまでオカルトに惹かれるのか、オカルティズムを欲してやまない人間の隠れた欲望の布置と共に示すことにしたい。

本章以下の記述を予め要約しておくと次のようになる。

第二章　オカルティズム・エゾテリスムの伝統：オカルティズム・魔術には歴史を通じて「高等魔術」と「民俗的呪術」の二つの流れがある。近代のオカルティズムを理解する上で必須の予備知識を与えるべく、ルネサンス魔術、あるいはさらにそれに先立つ古代魔術の概要を略述する。

第三章　イリュミニズムとルソー――近代オカルティズム前史：十七世紀後半「悪魔が〔非現実の〕夢の側に転落」しても、それでオカルティズムが消滅したわけではない。スウェーデンボルグ、ヤコブ・ベーメなどのイリュミニズム、それとは別個に十八世紀の宗教思想に重要な足跡を残したルソーをオカルティズムという観点から理解する。

第四章　ユートピア思想と左派オカルティズム：古典主義時代から近代の間の認識論的切断の結果、十九世紀はオカルトの側に転落した。革命や社会主義を体現していたはずの「左派」の背後にある強力なオカルトへの志向をフィリップ・ミュレーの説を基に展望する。

第五章　エリファス・レヴィ――近代オカルティズムの祖：『高等魔術の教理と祭儀』によって、「魔術」を近代に復活させ、近代オカルティズムの祖とうたわれるエリファス・レヴィ。しかし、彼はその前半生において、過激な急進共和主義者としての顔を持っていた。彼の矛盾に満ちた経歴を追うことにより、近代オカルティズムの孕《はら》む問題を明らかにする。

第六章　聖母マリア出現と右派オカルティズム：十九世紀オカルトの側に転落したのは、左派ばかりではなかった。カトリック王党派の陣営の周辺も、オカルト現象と形容する他ない「聖母マリア出現」を中心に一連の「聖なるもの」の出現の歴史に彩られていた。聖母マリア出現の周辺に発生した様々な「異端」の足取りを追うとともに、ラ・サレットのマリア出現の証人メラニー・カルヴァの「第二の秘密」を紹介し、後章のオカルト＝陰謀論へ至る流れを辿る。

第七章　メスマーの「動物磁気」とその影響：十九世紀オカルティズムの特徴は、科学主義・医学の発達と根を同じくする「擬似科学」と深い関係を結び、正統科学に抵抗していたことにある。フランツ・アントン・メスマーに端を発する動物磁気および、それが引き起こしたさまざまな超常現象が当時の科学アカデミーとの間にいかなる軋轢を引き起こしたか、その経緯を描く。

第八章　心霊術の時代：動物磁気と並んで、十九世紀オカルティズムを前代のオカルティズムと分ける重要な事件が、アメリカ・ハイズヴィルで起こったポルターガイスト現象に端を発した心霊術だ。心霊術をその起源から辿ると共に、心霊術をキリスト教に代わる新たな宗教へと体系化したアラン・カルデック、さらに、今日のニューエイジに至るオカルト的シンクレティズムへ発展させたブラヴァツキー夫人の「神智学」を扱う。

第九章　科学の時代のオカルティズム――心霊術と心霊科学：実証主義に対する懐疑が深まり、神秘主義・精神主義への回帰が起こった十九世紀末、心霊術が科学の限界を超えて新たな人間精神の可能性を拓く鍵を握っているのではないかという期待が、科学者や医学者だけでなく、哲学者・心理学者・社会学者などにも共有される。その中で厳密な実験を通して動物磁気・心霊術の圏域で発現する「超常現象・超能力」を検証しようという動きが芽生え、「心霊科学」が誕生する。それでは超常現象は解明されたのか？

第十章　禍々《まがまが》しくも妖しく――陰謀論を越えて：十九世紀末、特にフランスにおいて、共和派・反カトリック陣営が政治権力を握る中で、カトリック・保守派を中心に、ユダヤ人・フリーメーソンが旧秩序に対し陰謀をめぐらす悪魔的集団として妄想的に敵視される風潮が生じ「陰謀論」に結びつく。ナチ・オカルティズムやオウムなどとも通底するこの現象の解明を通じ、オカルティズムの未来を占う。

終章　神なき時代のオカルティズム：オカルティズムとは、神なき現代において、それでも自分を万能《ばんのう》だと信じさせてくれる何か――非科学的で反動的な死の代替装置に過ぎないのか？　オカルティズムに覆いつくされた観すらあるサブカル・シーンを視野に入れつつ、未来に向けたオカルティズムの可能性を考察する。

第二章　オカルティズム・エゾテリスムの伝統

ルネサンス期のオカルティズム・魔術再興

ところで、オカルティズム・魔術には、歴史を通じて明らかに二つの流れがある。

一つは高等魔術というべきもので、古くはピュタゴラス[1]、アリストテレス、「ヘルメス文書」[2]などに遡《さかのぼ》り、ルネサンスの人文主義が復活させた古代宇宙論[3]の流れを汲む魔術[4]・占星術[5]・錬金術[6]の伝統だ。

一方、こうした高等魔術の伝統とは別に、中世ヨーロッパの農村社会には、ヨーロッパとは異なる文化伝統をも横断する形で民俗的呪術・魔術の層が存在していた。

フランセス・A・イエイツは『ジョルダーノ・ブルーノとヘルメス教の伝統』の中で、「中世には教会が魔術を追放した。(…)これに対しルネサンスの魔術は、改革された学識ある魔術であって、古めかしい、無知の、邪悪な黒魔術とのいかなる関係も否認するのを恒とした」[7]と、言明している。

すでに紹介したように、アントワーヌ・フェーヴルが「エゾテリスム」として焦点化したのもこの高等魔術としてのオカルトだ。中世の民俗的魔術の方は、後節にひとまず譲るとして、ここではルネサンスが「復活」させた高等魔術としてのオカルティズムを概観することにしよう。ルネサンスとは、フランセス・A・イエイツによれば、全体としてオカルト神秘主義へと傾斜していた古代魔術の復興に他ならなかったからだ。

ルネサンスはヤコブ・ブルクハルト『イタリア・ルネサンスの文化』[8]（一八六〇）以来、古典古代を再興した運動として理解されてきた。しかし、アビ・ワールブルクに率いられた研究者集団、いわゆるワールブルク研究所[9]に属する研究者による一連の研究、特に、フランセス・A・イエイツによって、ルネサンスの復興した古代とは、単にギリシア・ローマの古典古代一般ではなく、ヘレニズム期――すなわちアレクサンダー大王の東方征服以降、エジプト・メソポタミアのオリエント文明とギリシア文明が独特の融合を遂げたヘレニズム期であり、オカルティズム・魔術が浸透した古代末期の哲学・宗教思想であったということが広く理解されるに至った。[10]具体的には、新プラトン主義、ヘルメス主義、グノーシス派といった思潮であり、それらを理解し補強するに資する限りで、ギリシアに淵源しながらも、ビザンツ・イスラム圏で発展した魔術、錬金術、占星術の類である。

これに、さらに、紀元一世紀に起こった民族離散《ディアスポラ》以降、旧約聖書に表現されたヤハウェという人格神の概念を離れ、エン・ソーフと呼ばれる非人格神をめぐる独特の神秘主義体系を発展させてきたユダヤ神秘主義が加わる。いわゆるカバラーだ。

マルシリオ・フィチーノと「ヘルメス選集」の特権的な地位

世界史の教えるところによれば、一四五三年、オスマン帝国がコンスタンチノープルを陥れ、東ローマ帝国が滅亡する。一四九二年、イスパニア王国統一を機に、スペインからユダヤ人が追放される。[11]この二つの事件は、東ローマからビザンツ学者、スペインからユダヤ人学者が西ヨーロッパ諸国へ大規模に亡命・移民することにより、人的交流を引き起こした。人だけではない。東ローマ帝国やイスラム圏で保存されていたギリシア語文献、スペインのユダヤ人社会に蓄積されていたヘブライ語文献が、大量に西欧社会に流入することになった。

その中で一つの画期となったのは、一四六〇年にフィレンツェの僭主コシモ・デ・メディチ（一三八九－一四六四）の命を受けて、レオナルド・ダ・ピストイアという名の修道僧によって、ギリシアからヘルメス・トリスメギストス[12]が作者とされる十四の文書を含む「写本」がもたらされた事件だ。「ヘルメス選集」[13]（コルプス・ヘルメティクム）である。一四六四年に死ぬことになる老コシモは、この写本を自分おかかえの学者マルシリオ・フィチーノ（一四三三－一四九九）に、ラテン語に訳するように命じた。フィチーノはプラトン全集のラテン語訳を手がけようとしていたが、老コシモは、自分が死ぬ前に、プラトンに先がけて是非ともこの文書を読みたいと願ったからだ。

ヘルメス・トリスメギストスがプラトンよりも重要視されていたのには理由があった。

ヘルメス神はギリシアの伝令の神だが、ギリシア人たちは、オリエントとの接触融合が進みつつあった紀元前二世紀頃から、自分たちの神ヘルメスをもともとエジプトはナイル川のデルタ地帯で崇拝されていたトート神と同一視するようになった。トート神は朱鷺《とき》ないし猩々《しょうじょう》の頭を持つ人型の神として表象され、オシリスの秘書にして、アニュビス神が死者の魂を審判する際に書記の役割を務める神である。またトート神は文字の発明者、神々の叡智の化身とも考えられた。

プラトン自身はトート神とヘルメス神とを同一視していたわけではない。ただ、著作「クラテュロス」[14]の中で、ヘルメスを「通訳（hermēneus）」「話すことを発明した者（eiremēs）」であるとし、言語活動に関与する神であると言明する一方、トート（テウト）神については、「ピレボス」[15]の中で、「神あるいは神のような人の誰か」(「エジプトではこれをテウトというような人物とする伝説がある」)が、「読み書きの術」を発明したと述べていることから、両者の同一化に根拠を与えたとされる。

ヘルメス・トリスメギストスとは「三倍偉大なヘルメス」という意味だが、「神は歴史上実在した英雄から生まれた」とするエウヘメロス説の影響から、紀元前一世紀以降、ヘルメス・トリスメギストスを過去エジプトに実在した王、あるいは賢者・哲学者と見なす傾向が生じた。例えばキケローは「神々の本性について」の中で、少なくとも五人のメルクリウス(ローマ神話でヘルメスに相当)がおり、五番目のメルクリウスこそがエジプトに亡命し、全身に百の目をもった巨人アルゴスを倒し、「法律と文字を教えた」トートだったとしている。[16]

さて、このヘルメス・トリスメギストスが書いたとされるおびただしい数のギリシア語文献が生み出された。その主題は占星術や錬金術、オカルト神秘主義、さらには宇宙論、狭義の哲学にまで及んでいた。それらが書かれたのはおおむね紀元一世紀から三世紀にかけて、すなわち、新プラトン主義、初期キリスト教、後期ストア派、エピクロス派、グノーシス派、ユダヤのメルカバー神秘主義などさまざまなヘレニズム思想が生み出されたのと同時期だった。

しかし、後のキリスト教教父、特に三世紀のラクタンティウスは、「ヘルメス文書」(「ヘルメス選集」も含むヘルメス・トリスメギストス作とされる文書群)のあるものはキリスト教に先だって成立していて、キリスト教の真理を補強する役割を果たしていると考えた。また、四世紀のアウグスティヌスはヘルメス・トリスメギストスを、モーセよりもはるかに古い時代に実在したとし、それゆえ、プラトンよりもはるかに権威ある哲学者として位置づけた。より古いものにより高い権威が与えられた当時の価値観からすると当然の帰結である。

ルネサンスのオカルト神秘主義に浸された思想圏を「永遠の哲学」（命名は一五四〇年のアゴスティノ・ステウコによる）ないし古代神学《プリスカ・テオロギア》と呼ぶが、そのルネサンスが想定した哲学者・古代賢者の系譜は、古い順番にエノク－アブラハム－ノア－ゾロアスター－モーセ－ヘルメス・トリスメギストス－ブラーフマン僧－ドルイド－ダヴィデ－オルフェウス－ピュタゴラス－プラトン－シビラの占術者の順になるという。従って、コシモやフィチーノがプラトンに先がけて「ヘルメス文書」を訳すというのは当然すぎるほど当然の判断だった。

ヘルメス・トリスメギストスの作品としては中世を通じて『アスクレピウス（アスクレピオス）』というラテン語テクストが知られていた。[17]ギリシア語からの訳ではあるが、ギリシア語原本は散佚《さんいつ》し伝わっていない。『アスクレピウス』は、個人としてのヘルメス・トリスメギストスの実在が否定された後、『黄金の驢馬』の作者として知られるマダウロスのアプレイウスの作だとされたこともあったが、現在ではこの説も否定されている。

さて、フィチーノは自らギリシア語から訳した「ヘルメス選集」に『ピマンデル』という題をつけている。これは彼が入手した「ヘルメス選集」の写本十四冊子（現存する「ヘルメス選集」のギリシア語写本は十七冊子）の冒頭の一巻（「ポイマンドレース」）のラテン語読みにすぎない。この「ヘルメス選集」の中にはフュスチュジエールをはじめとする現代の古典文献学者が「グノーシス派」のペシミスティックな善悪二元論思想に属すると考える文書も含まれている。ピマンデルという総題のもとになった「ポイマンドレース」もこうした狭義のグノーシス派の思想を背景にしていると考えられる。

グノーシス派はカトリック正統派にとって最大の「異端」として徹底的に弾圧され、その思想は中世・近世を通じ、初期教父エイレナイオス（一三〇頃－二〇〇頃）の「異端反駁」[18]などのグノーシス派批判文書の中、つまりグノーシス派の反対者によって引用・歪曲された「断片」によって知られるのみだった。グノーシス派の原典資料が発見され、その全貌が明らかになるのは十九世紀以降、特に一九四五年から四六年にかけて『ナグ・ハマディ文書』[19]が発見されて以降のことだ。フィチーノをはじめとするルネサンス知識人がヘルメス文書の中に含まれていた狭義のグノーシス派の影響をどれだけ意識していたかは必ずしも断定することはできない。

「ヘルメス選集」を訳し終えたフィチーノは続けて予定していたプラトンの全作品の翻訳にとりかかり、一四六八年頃にはその訳業を終えている。[20] その後、一四九九年に亡くなるまでに、『恋の形而上学』（プラトン『饗宴』註解）[21]、『「ピレボス」注解』[22]『キリスト教について』『プラトン神学——魂の不滅について』『三重の生について』等の主要著作を著すかたわら、プロティノス、プロクロス、イアンブリコスなどの新プラトン主義者やディオニシオス・アレオパギタースなどに関する著作を手がけている。

フィチーノは彼の訳業や著作を通じて、彼に続くピコ・デラ・ミランドラ、コルネリウス・アグリッパ、ジョルダーノ・ブルーノ、あるいは更に、フランス、[23]イギリス、[24]ドイツ[25]へと拡散していったルネサンスの魔術「復興」に二つの大きな傾向を刻印した。

第一にヘルメス・トリスメギストス（メルクリウス）とプラトンの間に極めて大きな類似点があると述べた上、プラトンと「ヘルメス文書」との時間関係を逆転し、ヘルメス・トリスメギストスに極めて大きな権威を与えたこと。

第二にこれは前項と表裏一体の関係にあるが、プラトンを解釈するに際して、プロティノス以降の新プラトン派、[26]特に魔術・占星術・錬金術など、神秘的傾向を濃厚に含みこんだ同派の教説を採用したことである。

フィチーノがヘルメス・トリスメギストスの教説と新プラトン派を介して解釈されたプラトンの教説との間に著しい類似を見出し、両者に「なんらかの歴史的な連関」[27]を想定したことは不思議ではない。

『アスクレピウス』をはじめ「ヘルメス選集」が実際に編纂されたのはキリスト紀元一世紀から三世紀前後。すでに述べたようにヘレニズムの諸家混淆《シンクレティズム》の風潮がみなぎる中、「ヘルメス文書」自体が新プラトン派、ストア派、あるいは狭義のグノーシス派などの影響下に成立した。古代エジプトの賢人に仮託されているとはいえ、両者はほぼ同時代に、完全に相同的とはいえないまでも、相互に理解可能な時代性・世界観を前提していたのだ。

しかも、ヘルメス・トリスメギストスがモーセの同時代人であるという説はルネサンス人の間では「事実上公認」されていた。フィチーノは「プラトンが彼の神学的知見をピュタゴラスを介してヘルメスから受けついだ」と考えたのだ。

それではフィチーノによって基礎づけられ、以後、ルネサンスの知識人によって共有されたルネサンス魔術、すなわち新プラトン派・ヘルメス学の内部で流布したルネサンス魔術とはいかなるものであったのか？　ルネサンス魔術・オカルティズムがその後のオカルティズムの展開に与えた決定的・永続的影響を考えると避けて通るわけにはいかない。その基本的な構造を摘記しておこう。

古代宇宙論と星辰信仰

まず、ルネサンスは新プラトン主義・ヘルメス主義からこれらヘレニズム思想が発生した時点で共有していた古代宇宙論と星辰信仰とを継承・復活させる。

中世ヨーロッパがラテン語訳を通じて知っていた唯一のプラトンの著作であった「ティマイオス」を一つの根拠として、新プラトン派、ストア派、ユダヤ教、キリスト教を問わずヘレニズム・ローマ期の思想家は共通の宇宙観・自然観を抱いていた。宇宙万有の構築者、すなわち造物主は優れた良き者で、すべてが善きものであり、劣悪なものは一つもないことを望み、無秩序な状態から秩序へと導いたのだが、宇宙を「魂を備え理性を備えた生きものとして生まれ」たとし、「中心から端までの距離がどこも等しい球形に、まるく仕上げた」（「ティマイオス」）[28]。

この際、これら宇宙を作る素材とされたのが四元（または四大）と呼ばれる「空気」「火」「水」「土」の四元素だ。

そして宇宙は下から順番に人間や他の動植物が生活する「月下界」、惑星・恒星の住まいである「星辰界」、神そのものの住まいである「叡智界」に三分される。そしてさらに「星辰界」は、七つの惑星が下から月、太陽、金星、水星、火星、木星、土星の順に完全な円軌道を描いて回っている「惑星天」および、さらにその上の八番目の軌道に位置し、星々のうちでの「心的・永遠なる生きもの」である「恒星天（オグドアス）」の二つの部分からなる。この恒星天には、ヘレニズム期に発展し、ルネサンスに受けつがれる「占星術」によって、黄道十二宮からなる「獣帯」、さらにその各宮を三分する「デカン」などが配置される。

ちなみに、占星術の圏域で理解される、獣帯・デカンについては時代や学派により説が異なりややこしいが、「天球黄道」つまり太陽の通り道の南北八度から九度の帯域を獣帯とさだめ、そこに存在する星座で天球三百六十度を十二分割する。現在の星占いでも使われている、白羊・金牛・双子《そうし》・巨《きょ》蟹《かい》・獅子《しし》・処女・天秤《てんびん》・天蠍《てんかつ》・人馬・磨羯《まかつ》・宝瓶《ほうへい》・双魚《そうぎょ》という十二星座であり、十二ヵ月のそれぞれがほぼ三十度＝各星座に配当される。「デカン」はそれをさらに三分するわけだから、三十度が三つに分割されて、十度ずつが「デカン」となる。

各星座は、四大（空気、火、水、土）の性格を持つものと考えられる。

例えば、蟹座（巨蟹）の例をとることにしよう。蟹座そのものは四大のうち「水」の性質を持つとされる。蟹座の前の星座は双子座であり、双子座は「空気」の性質を持つ。蟹座の次の星座は獅子座で、「火」に相当する。ある星座生まれの人間はその星座の四大だけでなく、異った四大の性質を持つ前後の星座の影響を受ける。従って、六月二十二日から七月二十二日の蟹座生まれの人間は、「水」の支配を受けると共に、蟹座の第一デカンは「空気」の性質を帯びた双子座の影響を受け、第三デカンは「火」の性質を帯びた獅子座から影響を受けることになるのだ。[29]

古代宇宙論と「神学的価値体系」

ところで、ここで注意すべきは、月下界－星辰界－叡智界と、下から上へと向かう秩序は、この順序で神的な価値が高まる神学的な価値を帯びていることだ。

プラトン以来、七つの惑星天と恒星天からなる星辰は至高のものの同伴者として全天一面にちりばめられた「天の種族」で、それ自体「神」として畏敬や崇拝、あるいは嫌悪の対象となっていた。

地上世界である「月下界」を別にすれば、天上の世界は七惑星からなる「惑星天」、第八番目の「恒星天」、第九にして神の住居としての「叡智界」の九つの天球からなることになる。そしてこの宇宙は、それ自体が理性＝叡智を備えた一個の「生命体」であり、「魂を備え、理性を備え」「自分自身のうちに生来自分と同族である生きものをすべてを含んでいるような、一個の可視的な生きもの」として、「すぐれた構築者」＝至高の神によって創造されたと考えられた。宇宙を統べる叡智的存在、つまり「宇宙霊魂」のもと、宇宙の存在者が互いに本質を同じくするものとして連関しているわけだ。

さらに新プラトン派や「ヘルメス文書」、グノーシス派の思想圏では、流出（発出）説＝プロホドス[30]という考え方が唱えられた。第一の叡智的存在＝神＝完全な一者から「流出」することによって、より低次の存在者・世界が順次生み出されたという考えだ。宇宙を構成するさまざまな神的存在、生命体、存在者は、神からの流出によって生まれたのだ。

全存在は叡智的世界と感性的世界からなっている。新プラトン派を代表するプロティノスによれば、叡智界において最高原理である至善なる「一者」（ト・ヘン）から、まず、この見えざる第一原理の自己観照である「叡智（知性）」＝ヌースが流出し、さらにそこから、霊魂＝魂（プシュケー、アニマ）が流出する。そしてさらに、これら叡智界から感性界が「流出」する。もう一度かみくだいて言うと、神という最高存在者より、精神的に高次なものから順々に、物質的なものに至る存在が流れ出てくるのだ。そして、この感性界は、①形相（エイドス）と質量（ヒュレー）、②精神（プネウマ＝スピリトゥス）という二つの原理によって統べられている。

こうした流出によって生じた感性界は「物体的なもの、可視的・可触的なもの」であり、叡智界に比べれば神的な本質が減ったとしても、近代以降の唯物論が想定するように、完全に霊的な要素を欠いた「物」として存在するわけではない。生命の四元であるあらゆる物質、あらゆる生命体・動植物にも神的な本質＝霊魂が配分されている。

動植物、物質、天体それぞれが魂をもち、その全体が宇宙霊魂（世界霊魂）によって統合されている。それでは、これらを統合する原理とは何か。その基盤として、フィチーノをはじめルネサンス人たちが注視したのが、「精気」（ギリシア語でプネウマ／ラテン語でスピリトゥス）と呼ばれる叡智的な霊魂＝魂と肉体との紐帯である。「気息」とも訳され、もともとギリシア語では文字通り「息」を意味するが、「きわめて稀薄な物質」とも「物質性を帯びた叡智的な力」とも考えられるものだ。感性界＝自然界は、いわば、神の思念そのものである形相＝「型」に、「質量」をもった物質を流し込んでそれぞれ具体的な形が与えられるのだが、だからといってそれぞれの個物は、単に霊魂を持たない空虚な「物」として存在しているわけではなく、神の息吹であるプネウマによって常に活性化されている。神は精気を使って世界のあらゆるものを統合している。また逆に世界の万物は、そういう意味で、神の性質の一部を受けついでいるわけだ。

そして上に述べたような宇宙論的構造と「精気」論を媒介にして、宇宙またはそれを構成する「星辰」と人間との間に相互的な影響関係が想定される。これがマクロコスモス（大宇宙）とミクロコスモス（人間）との照応《コレスポンダンス》という原理だ。すなわち、星辰と人間の間には、それを媒介する精気によって通信が生じ、星辰が人間の健康や運命に影響を与える。これが先に述べた占星術の基本原理ともなっている。

ルネサンス魔術の基礎理念としての「類似」

ミシェル・フーコーは現代に至るエピステーメー＝知の認識論的布置の変遷を論じた古典的書物『言葉と物』の中で、ルネサンス＝十六世紀的な知の構造＝認識論的枠組は大宇宙（マクロコスモス）

と小宇宙（ミクロコスモス）との間の「類似」にあることを指摘した。

一六世紀末までの西欧文化においては、類似というものが知を構築する役割を演じてきた。テクストの釈義や解釈の大半を方向づけていたのも類似なら、象徴のはたらきを組織化し、目に見える物、目に見えぬ物の認識を可能にし、それらを表象する技術の指針となっていたのもやはり類似である。[31]

人体（ミクロコスモス）と星辰（マクロコスモス）が結びつき、魔術的な効果が発現するのは、その間に「相似」「類縁」関係が存在しているからだ。ただし、その場合、AがBに似ていると言うためには、別のCがAに似ていて、かつBにも似ているという論理的な手続きを経なければならない。ルネサンス的論理では、そうでなければAとBとの相似・類比は証明されたことにならないのだ。その結果として、AがBに似ていることが、外見や機能の面でAやBに類似したCによって指し示されるという原理にもとづき、宇宙のあらゆるものが関連づけられ、一つの連鎖を形づくる。ルネサンスの知において、世界は解釈しなければならない記号に覆われているのだが、類似と類似関係を指し示すこれら記号の意味を明らかにしようとしても、それもまた相似・類似という形式によって行わなければならない。この意味で、互いに似たものを延々辿り続けても、何か究極のレファランス（指示対象）に到達することはあり得ない。

さらに、この「類似」を通して解釈するという手続きにおいて、ルネサンスはその当時、一般的に知られている①「合理的な知」と②「魔術」、あるいはそれらの典拠として新たに「発見」され、権威として機能した③「古典テクスト」との間に区別を立てなかった。というより、立てることができなかった。ただし、放っておけばテクストや現象を超えて無限に繁殖しつづける類似にもとづく引証関係に一定の限界をもたらす必要も同時に存在した。このため、一方に、天空・星辰からはじまり全宇宙の秩序を体現する大宇宙《マクロコスモス》が、一方にそれが反映され「触知しうる」ものとして解釈の一応の終着をもたらす「人間」という小宇宙《ミクロコスモス》が二重の限界として設定されたというわけだ。

古代魔術の復活が可能になったのは、少なくともこのような認識論的地平が前提されていたからだ。あるいは逆に古代魔術の復活こそがこうした認識の地平、この限りなく精緻な知の空間を作りだしたといえるのかもしれない。

自然魔術とダエモン魔術

ただし、マクロコスモス－ミクロコスモスの問題を考える際、古代哲学の宇宙観、四元素説、霊魂観などを限りなく折衷的に受け入れたルネサンスにおいて、マクロコスモスとミクロコスモスの間の「照応《コレスポンダンス》」に基づき、前者（宇宙）の後者（人間）に対する影響と、後者（人間）の前者（宇宙）に対する魔術的な「操作」を可能にする「物理的」「心霊的」原理が存在しないわけではなかった。

その一つが、アリストテレス以来「真空」を許さないとされた宇宙にあって、宇宙霊魂と人間の肉体を繋留する実体的な媒介と考えられた精気（プネウマ＝スピリトゥス）であり、もう一つが星辰信仰の背後に哲学者・魔術師が信じていたダエモン（ダイモン）と呼ばれる霊的人格である。

精気論はルネサンスの自然哲学・占星術・錬金術に通底し、照応を物質的なレベルで担保する役割を果たすことによって自然魔術の支柱となる考え方だ。一方、ダエモンは「降霊術」という儀礼・儀式を伴うことによってより広範で強力な「魔術」を施術者に与えることになる。

しかし、正統的なキリスト教神学の立場からすれば、ダエモン魔術は異教由来の「悪魔」＝「悪霊」、まさに「悪魔《デーモン》」の力を借りることになり、到底容認できる限度を超えることになる。もっとも、原始キリスト教がローマ化される過程で、エジプトの女神イシスをはじめとする異教の大地母神と密接な関係をもつ聖母マリア信仰や、数多くの聖人信仰などの形で異教との妥協は図られていた。また偽デュオニシオス・アレオパギテスは「天上位階論」（天使論）[32]において星辰に付属するダエモンを守護「天使」に読み替えることで、一神教の教理と異教との間に一定の調和をもたらそうと試みていた。

ルネサンス期の「自然魔術」と「ダエモン魔術」について、ここで詳述することはとてもできないが、後の記述に必要な限りで要点をかいつまんで説明しておこう。まずは自然魔術の方だ。

自然魔術とは「精気」を介して星辰の影響を人間の健康増進など好ましい効果へと誘導する技術を指す。マルシリオ・フィチーノが『天界によってみちびかれるべき生について』[33]の中で少なくとも明示的に構想したのがこの自然魔術である。

占星術や錬金術、古代のピュタゴラスに由来すると言われる数秘術、さらにユダヤのカバラーなど、ルネサンスがその「類比」の枠組みの中に折衷的に取り込んだ知の体系は多岐にわたるが、自然が自ずからその内部に含みこんだ神秘的な照応と調和の能力を、「精気」を媒介として利用し、自然本来の均衡へと回復させるという発想を維持する限りにおいて、これらは自然魔術の枠組みの中にとどまることになる。

これに対してダエモン魔術とはダエモンあるいは守護天使など人格的性格をもった霊的存在者の存在を想定し、彼らに祈りを捧げ、あるいは彼らを直接召喚することによって自らに有利な効果を得ようとする魔術のことだ。

この点について新プラトン派のプロティノスは『エネアデス』[34]において、物質的対象の中に「世界的霊魂や天球と星辰の霊からなにか生気のようなもの」を招き入れることで、天界の生気を引き寄せ保持しうると述べている。また、ヘルメス文書には、神を象《かたど》った人工的神像に「神＝霊」を招じ入れる一種の降霊術によって、魔術的効果を生ぜしめることが可能だとする次のような一節がある。これら二つの書物は、フィチーノをはじめとするルネサンス思想家に対し一定の権威ある典拠の役割を果たしていた。


その昔、我々の祖先たちは、（…）神々の像を造る術を考案したのだ。（…）そうしてから彼らは、宇宙の本質から引き出した、おのおのの神に固有の力を付与し、それらの力を一つに結びつけた。だが彼らは、霊魂を創造することはできなかったので、ダイモンや天使の霊を呼び出し、聖なる神の儀式で、その霊を偶像の中に注入したわけだ。それにより、こうした霊を通して偶像が善と悪をなす力を持てるようにするためにだ。[35]

ダエモン魔術はフィチーノでは用心深く秘められていたが、彼に続くルネサンス魔術師、コルネリウス・アグリッパ、ヨーハン・トリテミウス、ジョルダーノ・ブルーノになるとより顕著に現れる。ここでも鍵となるのは精気《プネウマ》の働きだ。

フィチーノをはじめとする自然魔術においては、惑星の精気、宇宙精気に対し、それと類比的な関係にある人間の精気を通じて、星辰の秩序や力を人間の福利に有利になるよう改善する。一方、ダエモン魔術においては、星辰信仰においても占星術においても、星辰を司る神霊《ダイモン》や獣帯の星座を支配するデカン、各惑星の背後に存在する「惑星天使」に直接働きかけて彼らを召喚し、彼らを禁呪（霊呪）によって拘束し、彼らの力を術者に貸し与えるように強要し、命令する方向に向かう。「フィチーノ魔術から自然的・精神的仮託を奪い〝ダイモン〟に直接働きかける」[36]のだ。

キリスト教自体、例えばモーセとエジプトのファラオとの魔術対決に見られるような超自然的な力や啓示、さらには聖餅の中にキリストの身体が宿る「化体《けたい》」の秘儀のような礼拝儀式を伴っている。ただ、それが許されるのはあくまで「啓示」的な神の力の現れとみなされる限りでのことだ。ルネサンス魔術がダイモンや「天使」を召喚し彼らの力を直接利用しようとするところにまで来るとキリスト教との共存は難しくなる。

すでに四世紀、カトリシズム神学を成立させたアウグスティヌスにおいて、古代の異教信仰を背景に発達した星辰信仰はそれ自体容認できるものではなかった。その背後にキリスト教が悪魔＝悪霊と見なさざるを得ない、魔法の仲介者＝媒介者が存在するからである。

> 彼ら「アグリッパ、トリテミウス、パラケルスス、ジャック・ゴーリら」の魔術がフィチーノのそれと異なるのは、ダイモン魔術的性格がはるかに歴然としており、それゆえキリスト教と共存しえないのはより明確だという点にある。[37]

ルネサンス魔術が大胆にも乗り越えようとしていた一線は、ウォーカーが指摘しているように、アヴィセンナ（イブン・スィーナー）（九八〇－一〇三七）、ロジャー・ベイコン（一二一四－一二九四）、ヴィラ・ノヴァのアルナルドゥス（一二三五頃－一三一三頃）、ピエートロ・ダーバノ（一二五三頃－一三一五頃）の魔術、また『ピカトリクス』[38]に述べられているような中世（黒）魔術の危険な伝統を引き継ぐものであったため、正統信仰と正面からぶつかる「異端」として断罪される危険をはらんでいた。

さて、こうした高等魔術とは趣きを異にした、上述の中世魔術と関わりが深い民俗的呪術・魔術について述べる前に、ここで、古代以来西欧最大の異端として知られた狭義のグノーシス派と、十三世紀後半に成立したユダヤ神秘主義カバラーに関しても、一瞥しておくことにしよう。

グノーシス派

原始キリスト教や新プラトン主義、ストア派など多彩な思想を生み出したヘレニズム期、つまり、キリスト紀元の最初の数世紀に、ユダヤ教、原始キリスト教の周辺で活動していたバシレイデース、ヴァレンティノス、マルキオンといった思想家・宗教家によって形成された、善悪二元論的な色彩の強い一連の思潮、キリスト教正統派神学が確立して以降、最大の異端グループとして弾圧された思潮に、狭義のグノーシス派があげられる。[39]「狭義の」とわざわざ断らなければならないのは、オカルティズム、エゾテリスムの圏内で「グノーシス」という言葉は、科学的・合理的な知とは異なる、宇宙や世界の真理、さらには神と人間との間に成立する全体的な知、人間の存在の在りようを決定し、その知識を得ることによって人間が救済に導かれるような全体的・総合的な知を意味する一般的な用語としても用いられるからである。本書で「グノーシス派」という時は、狭義のグノーシス派の意味で使用する。

グノーシス派は、宇宙（マクロコスモス）と人間（ミクロコスモス）との関係を善悪二つの原理の対立として理解する。「ティマイオス」のプラトンから「正統」キリスト教に至る古代思想においては、すでに見たように、宇宙の創造者＝創造神によって形づくられた宇宙（マクロコスモス）と人間（ミクロコスモス）はどちらも神の「被造物」としてそれ自体「善」なるものと考えられてきた。それに対し、グノーシス派においては、神には宇宙の善の原理であり、純粋に精神的な世界である「光の世界」（プローレーマ）を統べる「至高神」と、物質的な、それゆえ「汚れた世界」である宇宙の創造者である「デミウルゴス」の二者があると想定する。従って物質的な宇宙の創造者デミウルゴスは、悪の根源と見なされるのだ。そして古代の宇宙論[40]において普通清浄な天界の一部とされる「星辰界」はもとより、その下にある「月下界」すなわち「地上界」はデミウルゴスの支配する悪の領域とされる。至高神の本質である善は、本来人間も共有しているのだが、デミウルゴスの支配下にある肉体＝物質界に囚われた人間は、この本質を見失っている。

　人間は、グノーシス＝真の知識に目覚め、自分が霊的な存在であることを自覚し、「至高神」の領域であるプローレーマに回帰することによって、至高神との神秘的合一を回復しなければならない。こうした善悪二元論がグノーシス派の根本原理だ。

　グノーシス派は、キリスト教側から徹底的な弾圧を受け、その教義に関する情報は、少なくとも十九世紀末まで――ないし二十世紀半ば、エジプト南部、ナイル川の河畔のナグ・ハマディで五十二編のグノーシス文書、いわゆる『ナグ・ハマディ文書』が発見されるまで――主として二世紀から四世紀にかけてキリスト教護教家たちが残した「異端反駁」書、つまりグノーシス派を異端とする側の文書によるものが大半だった。これらの代表的な作家・作品としては、小アジアに生まれ、一七七年にリヨン司教となったエイレナイオス（一三〇頃－二〇二）『異端反駁』、ローマで活動したヒッポリュトス（一七〇頃－二三五）『全異端反駁』、サラミスのエピファニオス（三一五－四〇三）『パナリオン（薬籠、蛇のかみ傷に対する解毒剤を入れる薬箱）』、カルタゴのテルトゥリアヌス（一六〇－二二〇）、アレクサンドリアのクレメンス（一五〇頃－二一五頃）、オリゲネス（一八五－二五四頃）などが挙げられる。

　こうした反駁文書の広がり自体が、この「異端」の根強さ、キリスト教正統派にとって強力なライバルであったことを示している。もともと、キリスト教の「正統信仰」そのものが、ユダヤ教・キリスト教の周囲にあった「神」や「キリスト」に対する異論、あるいはそれを記した文書を「異端」として排除していくことによって、みずからを「正統信仰」として確立したといってもよいからだ。初期キリスト教最大の教父として知られるアウグスティヌス（三五四－四三〇）自身が、若い頃、グノーシス派の一つマニ教[41]に帰依していたがキリスト教に回心し、マニ教の善悪二元論を克服するところから、三位一体のキリスト教正統派教義に道を拓くことになったことはよく知られているところだ。

　グノーシス的な善悪二元論は、正統信仰側の苛酷な弾圧にもかかわらず、中世以降も執拗に存続し続け、カタリ派、アルビジョワ派[42]、ボゴミール派[43]などの異端を形成した。

　十九世紀マリア派異端として異彩を放ち、文学者ユイスマンスの回心に大きな役割を果たしたジョゼフ＝アントワーヌ・ブーラン（一八二四－一八九三）もボゴミール派から影響を受けているという。

カバラー

　一方、ユダヤ神秘主義は紀元前一世紀以降、旧約聖書に表現されたヤハウェという人格神の信仰を離れグノーシス主義やイスラム神秘主義の影響を受けながら、カバラー[44]と呼ばれる独特な神秘体系を成立させていった。カバラーでは、世界を非人格的な「無限なもの《エン・ソーフ》」からの流出と見なすようになる。

十三世紀後期にスペインで成立した『セーフェル・ハ・ゾーハル（光輝の書）』[45]に至って、この「新しい神」と人間との関係をめぐって複雑な神秘主義的教義——「神智学」に到達する。ユダヤ神秘主義の権威ゲルショム・ショーレム（一八九七－一九八二）によれば、この神智学とは「活動する神性の隠れた生命を予感することも、把握することも、記述することもできると信じ、おそらくは瞑想によってそのなかへ沈潜することすら可能だと考える、ひとつの神秘主義的な教義ないしは思想傾向のことである」[46]という。カバリストたちはこのように理解・記述できる神の神秘的属性——つまりエン・ソーフの隠れた力が流出し、再び神自身の中に還流する神的示現を、次のような十の境域（セフィロース）として表象した。

一、ケセル・エルヨーン＝神性の「最高の王冠」
二、ホクマー＝神の「知恵」または原理念
三、ビーナー＝神の展開される「知性」
四、ヘセド＝神の「愛」または「恩寵」
五、ゲブーラーまたはディーン＝神の「権力」
六、ラハミーム＝前二者のセフィロースの対立を調停する神の「慈悲」
七、ネーツァハ＝神の「恒常的存続」
八、ホード＝神の「尊厳」
九、イェソード＝神のあらゆる活動力と生殖力の「基盤」
十、マルクース＝神の「王国」すなわちイスラエル（信徒）共同体の神秘主義的原像[47]

ショーレムはこのセフィロースについて、特に新プラトン主義者が絶対的一者と感覚的世界との間に設定する「中間的段階」とは全く異なると注記している。

十三世紀のカバリストはしばしばこの十のセフィロースを神秘的樹木、ないしは人間の身体として表象した。神秘的な樹木とされた場合、各々のセフィラーは木の枝を表すわけだが、その共通の根は少なくとも外的な表象としては描かれていない。しかしエン・ソーフは「単にすべての樹根の隠れた根であるばかりか、すべての枝のなかに浸透している樹液でもある」。つまり、この樹木の枝はそれぞれが神の属性として自立した生を営んでいるだけでなく、隠れた神エン・ソーフの生命に繋がり、エン・ソーフの生を受けている。したがって「この神の樹は（…）あらゆる世界の構造でもあり、あらゆる創造活動のなかで生育し、その枝を四方八方へ広げる。こうして下界のいっさい、地上のいっさいが存続しているのだが、それはまさしくセフィロースの力の何がしかがそれらの内に生動しているからにほかならない」[48]。

カバラーは、ユダヤ人のスペイン追放以来、ヨーロッパ世界にも移入されたが、問題は、特にピコ・デッラ・ミランドラ以降、これが「実践的カバラー」「カバラー魔術」として、ヘルメス学と並ぶ重要な要素としてルネサンス魔術の中に取り入れられ、「キリスト教カバラー」として独自の発展を遂げたことだ。フランセス・イエイツは書いている。

それは霊気を用いる魔術だが、その霊気的側面は自然魔術のように自然界の〈世界の霊気《スピリトゥス・ムンディ》〉のみを用いるという意味に限定されず、宇宙に遍在する自然的諸力を超えた彼方のより高位に位置する諸力を活用しようと試みる、つまりそういう意味での霊気の活用なのである。実践的カバラは天使たち、大天使たち、〈神〉の力ないし名称である一〇のセフィロト、そして〈神〉それ自体をも呼び寄せる。この降霊的側面から見れば、カバラのいくつかの儀式は他の魔術の儀式と類似している。しかし聖なるヘブライ語の威力を強調するという面ではより独自性の強いものでもある。実践的カバラはフィチーノの自然魔術より遥かに野心的な魔術であって、宗教から分離することはほぼ不可能であるような魔術である。[49]

すでにこのように概括した時点で、ショーレムが強調するユダヤ神秘主義のカバラーと「キリスト教カバラー」との差は明かであろう。

ユダヤ神秘主義のいうカバラーは、「神的なもの」を、ヤハウェという「人格神」から離れた「エン・ソーフ」という神性からの流出として理解するところから出発する。しかしキリスト教カバラーは、「天使」「大天使」「神そのもの」といった人格的な力を降霊術によって呼び出す。エン・ソーフが非人格的である以上、十のセフィロースもそれぞれ独立した人格神、あるいはカトリックにおける「三位一体」の神の位格のように「召喚」することは許されないはずだ。しかしピコ以来のキリスト教カバラーは、「カバラー」を一つの魔術、ダエモン魔術のような強力な魔術の一亜種として理解する。さらにそれが「神」の言語であるヘブライ語という古代語の、謎めいた「数秘術」がもたらしてくれるであろう神秘的威力に対する「実践的」期待・野心に裏打ちされている。

キリスト教カバラーの時系列的な形成や発展、後世への影響について詳しく追う余裕はない。ただ近代のオカルティストであるエリファス・レヴィやアレイスター・クローリーに至るまで、その過程で生み出された思想の豊饒さはともかく、このそもそもの思想の掛け違いは記憶しておく必要はあるだろう。

民俗的魔術と魔女狩り

アナール派の歴史家ル・ロワ・ラデュリは、『ジャスミンの魔女』[50]によって、また同じくアナール派のカルロ・ギンズブルグは『ベナンダンティ』[51]『闇の歴史』[52]等によって、十六世紀後半から十七世紀に荒れ狂った「魔女狩り」[53]の背後に、古代から、あるいはヨーロッパとは異なる文化伝統を受け継ぐ形で民俗的呪術＝魔術の層があることを明らかにした。[54]

魔女狩りや異端審問[55]は、先に述べた中世グノーシス派の大異端、カタリ派、ボゴミール派に対して組織され、十六世紀の新教＝プロテスタンティズム成立を背景に活発化する。高等魔術と民俗魔術は両者共に、これらと当然ながら激しく衝突した。「魔女狩り」は、それ自体、不可解な、しかし極めて複雑な政治的・文化的背景のもとに勃発し、シルヴィア・フェデリッチ『カリバンと魔女』[56]によれば、女性の身体性を搾取することによって現代資本主義にとって資本の原蓄積を促進したという意味で、「近代」を創り出す役割も担っていたという。

さて、ルネサンス魔術と民俗的魔術との間には、魔女・魔術師として苛酷な拷問に晒され、火刑となった膨大な数の犠牲者の問題とは別に、おそらく曖昧な浸潤関係が見られる。

ルネサンスとは、ヘルメス学、新プラトン主義にもとづく古代「魔術」の復興に他ならなかった。場合によっては、魔女「迫害」を主導するきっかけとなる書物を書いた著者たちもルネサンス魔術の学問的な圏域に育ち、ある意味、伝統的な「キリスト教」からすれば、異端とされるような「教説」にもとづき、「魔女」や「サバト」を攻撃する理論的体系を構成し流布し続けたといえるかもしれない。

すでに述べたように、ルネサンス魔術の淵源に位置するマルシリオ・フィチーノがヘルメス・トリスメギストスの「ヘルメス選集」をコシモ・デ・メディチのために訳出したのは一四六〇年、また新プラトン主義の神霊学＝魔術の原典も相前後してフィチーノによってラテン語訳された。[57]一方、「魔女狩り」の主要な典拠であり悪名高い『魔女に与える鉄槌[58]』がハインリッヒ・クラーマー（ハインリッヒ・インスティトーリス）（一四三〇－一五〇五）とヤーコプ・シュプレンガー[59]（一四三六／三八－一四九五）によって著されるのは一四八六年である。「魔女」への攻撃はすでにこれ以前から始まっていたが、そんな時代状況の中で、少なくともルネサンス魔術はそれから約一世紀余りの間、むしろ絶頂を迎えるべく発展していく。

ロベール・ミュッシャンブレ（『民衆文化、エリートの文化[60]』）、ル・ロワ・ラデュリ（『ジャスミンの魔女』）等によれば、「魔女」は若い女も年老いた女も、普通、他の人びとが彼女たちをどのような人間と見なしているかを知らず、自分が他の人間に及ぼしている影響や脅威に対する自覚はない。しかし、異端裁判や魔女狩りの過程で、彼女の属する共同体や裁判官からの圧力・拷問によって屈服させられると、自分自身が迫害者の語るような「魔女」であると信じ込むようになり、積極的に自分の幻想を語り出す。その結果、悪魔学者の書物に書かれた悪魔崇拝やサバトに対する体系はより強固となり、次の集団的「幻想」の根拠となっていく。

夜になると、魔女や魔術師が、田野や山中の、普通は人気のない場所に集まる。彼らはしばしば、体に軟膏を塗って、棒や箒の柄にまたがり、飛んでやって来る。だが時には動物の背に乗ったり、動物に変身して現われる。集会に初めてやって来たものは、キリスト教信仰を捨て、秘蹟を冒瀆し、人間の姿をしているか、あるいは（こちらのほうが頻度が高いのだが）動物、半動物の格好をしている悪魔に敬意を表わさなければならない。それに引き続いて宴会を催し、踊り、性的乱交にふける。魔女や魔術師たちは家に帰る前に、子供の脂肪と他の材料で作られた、妖術の軟膏を受けとる。[61]

これが典型的な魔女のイメージだろうか。悪魔崇拝とは、中世後期にキリスト教聖職者が行った一連の民間信仰の体系的な再編の結果として現れてきたものであり、本来は風変わりだが首尾一貫した知的体系を有する信仰であったものが、こうした悪魔学のイデオロギーによって歪められた結果、一つのステレオタイプとして定着したものなのだ。

だが、この高等魔術・民俗魔術両者が、「魔女狩り」の嵐の終焉とほぼ同時期に、有効性を失い、いわば「時代遅れ」なものになっていく。序章の「毒薬事件」はその最後を画する象徴的な事件というわけだ。

科学主義の擡頭と魔女狩りの終焉

ルネサンス人文主義が持っていた魔術による世界刷新の構想は、カトリック、プロテスタントの間で激化した宗教戦争の高まり、これと相互に影響を与えあう形で十五世紀後半から激化した「魔女狩り」の嵐の中で、カトリックの宗教的・政治的反動によって打ち砕かれる。

さらに、この時期、ルネサンス魔術はルネサンスの一つの成果でもある人文学的な「考証学」の進展によって、あるいは錬金術や占星術を母胎としながらも、それを克服する形で独自の「真理」体系を構築しはじめた「近代科学」あるいは「機械的世界観」によってもその効力を否定されていく。

ルネサンス人文主義は、古代原典回帰という方向性によって――聖書を例にとれば、従来のラテン語訳聖書＝ウルガタ聖書で読むのではなく、ヘブライ語、ギリシア語の原典にのみ依拠し、カトリック教会の「伝承」「伝統」を無視するという方法論によって――マルティン・ルター（一四八三－一五四六）、ジャン・カルヴァン（一五〇九－一五六四）等のプロテスタント運動の生成を促した。しかしこれはやがてカトリックとプロテスタントの対立を煽り、ドイツ三十年戦争（一六一八－一六四八）を頂点とする宗教戦争を引き起こした。またこれと相互に影響を与えあう形で、異端審問・魔女狩りの狂乱をもたらす。

ルネサンス人文主義は、これに対し、カトリック、プロテスタントの間で激化した宗教戦争や異端審問を、魔術をも包摂する寛容主義・折衷主義・理想主義にもとづき何とか回避しようと試みる。古代哲学・魔術によって新旧両派を調停し、世界を刷新することを通じて、地上に平和をもたらすことを構想するのだ。

しかし、こうした動き、いや、ルネサンスという「知」のあり方そのものが、トリエント公会議（一五四五－一五六三）を軸とした旧教側の反宗教改革、各地でさらに激化した宗教戦争によって否定されていく。また、こうした動向と相互に影響を与えあう形で、十六世紀後半には異端審問・魔女狩りも一層過激化の度合いを強めていく。

古くから異端審問に中心的な役割を果たしてきたフランシスコ会、ドミニコ会に加えて、一五三四年にはイグナチウス・ロヨラ（一四九一―一五五六）によって軍隊的な組織をもち、新教に奪われたカトリックの失地回復を目的としたイエズス会が組織される。

すでに一五八〇年に出版された『妖術師の悪魔信仰』[62]において、治安判事ジャン＝ボダン（一五二九頃―一五九六）は、マルシリオ・フィチーノの新プラトニズム＝魔術による知の刷新を引き継いだコルネリウス・アグリッパを、伝説の魔術師ファウストと結びつけることによって攻撃している。さらに一六〇〇年にはジョルダーノ・ブルーノが火刑に処されている。

薔薇十字友愛団とフリーメーソンの由来

フランセス・イエイツが『薔薇十字の覚醒』[63]で示したように、ヨハン・ヴァレンティン・アンドレーエ（一五八六―一六五四）を中心とした思想家グループは、ドイツ三十年戦争の初期、プロテスタント同盟によりボヘミア王に推戴されたプファルツ選帝侯フリードリヒ五世に期待を託して、ルネサンス魔術にもとづく普遍的調和と友愛に満ちた新世界を作ろうとした。薔薇十字運動[64]である。ただしこの遅れてきたルネサンス的革新運動は、当初からハプスブルク家の仕掛けたカトリック反動のパワーゲームに負け、その実態や構成員すら秘匿した秘密結社、「薔薇十字友愛団」として自己の思想を表明する他なかった。

「薔薇十字友愛団」と並んで、秘密結社の代名詞として広く知られている「フリーメーソン」についても同様の事情が窺える。「伝説」によればフリーメーソンの起源は、紀元前「ソロモン神殿」建設を指揮した伝説的な親方ヒラムに遡るという。それが中世のゴシック大聖堂を建てた石工たちのギルド「実務的メーソン」を経て、近世に至って有産階級の一部に注目され、彼らの集う「思弁的・哲学的・宗教的」性格をもった友愛団体に換骨奪胎されたというのだ。なかには、「実務的メーソン」から近代フリーメーソンに至る過程で、聖堂騎士団やヨハネ騎士団との関連を指摘する論者すら存在する。

「実務的メーソン」は「思弁的メーソン」へ、どのような過程を経て転換したのだろうか。あるいは中世の石工組合と近代メーソンとの間には、そもそも何らかの連続性が存在するのだろうか。

こうした点については、専門家の間でも定説がないというのが実情らしい。ただし「実務的メーソン」をゴシック式聖堂建設が始まった十二世紀にフランス、スペイン、ドイツ、イングランド等各地に存在したと思われる石工のギルドに直結させるのには無理があるという。フリーメーソンの記述が文献に登場するのは十四世紀以降のことだ。十六世紀以降、各地を渡り歩く職人を職種別に束ねた同職組合が急速に発達したが、これら同職組合とフリーメーソンとの直接の系譜関係を証明することもできない。

史実としてほぼ確からしいことは、近代フリーメーソンの起源はスコットランド、アウチンレックの領主ジョン・ボズウェルが一六〇〇年にエジンバラのロッジ・メンバーに加えられたという事蹟だ。イングランドにおいては、薔薇十字思想に深い関心を持っていたオックスフォード・アッシュモーリアン博物館の創立者、エリアス・アッシュモール（一六一七－一六九二）が一六四六年にメーソン・ロッジに入会している。このころから、フリーメーソンへの加入が上流階級の人士の間で流行となり、「公認されたメンバー」すなわち石工以外の上流階級の会員が、ロッジの主要メンバーとなっていった。

ここから先は確実だ。一七一七年にイングランド・グランド・ロッジが創立され、一七二三年に、ジェームズ・アンダーソン博士（一六七八頃－一七三九）により、伝説的な「ゴシック憲章」が廃され、近代フリーメーソン憲章が制定された。

フランセス・イエイツによれば、イングランドにフリーメーソン結社を持ちこんだというエリアス・アッシュモールの『英国の化学の劇場』（一六五二）は、薔薇十字運動の背景となった「ボヘミア国王と王妃の大義の瓦解によって中断された運動を回復または継承しようとする努力のひとつ」[65]であった。この書においてアッシュモールはイギリスにおけるヘルメス学の最後の輝きであったジョン・ディーを、善良な魔術師《マグス》であったと擁護したと指摘している。それが本当なら、薔薇十字運動と、近代フリーメーソンの間には、少なくとも、単なる時期的な符合を越えた、共通の歴史的・思想的背景が存在することになる。[66]

近代科学の進展と「ヘルメス学」の権威失墜

ルネサンス魔術復興に支配的な影響を与えた新プラトニズムとヘルメス・トリスメギストスの権威は、ルネサンスが方法論として自らのものとした古代文献学の精緻化によって命脈を絶たれようとしていた。

十七世紀の初頭、フランスのユグノー教徒の家系に生まれ、フランス・イギリスで活動した古典学者・神学者イサーク・カゾボン（一五五九－一六一四）が、旧約聖書のモーセよりも古いがゆえに特別の権威をもつとされた「ヘルメス選集」が、実はキリスト教成立後の二世紀を遡るものではないことをルネサンスの古典文献学研究の手法を用いて「実証」したのだ。ヘルメス・トリスメギストスがキリスト教に先だって、キリスト教の「真理」を予示していたのではなく、「ヘルメス文書」の側が、聖書を踏まえた「偽書」であることを明かにしたわけだ。この「暴露」は当時の思想界にすぐに影響を与えたわけではないようだが、徐々に、また確実に、「始原の神学者」への遡行によってキリスト教信仰を再解釈するというフィチーノ以来のルネサンス＝新プラトニズム的方法論・世界理解の正統性を原理的に浸食していった。

さらにコペルニクス（一四七三－一五四三）、ガリレイ（一五六四－一六四二）、ケプラー（一五七一－一六三〇）、ガッサンディ（一五九二－一六五五）に始まる近代天文学[67]や、メルセンヌ（一五八八－一六四八）、デカルト（一五九六－一六五〇）等が提唱した機械主義的世界観[68]は、「心」と「宇宙」とがミクロコスモス、マクロコスモスとして緊密に結びついているという限りで、人間の心の働きによって世界を操作することが可能と考える魔術的世界観そのものを排除しようとしていた。

例えばフィチーノやフラッドなどルネサンス魔術の図式においては、宇宙と人間との間に成立する類比は「数だけが唯一の明白な共通の特徴」であった。またそれは「他には何一つ数学的共通点のない体系間の単なる数の一致[69]」であり、そのようなものとして、「数秘学」を前提とするものであった。それに対し、ケプラーの『宇宙の調和』（一六一九）においては、基本的には新プラトニズムにもとづくルネサンス魔術の神秘主義を背景にしていたにもかかわらず、宇宙の間に働く「類比」は「一定の測定単位を有する二つの体系間の厳密な比例にもとづく[70]」ものとして数学的な合理化が行われ、より「近代科学」の側に近づく動きを示している。

「相似・類比」にもとづくルネサンス魔術の世界は、その根底において、徐々に浸食されつつあったのだ。

魔女狩り終焉とそれ以後

再び、民俗的魔術の方を向いてみよう。ル・ロワ・ラデュリの『ジャスミンの魔女』によると、プロヴァンス地方、アジャンに生まれ、プロヴァンス語の地方伝承や民話を採集していたジャック・ジャスミンは、一八四〇年に「フランソネット」という、アンシャン・レジーム期のコンドモワ地方で「魔女」と見なされていたある少女の物語を作品化した。ジャスミンは物語をブレーズ・ド・モンリュック将軍（一五〇〇頃－一五七七）がこの地方で熾烈な宗教戦争を戦っていた十六世紀半ばに設定しているが、ル・ロワ・ラデュリの推測によれば、フランソネットのモデルになった女性が生きたのは「毒薬事件」に近い一六六〇年代であったという。物語の粗筋を述べよう。

フランス南西部、スペイン国境に近いアキテーヌ地方ロックフォールの村にほど近い小集落に住む美しいフランソネットは土地の守護聖人聖ジャックの踊りの集会の女王的存在だが、彼女と踊る男は皆、地面に倒れるか怪我をしてしまう。地方全体が霜や雹《ひょう》に襲われても祖母と暮らす彼女の畑だけはその被害を免れる。彼女には、不吉な力が宿っているのだ。黒の森の魔術師は、彼女がまだ幼い頃、彼女の父親が娘を悪魔に売り渡したため、彼女と結婚した夫は新婚初夜に死ぬと予言する。しかし、彼女を愛する鍛冶屋のパスカルは、母親の反対を押して結婚する。魔術師の予言は外れ、婚礼の翌日フランソネットは、土地の習慣に従って、会う人ごとに幸福な新婚初夜の終了を告げる「靴下留めの断片」を配り、物語は無事ハッピーエンドを迎える。

ここで語られているのは、不吉な家系に生まれ、その前の時代なら確実に魔女として火あぶりの刑にされていたであろう娘の物語だ。事実、ル・ロワ・ラデュリは、西南フランス地域には、

一、他人に不吉をもたらす「邪視」をもつ魔女・魔術師の家系があるという伝承がある。
二、彼らの魔術は、生誕や結婚など生命の周期（不妊、赤ん坊の死、富の源泉である両腕の麻痺や欠損等）に対して発揮される。
三、土地に関わる財産（農業・豊穣）に、呪いをかけたり、霜や雹など自然現象を操作したりして被害を与えるが、当の魔女はマンドラゴラ（ラデュリによれば、ここでは魔力をもたらす植物、または同じく魔力をもった動物）あるいはそれに類する魔術的効果で彼ら自身の収穫物を増加させる。
四、彼らの魔術を解くことができるのは対抗的な力を持った呪術師、占い師である。
五、フランソネットの物語には現れないが、プロヴァンス地方では魂が動物や他の人間の形を取って所有者の身体から抜け出る「魂の旅」という伝承が存在し、また、この魂の旅はやはりこの地方に連なる「狼男《ルー・ガルー》」の伝承とも密接な関係を持っている。

などの事実を指摘している。我々はここで、ヴァナナン、シャストゥーユなど「毒薬事件」に関わった者の中にプロヴァンス地方の人間が多く含まれていたことを想起すべきなのかも知れない。

カルロ・ギンズブルグは『闇の歴史』の中で、この「魂の旅」がキリスト教以前の異教や、農民のシャーマニズムと結びついていることを指摘し、その根源を尋ねて広く文献をあさり、その根源をはるかシベリアまで求めていく。さて、フランソネットの物語がハッピーエンドを迎えることができたのは、フランソネットの元になったとおぼしき実話の主人公が生きた十七世紀の後半、魔女狩りと魔女処刑の動きが明らかに後退していたからだ。

フランスにおいて魔女狩りと魔女処刑の波は十七世紀の前半に集中している。エクス＝アン＝プロヴァンスにあったウルスラ会の修道院では、若い修道女マドレーヌ＝ド＝ドマンドルが悪魔に取り憑かれたのがきっかけで、修道院の尼僧八名が次々に悪魔憑きになる。そして、在俗中にマドレーヌが恋していたマルセイユの僧ルイ・ゴーフリディーが魔術師として告発され、火刑に処された。この事件は一六〇九年に始まり、一一年に収束している。

　また、やはり南仏ルーダンで、ウルスラ会の修道院長ジャンヌ・デ・ザンジュともう一人の修道女が突然悪魔に取り憑かれ、それがきっかけになって次々と悪魔憑き現象が修道院内に広がった。世に言うルーダンの悪魔憑き事件である。リシュリュー枢機卿（一五八五－一六四二）の信任を受けた裁判の最高責任者ローバルドモン男爵、悪魔祓い師シュランの精力的な活動により、ルーダンの主任司祭で、雄弁にして社交的、しかも性的に放縦だったユルバン・グランディエが魔術師として告発されることになる。事件は一六三二年に始まり、一六三四年にグランディエが火あぶりの刑にあった後も、修道女たちの悪魔憑き状態は容易にはおさまらず、一六四〇年ごろまでその余波が続いた。

　ルーダンは、フランソネットの舞台となったアジャン同様、カトリックがプロテスタントを包囲し、駆逐する前線となっていた地域であり、事件前にはペストに襲われていた。この事件はポーランド人作家ヤロスワフ・イヴァシュキェヴィッチ（一八九四－一九八〇）の『尼僧ヨアンナ』[71]や、イギリス人オルダス・ハックスリー（一八九四－一九六三）の『ルーダンの悪魔』[72]のモデルになった事件として知られている。特にイヴァシュキェヴィッチの『尼僧ヨアンナ』は、イエジー・カヴァレロヴィッチによる映画化（一九五九）で有名になった。また一九六八年にはポーランドの作曲家、クシシュトフ・ペンデレツキ（一九三三－　）によってオペラ化もされている。この事件については、イエズス会士で、ルネサンスから古典主義時代の神秘主義の歴史家であり、精神分析家ジャック・ラカン（一九〇一―一九八二）の盟友でもあったミシェル・ド・セルトー（一九二五―一九八六）の名著『ルーダンの憑依』[73]が二〇〇八年に翻訳刊行されているので是非そちらを参照してもらいたい。

オカルティズムに対する感性の変化

詳細な事実関係を「暴力的に」無視して、敢えて放言すれば、十七世紀後半から十八世紀、魔女・悪魔に対する啓蒙主義的検討を経た後、十八世紀後半以降、オカルティズム・超自然への志向が復活する。しかし、イギリスのゴシック・ロマン、ゲーテ（一七四九―一八三二）の『ファウスト』、ドイツ・ロマン派、フランス幻想文学などが示すこうした超自然的なものへの関心、特に、魔女・魔術・オカルトに対する関心と、十七世紀以前の魔術との間には何か決定的な差異が生じている。

たとえ、多くの場合、広義のロマン派以降の魔術・オカルトの諸潮流において、詩人や思想家、哲学者、宗教家が強烈な幻視・幻想・妄想を抱いており、彼らの言説が、彼らが「超自然的」と考える何かに支えられていたとしても、それは十七世紀以前の悪魔崇拝が持っていた社会的・実存的な意味を持ってはいない。十七世紀以前には、悪魔が、あるいはその前提となる「神」が現実に存在し、悪魔と契約すれば魂の破滅をもたらすという、厳然たる事実に対する恐怖があった。マルキ・ド・サド（一七四〇―一八一四）は、そのタブーに敢えて挑戦した。そこから、彼の瀆神性《とくしん》が生まれ、悪の論理が生まれる。

しかし、それにもかかわらず、神のもたらす秩序は乗り越え可能であり、実際、大革命はそれをやすやすと乗り越えたのだ。一方、この時代以降は迫害者の側も、たとえ現世において凄惨かつ不条理な拷問や処刑を行ってでもその罪の全てを告白させ、神の最後の審判によって罪人の魂が地獄の業火に永遠に焼かれ続ける逃れがたい運命から是非とも救わねばならないという「温情」が働くほどまでに、悪魔と神の存在に対する確信をもつことはできなくなっていた。それは、消滅したとはいわないまでも、人間的な調停が可能な程度には薄らいでいるのだ。

そして、ルネサンス魔術、民俗魔術、魔女狩りを通じて極端な形で体系化された悪魔や魔術に関する「知的」「民俗的」生成物は、プロヴァンスで栄えたトルバドール文学により発生した俗語（ロマンス語）による想像力を駆使したフィクションの一形式として十八世紀に創造された「小説」という新しい語り《ナラシオン》の一つの要素として、「あり得ない過去」あるいは「あり得べき過去」に逆投影される。いわゆる「ゴシック・ロマン」の誕生だ。悪魔はゴシック・ロマンの中で「霊感を中世や騎士道、キリスト教に仰ぐ」[74]という意味でのロマン派の幻想の一部に「転落」するのだ。

東方奇譚の形式を借りながら、人間の規矩《きく》を越えた傲慢と放埒に身をやつした上、后ルーロニアールと共に、悪魔にそそのかされ、あらゆる人倫を犯して、巨大な財宝の眠る地下宮殿へ至る方途を求めながら無間地獄へ至る、ウィリアム・ベックフォード（一七六〇－一八四四）の『ヴァテック』[75]。助修士に身をやつした美しい女の姿で近づいた悪魔の誘惑に負けて破戒と瀆聖《とくせい》・近親相姦と次々に暴虐的な犯罪にふけり、地獄へと転落する修道士アンブロジオの破滅を描いたM・G・ルイス（一七七五－一八一八）の『マンク』[76]。ルネサンス時代ドイツに実在した放浪の魔術師ファウストに取材したゲーテの『ファウスト』[77]における悪魔との契約、堕罪、そして地獄堕ち（あるいは、ファウストの場合のように、神の介入による救済）。いずれも、十七世紀以前の魔術・悪魔のモティーフを扱いながら、真実味に乏しい。あえて言えば、それは作家の幻想が一時的にまとう単なる意匠とすら言えるかもしれない。

と、ここまで確認しながら、なお、と敢えて言わなければならない。

それではオカルティズム・エゾテリスムは消滅したのか？　もし消滅していないのならば——我々はその証拠を我々の身の回りにいくらでも見出すことができる——それは何故か？　そして、古代魔術、ルネサンス魔術などと比較して、近代魔術、近代オカルティズムはいかなる構造と特色をもっているのか？　そしてそれは我々の「現代」にいかなる形で接続しているのか？「近代オカルティズム」として我々が射程に入れているのは、十八世紀末から二十世紀初頭までの百年余りの時空である。その間のオカルティズムの変容を、ようやく語る時がきた。

第三章　イリュミニズムとルソー——近代オカルティズム前史

悪魔の衰退後のオカルティズム——イリュミニズムという謎

十七世紀末、魔女狩りの嵐は終焉に向かい、「悪魔というイメージ像は夢の領域へと転落している」[1]。しかし啓蒙主義・百科全書派、ルネ・デカルト、ジュリアン・オフロワ・ド・ラ・メトリ（一七〇九－一七五一）の機械論的人間観・宇宙論が全盛を極め、やがて大革命へと至る思想的・政治的地ならしが着々として進行していったかにみえる十八世紀においても、オカルティズムが消滅したわけではなかった。

十六世紀のパラケルスス（一四九三－一五四一）、ヤコブ・ベーメ（一五七五－一六二四）を出発点とし、十八世紀に入ると、スウェーデンボルグ（一六八八－一七七二）、マルティネス・ド・パスカリ（一七一〇頃－一七七四）、サン＝マルタン（一七四三－一八〇三）などの神秘家・神智学者を輩出した有名なオカルティズムの一派イリュミニズム（「照明派」「天啓派」）が成立する。ジャン＝ジャック・ルソー（一七一二－一七七八）を一つの淵源とする（前）ロマン派の中にも、さらにはカリオストロ（一七四三－一七九五）のようなオカルティズムを標榜する詐欺師や巷《ちまた》の占い師の中にも、オカルティズム・エゾテリスムは根強く残っていた。後にフランス大革命＝ジャコバン独裁の中心に位置したロベスピエール自身が「神」の存在を否定してはおらず、そもそも、大革命に連なる啓蒙主義・百科全書派は数の上では圧倒的に少数派だったのである。

ポール・ベニシューは、前ロマン派の歴史を語る記念碑的な四部作の嚆矢《こうし》を飾る『作家の聖別』[2]において、十八世紀から十九世紀初頭のイリュミニズムの特徴を以下のように指摘している。

一、入信者にのみ啓示される普遍的・原始的「伝統」への信仰
二、「原罪による堕落」という教理の重視
三、人間が生きる現世＝物質界はこの堕落の結果生じたとする「着想」
四、人間の第一存在＝「神」への結合という形で実現される来たるべき再生（régénération）
五、宇宙（＝マクロコスモス）は単一で、人間（＝ミクロコスモス）と類比的な構造をとるという思想
六、人間と神とを媒介する「力の階梯」（「ヤコブの梯子」の影響か？　本書一五五頁を参照）があるという発想
七、超自然的な力の発現への希求。魔術・予言を求める傾向

まず、イリュミニストには、人間は「神に支配された歴史的存在」にすぎず、内在的に「神的なもの」を自分のうちに内包しているのだが、「原罪」によって神から決定的に引き離された存在である、とする神観・人間観がある。イリュミニストはキリスト教のドグマから時には逸脱しながらも、人間を原罪以前の神的存在へと仲介する「イエス・キリスト」の使命は絶対的重要性を持つと考える点で、カトリック・プロテスタントを問わず、旧来のキリスト教ドグマからの決定的な訣別を避けてい

るのだ（この点で、「感性」を通じ、キリストの仲介なしで人間の中に存在する神性の理解に至る「啓蒙主義者」ルソーの「自然宗教」とは決定的に対立することになる）。

イリュミニズムの運動が起こりパラケルスス、ヤコブ・ベーメらの「神智学」[3]が形成されたのは、古くからカトリックの牙城であり、「ルネサンス魔術」が繁栄したイタリア・フランスではなく、むしろプロテスタンティズムが発祥・浸透したドイツ・スイス等であった。アントワーヌ・フェーヴルは、こうしたドイツ・スイス等の特殊性を、この地に早くから浸透したルター主義によって説明している。

同じ人文主義に根を持ちながら、イタリアやフランスではオカルティズム・エゾテリスムは、「ヘルメス文書」の読解・註解という形で展開された。これに対し、プロテスタント圏のそれは、ヘルメス主義の伝統とは別個に、神秘家個々人の内面への神の直接的啓示として示され、それぞれの神秘家独自の仕方で「神智学（Theosophie）」ないしは「自然哲学（Naturphilosophie）」として組織化された。イサーク・カゾボンがヘルメス文書を二世紀以降の作と実証したのは、前章に述べた通り十七世紀の初頭、一六一四年。ドイツ人文主義者たちが古典学者カゾボンによるこの「発見」を知るのはようやく啓蒙主義時代に入った一六八四年、チューービンゲンのクリスチャン・クリーグスマンによってである。ちなみに「ヘルメス選集」の第一巻「ポイマンドレース」がドイツ語に全訳されたのは一七〇六年で、これは中国に布教に赴き同地で客死したイエズス会士、フランス人ジョワシャン・ブーヴェ（一六五六－一七三〇）が「易経」を「発見」した一七〇〇年より六年も遅れているという。

パラケルススは古代・中世の錬金術を統合し、近世のネオ錬金術を創立したばかりでなく、万物はその根拠を全一なる神に有し、その内的性質は必ず外的表象として表出するという「万物照応《コレスポンダンス》」の思想を彼の神学＝宇宙論の中に体系的に導入したことにより、近代オカルティズムに決定的な影響をもたらした。

　しかし「近代」オカルティズムを考える際、はるかに重要度が高いのは、ヤコブ・ベーメ、スウェーデンボルグという、二人のイリュミニストだ。

ヤコブ・ベーメと「ソフィア論」

　まずヤコブ・ベーメの方だが[4]、彼は一五七五年北ドイツに生まれ、靴職人として生計を立てるようになったが、正規の教育を受けたことはなく無学であった。しかし一六〇〇年、二十五歳の時、十五分間の「光と愛」に満たされる神秘体験を経たことにより、神の本質や宇宙生成に対する理解を得るに至った。ただし、彼がこの神秘体験を自らのうちで消化し、『アウローラ』[5]という最初の著作に結晶させるのは、それから十二年後のことだ。

　ベーメ思想の鍵概念となるのは、神の智の化身「乙女ソフィア」の存在だ。この神の智（マリキ書二章一四節）はカトリックの三位一体の神が男性であるのに対し、本源的に女性的存在である。乙女ソフィアは「〔男性である〕三つのペルソナ〔神・イエス・聖霊〕が自分の姿を写し見て自己を確認し、自己展開のさまを観照する『鏡』（Spiegel）ないし『目』（Auge）とされる」[6]。そうであれば、後に我々が見るカトリック圏内の「マリア派異端」における女性的性格を持った聖霊（＝助け主《パラクレ》）に比肩する存在ということになる。

　ベーメの理解する「神」とは本質的に「無」＝無底である。しかし神は欲望を欠いているわけではない。ベーメはその欲望をもった意志＝神の七つの階梯を通過することによる「自己産出」という原理をもとに、「神」、あるいは世界を形づくる四元素の創出、被造界―物質界―宇宙の創造を説明した。

原人間としてのアダムは神の似姿として創造されたが、サタン（被造以前の暗黒）によって堕落し、彼の最初の伴侶であったソフィアを裏切ったことで、彼女との婚姻が解消されたという。イヴとの肉体的な婚姻はその堕落の後に行われる。従って、ベーメにおける再生とは、地上における第二のアダムであるキリストの介入による再生、ならびに神智＝乙女ソフィアとの再合一という形式を取る。こうして、神論・宇宙論全体が「堕落と再生」からなる新たな救済の劇として、悪魔・天使等の配置も含め従来のキリスト教ドグマとは異なった形式＝「神智学」に再構成されるのだ。

スウェーデンボルグ＝「霊界」の訪問者

ヤコブ・ベーメが「無学」な靴職人であったのに対し、スウェーデンボルグ[7]（スヴェーデンボリ）は、スウェーデンの著名な聖職者でありウプサラ大学の神学教授であったイェスペル・スウェドベルグの子として生まれた。ウプサラ大学卒業後、数度にわたってヨーロッパ各地に遊学した後、若くしてスウェーデン有数の科学者として頭角を現し、鉱物学、宇宙論、光粒子説、数学、感覚論等多岐にわたる科学分野で顕著な業績を収めた。彼の科学分野の業績の集大成は一七三四年ライプツィヒで刊行された『哲学及び論理学集成』（*Opera philosiphica et Mineralia*）三巻にまとめられているが、特にその第一巻にあたる『自然現象の諸原理』（*Principia Rerum Naturalium*）が有名だ。

しかし、その後、自然科学的著作としては最後となる『動物の王国』取材のため、一七四四年、オランダ旅行中に、象徴的な「夢」の形をとった誘惑を体験し、深刻な宗教的・精神的危機を経験するようになる。この体験は一八五九年に公刊される『夢日記』の中で記述された。記述は一七四三年七月に始まるが、当初は些末な体験の記述にとどまっていたのが、途中で突然中断され、過去の夢の記述も含む、一七四四年三月から十月にかけての神秘体験の詳細な記録に取って代わられる。その中には、かなり赤裸々な性的イメージの描写も含まれている。初めてキリストの幻視を体験し、霊や天使と交流することが可能になった一七四四年四月七日の出来事もこの神秘体験において起こった。スウェーデンボルグは、一七四五年四月、それまでの世俗的な研究を一切捨て去り、残りの人生を神秘的世界の探究に捧げる決心をする。

その後、スウェーデンボルグは死の前年に至るまで、三つの「天界」、三つの「地獄」、その両者への入口にあたる「聖霊界」、総じて十層からなる「霊界」に自由に出入りし、三十巻を超えるラテン語の著作を執筆する。『天界の秘儀[8]』（*Arcana Coelestia*, 八巻、一七四九－五六）、『天界と地獄[9]』（*De Coelo et ejus Mirabilibus et de Inferno*, 一七五八）、『真のキリスト教[10]』（*Vera Christiana Religio*, 一七七一）、『黙示録講解[11]』（*Apocalypsis Explicata*, 四巻、一七八五－八九）、『霊界日記[12]』（*Diarum, Ubi Memorantur Experientiae Spirituales*, 死後出版、一九八三－九七）など、その内容は彼の訪問した霊界の構造についてであり、聖書、特に創世記と黙示録の註解であり、独自の神学、前半生の科学的解釈とは異なる霊的解釈に従った宇宙論であり と、多岐にわたる。

彼の神学においては、「父と子と聖霊」という三つの位格において顕現する神という三位一体は否定される。「父」とは万物の起源であり、時間と空間を超越した聖性（＝愛）そのもの。「子」とは「父」の聖なる魂がイエスという人間の姿をとって地上に具現した者（＝神の知恵）、「聖霊」とはそのイエスの活動が流出したものに他ならない。天界に行くか地獄に行くかは、キリスト教が説く神の

「最後の審判」によって決定されるわけではない。聖霊界より入った死者の霊は、自らの悪の源泉である自由意志を捨てていかに「神」に近づくかによって自ずと自分にふさわしい階層に位置づけられる。その結果、それぞれの霊の最終的な住居として決定されるのが天界・地獄のいずれかの層なのだ。生前、外見上有徳の士として振るまっていた者も、その本性において欺瞞を隠し持っていたならば、霊界においては高い地位を保つことはできない。霊界においてはその隠していた本性がその姿のまま露わになり、外形もその本性に従って変貌していくからだ。現世では聖職者として盛名を誇った者も、それが真に神への愛によるのではなく、自己顕示による場合には、霊界においては「地獄」に落とされる他はない。スウェーデンボルグによれば、世界宗教としての「キリスト教」の創始者であるパウロすら、その傲慢ゆえに「地獄」に身をおき、その醜い姿を晒しているという。

その文体はあくまで平明であり、霊界という「超自然界」を、「自然科学者」として厳密かつ客観的に記述する態度を維持している。彼の神学の根本原理は、自然界（＝宇宙）と、精神界との照応にある。

ただし、これはベーメや他のイリュミニストたちとも共通することだが、スウェーデンボルグ思想の特徴、あるいはその神秘思想の構造原理を一言で言い表すと、「幻視」という直接的な神秘体験が彼の神秘主義の根拠であり証明であるということにつきる。つまり「私は霊界を見た。証人は他ならぬこの私だ」という論法である。つまり旧来のカトリック、プロテスタントそれぞれの「正統的な教理」との間に齟齬があっても、正しいのは「私」の側であるとする独我論に他ならない。

スウェーデンボルグと同時代を生きた哲学者カントは『視霊者の夢』のなかで「彼の才能は彼の魂が霊界とのたえざる結合を通じて受ける曖昧な表象を意識できることにあるということがわかる」[13]。

彼は外的記憶を可視界に居する人間として所有し、内的記憶を彼の霊界との結合能力のおかげで所有しているとした上で、「こうした教説はわれわれにとってはどうでもよい事柄であり、これをめぐって賛否両論が打ち出す一時的なみせかけの根拠は（…）公正な人々の未来の運命について何かを定めることなど一切ないであろう」[14]と結論づけている。

マルティネス・ド・パスカリとエリュ・コーエン

百科全書派の活動が喧伝され、啓蒙主義・機械論＝唯物論的人間観が全盛を極めたかのような印象を受ける十八世紀フランスだが、実際には、理髪師エテイラことアリエット、あるいはやや後のカリオストロをはじめ、ペテン師じみた奇蹟執行者、胡散くさい占い師を含む、あらゆるオカルト神秘主義者が跋扈《ばっこ》していた。

その中で、迫害を逃れてスペインから亡命したユダヤ系の家系に属し、グルノーブルで生まれたマルティネス・ド・パスカリは、一七五四年頃から、カトリック神学によって歪められた神秘的真理をあるべき姿に復元することを唱道する神智学の創始者として活動を始めた。[15]

また彼は、秘儀伝授を受けた者のみが加入を許される「エリュ・コーエン」という名のエリート集団を、フリーメーソンに倣った階層秩序を持った宗教団体として組織した。[16]一般には他の神秘主義的秘密結社と共に「神秘的フリーメーソン」と呼び習わされるが、フリーメーソンがあくまで「啓蒙主義」に立脚した開明的・自由主義的な理念のもとに集まった集団であるのに対し、エリュ・コーエンは文字通り「神秘主義」にもとづくもので、狭義のフリーメーソンとは本来直接の関係はない。マルティネス・ド・パスカリの思想、組織は、彼の弟子のサン＝マルタン、ヴィレルモなどと共に、十八世紀後半のヨーロッパ・エゾテリスム界に強い影響力を持った。

彼の教説は、その著書『存在の回復について』[17]にまとめられているが、次のように要約できよう。

一、あらゆる存在は原理的な第一者＝創造原理である神から「流出」した。
二、リュシフェル（悪魔）は神から与えられた自由意志を悪用して神の創造を簒奪《さんだつ》しようとしたため、神は牢獄として「物質界」＝外的世界を創造した。
三、次いで神は両性具有の栄光の身体をもち絶大な力を持った存在として原アダムを創造したが、彼もまた神に背いたため、物質界に落とされ、死すべき存在に定められた。
四、従って本来「人間」が有していた神と交流可能な地位＝「天使」の本性を取り戻すために、キリストの助力のもと、内的な完成に努めると共に、マルティネス・ド・パスカリが考案し、彼がふさわしいと認めた者だけに伝授する秘儀的な魔術的儀式を実行する必要がある。
五、神からの諸存在の流出の様態は、直接的には不可知であるが、多くの象徴的要素の間に存在する照応《コレスポンダンス》の原理によって把握することが可能である。特に、自然の秩序に現れた数＝象徴を解読する「数秘学」の役割は重要である。照応・類比を読み解くことにより、自然の秩序－精神の秩序－神の秩序と、次々に上位の秩序に上昇していくことが可能になる。
六、神はサタンを閉じ込め、彼の力を封印するために、外的＝物質的世界を創造した。
彼の体系においては永遠の地獄は否定されている。この意味で彼の思想の中にはすでにヴィクトル・ユゴーの『サタンの終焉』（一八八六）に連なるサタンの救済というロマン主義的テーマが予告されている。

パスカリの死後、エリュ・コーエンは解体し、他のフリーメーソン結社との関係は曖昧になっていく。

サン＝マルタンと思弁的フリーメーソンの帰趨

ルイ・クロード・ド・サン＝マルタン[18]は、フランス中部のアンボワーズで小貴族の息子として生まれ、一七六五年、マルティネス・ド・パスカリと出会い、軍職を辞して数ヵ月間彼の秘書を務めた。七四年の師の死後は、後継のヴィレルモが創立した「修正」フリーメーソン結社とは距離を置き、内面に沈潜した。一七八八年から九一年にかけて、フランス北東部のストラスブール滞在中にベックラン夫人を介してヤコブ・ベーメの神智学を知り、パスカリとベーメの神智学の融合に努めた。

サン＝マルタンの思想をまとめてみよう。

一、神からの諸存在の流出
二、悪魔の失墜による物質世界の創造
三、両性具有の栄光のアダムの失墜とそれに由来する男女の分離
四、死や病などの原因となった物質界への転落による悲惨
五、キリストの再臨と天使の助力による人間の天界への復帰の希望

このように、パスカリ、ベーメの神智学の宇宙論やソフィア論、数秘学を引継ぎ完成させたものである。第一の師、パスカリが援用していた魔術の存在は否定しないが、純粋な「主」への祈りに重点

を置いた。ただし、彼の「神智学」には、パスカリ、ベーメと並んで、狭義のグノーシス派と同様、善悪二元論的発想が見受けられる。

「マルティニスム」「マルティニスト」という用語は、師パスカリの生前から存在したが、後世、特にサン＝マルタンのロマン派文学への影響の大きさから、サン＝マルタン思想を指す言葉として定着した。師のマルティネス・ド・パスカリの思想を指す場合、「マルティネティスム」、「マルティネティスト」の語を使うことが多い。

フランス革命より七年前の一七八二年、サン＝マルタン派のジャン＝バティスト・ヴィレルモ（一七三〇－一八二四）が主導して、ドイツ中部のヴィルヘルムスバートにカトリック、プロテスタントを問わず、ヨーロッパ中の思弁的・神秘的フリーメーソン諸派が集い、彼らを中心とし、キリスト教諸派の融合を目的とした会議が開催された。ここには、サン＝マルタン派、スウェーデンボルグ派はもちろん、イリュミニズムの有力な個人・団体が参加した。そこにはギュイヨン夫人[19]（一六四八－一七一七）、アントワネット・ブリニョンなどの流れを汲むリヨンの静寂派、ラヴァター（一七四一－一八〇一）等も含まれていた。逆に、フリーメーソンの中で、啓蒙主義・理性主義・唯物主義的傾向の強い団体、例えばアダム・ヴァイスハウプト（一七四八－一八三〇）のバイエルン啓明派（いわゆる「イリュミナティ[20]」）や大東社（グラン・トリオン）などは意識的に排除された。しかし、この「神秘主義・反動主義連携の夢[21]」は諸派の思惑の違いによって結実せず、「運動」としての「思弁的フリーメーソン」は、これを契機にほぼ活動を停止した。

また、ナポレオン一世（一七六九－一八二一）がその治世中、フリーメーソンの指導権を啓蒙派の大東社《グラン・トリオン》に委ねたことで、サン＝マルタン的な思弁的イリュミニズムがフリーメーソンの主流になる道は断たれることになった。ただ、ベーメ、スウェーデンボルグ、サン＝マルタン等の思想はオカルティズムの枠を超えて、著作を通じて十九世紀の思想・文学に影響を与え続けていくことになる。

ジャン＝ジャック・ルソーの自然宗教

イリュミニズムとは異なった文脈、異なった論理によってではあるが、近代オカルティズムの思想的淵源となったのはジャン＝ジャック・ルソーだ。彼は、啓蒙哲学者でありながら、進歩のもたらす抑圧に対する告発者であり、『エミール』第四編のなかの有名な挿話「サヴォワの助任司祭の信仰告白」[22]によって、独自の自然宗教とカントに先立つ実践理性としての「倫理」観を確立した。

この小著の一節の範囲でルソー哲学の全貌を辿ることはそもそも不可能な話だが、ここでは主としてベニシューによりつつ、なぜルソーの思想が近代オカルティズムに接合するかという理路を簡単に確認しておこう。

ルソーにおける「自然回帰」とは、一種の認識の白紙化である。ルソーは意識と意識に与えられた感情のみを頼りに、人間の霊性とそれを保証する英知的存在者＝神を再構築しようとする。すなわち、

一、「生命のない物体は運動によってのみ動かされるのであって、意志のないところにはほんとうに行動といえるものは存在しない」。従って、「なんらかの意志が宇宙を動かし、自然に生命をあたえている」と信ぜられる。

二、「動く物質はある意志をわたしに示してくれるのだが、一定の法則に従って動く物質はある英

知をわたしに示してくれる」。従って「世界は力づよい賢明なある意志（神）によって支配されている」。ところで、人間の意志と悟性とは一つのものであり、人間の自由とは、意志＝悟性を用いて判断力を行使することにある。

三、「人間はだからその行動において自由なのであって、自由な者として、非物質的な実体（＝神）によって生命をあたえられている」。

ここから霊と霊の進化可能性という「倫理」が生じる。人間は自由を無駄使いするのではなく、より高い倫理の実現を目指して努力すべきなのだ。ここで明らかとなるのは、「神」とはキリスト教のドグマとは離れた一つの「倫理的な法則」に過ぎないという格律だ。表面上はキリスト教的倫理と似たことを言っていながら、キリスト教の「歴史性」を取り去って、モーセもイエスの存在も消去してしまえば「神」は空虚な倫理的法則に変わってしまう。その意味でそこに生じるのは一つのオカルティックな霊の自律進化＝完成可能性の理論となる。つまり、ルソーは霊の自律進化という教義を掲げる近代オカルティズムの教祖的な位置に身を置いたことになる。

もっとも、ベニシューによれば、ルソー自身は理論的には神の否認を内包する「自由」を唱えながら、遺伝や教育、祖先の信仰に対する恭順を示すことで、実践においては伝統的キリスト教徒の立場にとどまっていたという。しかし、すでに彼の理論的展望の中には、人間の「意識」のみに基づいた倫理＝市民宗教、国家宗教という構想が内包されていたことになる。

第四章　ユートピア思想と左派オカルティズム

十九世紀オカルティズム論の射程――ユートピアとオカルティズム

十九世紀オカルティズムに関係した研究書を著したさまざまな著者たちは、それぞれ研究手法や論点を異にしながら、啓蒙主義哲学の隆盛とフランス大革命を経て成立したヨーロッパ近代が、なぜかくもオカルティズムに魅せられることになったか、いや、むしろその思想原理・構造要因としてオカルティズムを孕まなければならなくなったかを問題にしている。

これに関しては、我々が問題とする十九世紀から二十世紀初頭に至る時期をいかなる時代と考えるかによっても見方が変わってこよう。

地域をやや狭めて、フランスに限定してみても、十九世紀とは一方で、啓蒙主義的世界観をベースとした科学革命により、イギリスに遅れること五十年、本格的な資本主義が進展した時代であり、政治的には資本主義をより効率的に促進させるべく、王政復古（一八一四－一八三〇）、七月王政（一八三〇－一八四八）、第二帝政（一八五二－一八七〇）と、極めて保守的・抑圧的な「開発独裁」政権が続いた時代である。

その意味で、産業革命進展をテクノロジーの面で担保するため、国家によって教育・科学が奨励され、つぎつぎに目覚ましい「発明」「特許」が生み出された「科学の世紀」であり、視覚的には数年おきに、イギリスと競い合う形で、先進的産業国家としての威信を対外的に誇示する目的で開催された（万国）博覧会によって点綴《てんてい》された「万博の世紀」でもある。博覧会は革命期の一七九八年、パリで「国内博覧会」として開始されたのがはじめで、一八四九年まで、計十一回催行された。それを引き継ぐ形で、国際的な博覧会、いわゆる万国博覧会が開催されるようになり、次第に規模や参加国が拡大していった。[1] 因みに十九世紀中に開催された万博を列挙すると、以下の通りとなる。

Ⅰ．ロンドン万国博覧会（第一回、一八五一）　クリスタル・パレス（水晶宮）建設
Ⅱ．ニューヨーク万国博覧会（一八五三）
Ⅲ．パリ万国博覧会（第一回、一八五五）
Ⅳ．ロンドン万国博覧会（第二回、一八六二）
Ⅴ．パリ万国博覧会（第二回、一八六七）　日本から幕府・薩摩藩・佐賀藩出品
Ⅵ．ウィーン万国博覧会（一八七三）　日本政府として初めて公式参加
Ⅶ．フィラデルフィア万国博覧会（アメリカ独立百年記念、一八七六）
Ⅷ．パリ万国博覧会（第三回、一八七八）
Ⅸ．パリ万国博覧会（第四回、一八八九）　エッフェル塔建設
Ⅹ．シカゴ万国博覧会（一八九三）
Ⅺ．パリ万国博覧会（第五回、一九〇〇）

これらはいずれも博覧会国際事務局（ＢＩＥ）の承認を得た正式な万博だが、その他にも、スペインのバルセロナで行われた万博（一八八八）、あるいは帝国主義侵略の「成果」である植民地の物産や文化をいわば「戦利品」として紹介する植民地博（「植民地・インド博覧会」。会場はロンドン、サウス・ケンジントン、一八八六。アムステルダム、一八八八。リヨン、一八九六）なども開催された。

一方、そうした理性・物質万能主義の「公的」「社会的」生活に対する反発、また開発独裁の暴力や監視・抑圧に対する内なる反抗として、特に文学・哲学・宗教の次元では、イギリス・ドイツに由来するゴシック・ロマン、ロマン主義など「非理性」への憧憬が強まる時代でもある。こうして、十九世紀を通じ、個人の自我は、「科学」と「非理性」の間で常に引き裂かれる状況におかれるのだ。

十九世紀の特異な性格、特に「オカルティズム」との関係で、「十九世紀性《デイズヌヴィエミテ》」の特殊性に独自の光を当てる大胆なテーゼを打ち出したのが、『時代を超える十九世紀』（一九八六）のフィリップ・ミュレーだ。[2]

フィリップ・ミュレーは、「毒薬事件」から約百年が経過した、一七八六年四月七日、パリ中心部にあった「サン・ジノサン墓地」に埋葬されていた多くの遺体が、パリ南部の採石場跡へ改葬された行為に「認識論的大転換」の存在を指摘する。新たな墓地はローマの地下墳墓にちなんでカタコンブと名付けられた（ちなみにこの地下墓地には、現在まで六百万体の人骨が収められている）。ミュレーによれば、この出来事に比べればフランス大革命すら二次的、派生的な出来事にすぎないという。

サン・ジノサンとは、「聖なる幼子たち」という意味だ。「マタイによる福音書」によれば、占星術者によってローマの支配を崩壊させる「ユダヤ人の王」となる子供が生まれると聞かされたヘロデ王は、占星学者から聞いた時期にもとづき「ベトレヘムとその地域全体にいる二歳以下の男の子をことごとく殺させた」[3]。サン・ジノサンはこの幼児虐殺の犠牲者に因んでつけられた墓地の名だ。しかし、ここで問題になるのは「幼児虐殺」ではない。

ミシェル・フーコーが『言葉と物』で指摘している通り、十八世紀末には西欧の知をめぐってその認識論的な布置＝エピステーメーに、ルネサンスから古典主義時代への移動に匹敵する大規模な転換・移動が生じた[4]。

十七世紀古典主義時代に成立した知の配置においては、すべての要素が等価で、表象は閉じた体系をなしており、その表象体系の外部にある何者かに回付されることはなかった。しかし「近代」を特徴づけるエピステーメーにおいては、知全体が「垂直性」に対し秩序づけられ、目に見える現象・表象の背後にある「起源」「因果性」「歴史」が問われるようになり、その結果として、「労働」「生命」「言語」が認識の根拠を探る「人文的諸科学」の特権的な領域として指定されるようになる。そしてまさにこの変化によって、死（墓地）と幼年期（幼子たち）とが、パリの中心部で、というよりむしろ一つの「言葉」の中で同居することが困難になったというのだ。

同様にフィリップ・ミュレーは、このエピステーメー転換の一つの結果として起こった「余剰的」事件、フランス大革命によって、近代は意味の究極的根拠としての「神」を喪失したことを宣明する。大革命はルイ十六世（一七五四‐一七九三）という王を殺したが、それは絶対王政を保証する形而上学的権威である「神」を殺したことであり、また、精神分析的に言えば、象徴的な「父」を殺したことでもある。フランス革命は、「王殺し＝神殺し＝父殺し」という三重の「犯罪」の上に成立したのだ[5]。

こうした文脈から言えば、パリの採石場跡を利用したカタコンブの建設は、十九世紀がキリスト教

＝ローマ教会に対して行った神をも恐れぬ挑戦だった。キリスト教が生まれたのはローマの地下墓地、カタコンブだった。いまや十九世紀のパリは、ローマのカタコンブに代わる人工のカタコンブを持った。しかも、このカタコンブは信仰を育んだかつてのカタコンブではなく、神の死を確認するための虚無の揺籃《ようらん》なのだ。

十九世紀が全期間を通じて試みたのは、実際、ヴァチカンのローマと決勝戦を戦い、これに勝利することだった。キリストの名で呼ばれた紀元の最初の数世紀には、聖ペテロが監督を務めるチームが準決勝で勝利を収めたわけだが、十九世紀はその結果を消し去ろうとしたのだ。この試合は世紀の終わり、さらには二十世紀を超えても果てしなく続いた。サンド、ルナン、ニヒリズムの教皇たるユゴー、その名も『ローマ』『ルルド』という作品をものしたゾラ、ユージェーヌ・シューの犯罪的なイエズス会士、ニーチェと彼の言う最後の教皇といったプレイヤーが次々と参加した。この最後の教皇は、神が死んだことは知っていたが、神は憐憫で窒息死したのだと信じていた。ところで憐憫とは何か？　虚無主義《ニヒリズム》のことだ。[6]

この認識論的布置の転換の結果、本来なら神が座る位置に「死者の霊」やその他あらゆるオカルト的代替物が据えられることになる。こうして、絶対王政の理論的な裏づけをなしていた「神」という「迷信」を否定したはずの革命派や、当時の科学主義を体現したはずの実証主義者、社会主義・共産主義のユートピアを説く思想家・作家たちが、その背後に強力なオカルトへの志向を有しているというパラドックスが成立する。

ミュレーによれば、十九世紀を説明する鍵とは、社会主義（ユートピア）とオカルト、いや、その両者の曖昧かつ、いかがわしい融合なのだ。

この意味で、ルイ十五世時代から、聖女ジュヌヴィエーヴに献堂されるカトリック寺院として計画され、J・G・スフロ（一七一三－一七八〇）により一七六四年に起工された新古典様式の建物が、ここに革命暦第三年ブリュメール二十四日（一七九四年十一月十四日）にジャン＝ポール・マラー（一七四三－一七九三）、マリー＝ジョゼフ・シャリエ（一七四七－一七九三）、ルイ＝ミシェル・ルプルティエ・ド・サン＝ファルシジョー（一七六〇－一七九三）といういわゆる「革命の三殉教者」の遺骸が移送されたことによって「パンテオン」（万神殿）と名づけられ、文字通り「死者崇拝」の殿堂となったことは、カタコンブの創設同様に大きな象徴的意味を持った。大革命を指導した啓蒙左派の死体愛好《ネクロフィル》――死者・墳墓崇拝への傾斜を雄弁に物語る記念碑的建造物が出現したのだ。後に述べる、オーギュスト・コント（一七九八－一八五七）の「人類教」、すなわち死者崇拝としての実証主義の端緒はすでにこの段階で開かれていた。さらにそれを超えて、左派ではないが、「大地と死者崇拝」を愛国主義＝ナショナリズムへと結びつけるモーリス・バレス（一八六二－一九二三）やシャルル・モーラス（一八六八－一九五二）の『アクション・フランセーズ』への道も準備されていたといってもよい。

ここから近代「オカルト左派」ともいうべき一群の思想潮流の主要特徴が浮かび上がる。

一、フランス大革命（「神－王－父」の三重の殺戮）によって生じた神の空位を死者崇拝によって代置する。

二、イリュミニズムやルソー的自然宗教が内包していた倫理的志向を引き継ぐものの、啓示的・超越的な神への信仰は伴わない。
三、ただし、社会秩序・公徳心・愛国心を維持するための「宗教」の必要性は認める。その結果、その宗教は人間の「意識」のみにもとづく市民宗教・国家宗教という体裁を取る。
四、啓示信仰・超越神信仰を欠いたまま、啓蒙主義に由来する自由・平等・友愛といった徳目の成就と上述の市民宗教・国家宗教の構想が結合することにより、イリュミニズムが志向していた「個人の内心の浄化による神への愛」という方向性が薄れ、人類愛・福祉の向上・全人類の平等等、社会性がテーマとして浮上し、人類愛にもとづく「ユートピア」社会の実現がそれ自体目的化する。
五、女性的な神智《ソフィア》という、イリュミニズムのもっていた女性崇拝が世俗化されるとともに、男性中心の旧来のキリスト教への批判意識が加わることにより、「女性」あるいは「永遠に女性的なるもの」(ゲーテ)が、死者と並んで、崇拝・信仰の対象となる。
六、またユートピアの構成員として、これまで社会の中心から疎外されてきたという意味で、「女性」に加えて、「無産階級《プロレタリア》」が理想化され、社会「革命」の主体と見なされるようになる。[7]
七、イリュミニズム圏内ですでに企図されていた、神に背いた悪の根源としての「サタン」の救済が、「現実」的な政治的・文学的課題として浮上する。

ロベスピエールと「至高存在」の崇拝

フランス革命の推移はよく知られている通りだ。[8] マリー・アントワネット(一七五五－一七九三)の頸飾事件《くびかざり》(一七八五)に端的に現れたブルボン王朝の浪費と国家財政破綻の危機を、それまで課税を免れてきた第一身分（僧侶）、第二身分（貴族）にも税の賦課を強制することで回避しようと一七八九年五月に「三部会」が招集される。これをきっかけに抑圧されていた第三身分＝平民階級の不満が爆発し、第三身分主導で旧来の身分の差を撤廃した国民議会を創設することになった。六月十日、第一身分が国民議会に合流することを恐れ、議会会場であったムニュ公会堂を閉鎖した宮廷側に対し、公会堂近くの球技場に集合した国民議会は、「憲法が制定され確立されるまで議会は断じて解散しないことを誓う。世に言う「球技場《テニスコート》の誓い」だ。

やがて憲法会議が開かれるものの、事態の膠着《こうちゃく》するなか「人民が勘違いで支持」した財務大臣ネッケル罷免を国王側の敵意の表明と受けとった人民はついに蜂起し、バスティーユ牢獄を襲撃し、フランス大革命が勃発する。それからの革命の進展は早い。八月四日には貴族の封建的特権を廃止する決議が採択され、同月二十六日には「人権宣言」が宣言される。十月六日、ヴェルサイユ宮殿に避難していた国王一家は人民の手でパリに連れ戻される。これで旧体制の残存勢力は、カトリック教会と王権そのものだけとなった。

一七八九年十一月、教会財産は「国民の自由な処分」のもとにおかれること、すなわち「売却」が決議され、一七九〇年七月、カトリック、プロテスタント双方の武装蜂起もむなしく、僧侶を公務員化する「僧侶に関する民事基本法」が可決される。一七九一年には教皇領アヴィニョンがフランスに併合された。

一七九一年ルイ十六世のパリ脱出失敗を契機に革命は一層過激化し、一七九二年九月には国民公会（一七九二－一七九五）で王権が廃止され、共和政が宣言される。

一七九三年一月、ルイ十六世が処刑されると、穏健派であるジロンド派は没落し、やがてロベスピエール（一七五八－一七九四）に率いられたジャコバン派――革命の監視する目、告発する口、打撃を与える腕――の独裁が始まる。その渦中、王妃マリー・アントワネットも断頭台の露と消えた。

この時期になると、脱キリスト教志向の強かったエベール（ジャック・ルネ・エベール、一七五七－一七九四）派によるカトリック勢力に対する抑圧、弾圧は激しさを増し、カトリック僧侶の還俗化(déprêtrisation)、教会の司教機能の停止や他の用途への転用、葬礼へのカトリック介入の禁止、世俗化などの措置が次々にとられるようになる。特に一七九三年には大量のカトリック僧侶がカトリシズムを否認し、また彼らが「何らの下心なく市民階級に復帰したことの最も明白な例証として」[9]、元僧侶の集団結婚が挙行され、軍や行政等、さまざまな分野の職業に再就職する現象が起こった。

共和国暦第二年ブリュメール十七日（一七九三年十一月七日）には、パリ司教ゴベルが副司教やパリ教区の聖職者を引き連れ、全員が革命派の赤い帽子を被って国民公会に出頭した。彼らは市当局立会のもとで、聖職者としての職務を放棄することを宣言し、他の聖職者とともに、叙階証書、十字架、司教杖を議長に手渡した。この日聖職者の職務を放棄したのはカトリックにとどまらず、さまざまな宗派の聖職者が含まれていた。ヴィリエ司祭、エヴルーの司教トーマ・ランデ、トゥルーズのプロテスタント牧師ジリアン、オワーズ県の司祭クペなどが、次々に登壇し、聖職を放棄し、今後は「理性と国家、平等への崇拝」以外の崇拝は認めないことを宣言したのだ。

この日式典には出席できなかったリモージュの司教ゲ・ヴェルソン、ナンシー司教ラランドは書面にて棄教の意志を伝えてきた。また政治パンフレット『第三身分とは何か』で有名な革命の指導者の一人で僧職にあったエマニュエル＝ジョゼフ・シェイエス（一七四八－一八三六）もこれに倣った。この運動はまたたくまにフランス全土に拡散し、カトリック、プロテスタント、ユダヤ教を問わず、数千の僧侶が先を争って自らの信仰を棄て、それまで彼らが祭儀を行っていた教会やシナゴーグを公共の用途に転用することに同意した。

しかしここで、我々は奇妙な現象を目にすることになる。フランス革命という啓蒙「理性」が引き起こした騒乱のなかで、まさにその「理性」が尊崇の対象となるのだ。すなわち理性崇拝の「宗教」が創立され、それに対する「祝祭」が催されることになった。しかもこの「崇拝」は二つの段階に分かれていた。第一段階においては、文字通り「理性崇拝」という形態で行われていたのだが、その後、ロベスピエール当人が主導する「至高存在の崇拝」に取って代わられるのである。[10]

ヴァンデミエール二十三日（一七九三年十月十四日）、パリ・コミューンの検事主メット（ピエール＝ガスパール、一七六三－一七九四）が、僧侶の欺瞞的態度＝いかさまに対する激越な報告を行い、パリ・コミューンがパリ市においてカトリックの宗教祭儀を禁止する決定を行うと、理性崇拝の動きはまたたくまに地方に伝播した。

この後間もないブリュメール二十日（一七九三年十一月十日）には、ノートル＝ダム寺院でカトリックに代わって「哲学」に捧げられる祭壇が作られ、白い衣装を身にまとったオペラ歌手の女性演じる「自由の女神」が司式する祭儀が挙行される。それに続いて国民公会では、「理性が迷信と狂信に勝利した」ことが宣言され、また同時にノートル＝ダム寺院が今後「理性の寺院」となることが布告された。

ただしこの理性崇拝は単にカトリシズムの神を哲学的な意味での「理性」に置き換えただけであり、それまでカトリックが独占してきた教育を世俗化するなどの施策が、エベール派を中心とした共和派左派の思惑通りに実現したわけではない。

パリだけでなく、地方各地で挙行された理性崇拝の祭典においては、「理性」「自由」「平等」「共和国」「監視」などの哲学的概念が擬人化されて演じられ、キリスト教の三位一体に代わって「マラー、シャリエ、ルプルティエ」の革命「三聖人」の絵や像が教会に飾られるというような現象も出現した。もっとも、例えばここで聖人に祭り上げられたマラーについていえば、ルソーの「サヴォワの助任司祭の信仰告白」の影響を受けた理神論者だったというのだが。

理性崇拝はパリではしばしば民衆の乱痴気騒ぎを伴い、宗教的というよりも政治的かつ諧謔的色彩が強かったのに対し、むしろ地方において真面目に受けとられた。例えばフリメール二日（一七九三年十一月二十二日）のストラスブールでは、「理性」の女神たちも、パリにおけるように「オペラ歌手」ではなく、上層ブルジョワの純真な子女によって演ぜられた。

ただし、理性崇拝＝反キリスト教運動の意味はそれにとどまらない。一七九三年、対仏大同盟＝反仏同盟を結成し、結束してフランス大革命を粉砕しようとした「宗教的」外国勢力と意を通じた反革命勢力＝亡命貴族と聖職者との連合に対して、理性崇拝は民衆の愛国的熱意を鼓吹し、国家防衛意識を醸成する目的を持っていた。というよりも、反キリスト教的・革命的性格を帯びた理性崇拝は、むしろそうした民衆の自発的な愛国心が端的に反映されたものだった。フランソワ・A・オラールによれば、結局、「理性」崇拝がこうした政治的・愛国的性格を持っていたからこそ、民衆は国家崇拝と伝統的カトリシズムとをはっきりと区別せず、それゆえその後の政治的展開の中で、理性崇拝は民衆の意識に深い刻印を残すことなく、一時的な昂揚が去った後にはすっかり忘れ去られてしまったのだという。[11]

理性崇拝への批判は国民公会の議長に就任し、独裁的権力を手にしたロベスピエールが、ジャコバン・クラブで革命暦二年フリメール一日（一七九三年十一月二十一日）に行った演説で火蓋が切られた。

おそらく人は私を狭隘な精神の持ち主、偏見に満ちた人間、いやそれどころか狂信者だというかも知れない。

すでに言ったように、私は個人として話しているわけではなく、体系的な哲学者として話しているわけでもなく、人民の代表として話しているのだ。抑圧されている無辜《むこ》の民を見守り、勝ち誇る犯罪者に処罰を下す偉大なる存在という観念こそ、全く民衆に根ざすものなのだ。人民、不幸な人間こそが私に喝采を送ってくれる。私の発言を批判するものがいるとしたら、それは富んだ人間、罪ある人間のなかにこそいるのだ。私はコレージュの時代からすでにあまりよいカトリック信者とは言えなかった。しかし、決して冷酷な人間であったことも、人類に対する不実な擁護者であったこともない。もし神がいないとすれば、神を作り出せばよいのだ。[12]

この時期、恐怖政治のさらなる急進化をはかるエベールを中心としたコルドリエ・クラブに対し、これを有害と考える「寛容派」のダントン（一七五九－一七九四）、デムーラン（一七六〇－一七九四）らと、ロベスピエールの間に一時的な協調の可能性が生まれた。ロベスピエール自身は、ルソーのネオ・クリスチャニズムの信奉者。一方、ダントンはディドロの自然主義に近かった。エベール派も脱キリスト教を掲げていたもののその宗教的立場は実質的には理神論寄りであった。それにもかかわらず、ロベスピエールは巧みな弁舌で、彼らに「無神論者」のレッテルを貼った上で、「無神論は貴族主義的」であり、「無辜の民を見守り、勝ち誇る犯罪者（＝反革命陣営）に処罰を下す偉大なる存在

（＝神）」こそが、民衆にふさわしいとして、「理性崇拝」に反対したのだ。

革命暦二年、ジェルミナル四日（一七九四年三月二十四日）に「過激派」のエベールが処刑され、ついでジェルミナル十六日（同四月五日）に「寛容派」のダントンが処刑されると、ロベスピエールの権力は絶対的なものになった。こうして左派、穏健派両派の粛清が終わった革命暦二年フロレアル十八日（同五月七日）、『宗教的・倫理的観念の諸原則と国民の祝日の関係についての報告』において、ロベスピエールは、反対勢力を「無神論の狂信的な指導者」として批判し、魂の不滅を保証する「至高存在」が存在しなければ倫理的な正義はありえないと主張した。

エベール、ショメット（一七六三－一七九四）らの非キリスト教化の試みを「あらゆる倫理を消し去る王党派、外国勢力（＝イギリス首相ピット）の回し者」と切り捨てる一方、旧来の堕落したカトリシズムに対して「真の理神論者の純化した崇拝」を言い立て、「国家的理神論」を打ち立てる決意を示したのである。そして革命暦二年プレリアル二十日（一七九四年六月八日）には、このロベスピエールの報告にもとづいて採択された革命暦二年フロレアル十八日（同五月七日）の政令にもとづき、神の思念とその尊厳を喚起するために、「至高存在の祭典」が全国各地で行われることとなった。

ところが啓蒙主義的理神論者として振るまっていたロベスピエールの背後には、カトリーヌ・テオという女預言者を中心とした「神の母」というカルト教団が存在していたのだ。

この間の事情を伝えているのは、革命裁判所の陪審員で、テルミドールの反動の起こる直前、公安委員会のスパイとして逮捕され、リムーザンで刑死したジョアシャン・ヴィラット（一七六八－一七九五）が獄中で著した『暴露された神の母の神秘』[13]という書物である。それによると「神の母」とはシャルトル会士であった革命家・神秘家ドン・ジェルル（一七四〇－一八〇五）なる人物が最初はシュザンヌ・ラブルス、彼女が革命の難を逃れて亡命した後はカトリーヌ・テオ（一七一六－一七九四）と接触を持ったことで結成されたオカルティズム教団で、カトリーヌ・テオが住むパリのコントレスカルプ街を本拠としていた。

当時カトリーヌ・テオは六十九歳の高齢で大柄で痩せぎすの老女だったが、霊魂不滅だけでなく、肉体の不滅をも説いていた。「神の言葉」の創成こそ、永遠の昔から世界を救済するための切り札であり、「神の言葉」を生み出す奇跡的な操作によって、彼女自身、死滅することはなく、七十を越えると不死鳥のように若々しく美しい姿に生まれ変わると主張していた。

その意味でカトリーヌ・テオは至高存在崇拝の「要石《かなめいし》」に他ならなかった。ヴィラットによれば、バレール（一七五五－一八四一）、コロ・デルボワ（一七四九－一七九六）、ビヨー＝ヴァレンヌ（一七五六－一八一九）、ヴァディエ（一七三六－一八二八）らは「神の母」とロベスピエールの関係をことさらに強調し、人民の中に、ロベスピエールの「至高存在の崇拝」は実はカトリック的「神政政治」への逆戻りではないかという疑いを抱かせることによって、テルミドールの反動を準備していたのだという。『暴露された神の母の神秘』自体、牢獄の中で、かつての盟友たちを中傷する目的で書かれた文書である以上、その証言価値は至極疑わしいものである。ただ啓蒙理性の一つの到達点であったフランス大革命の中心点に、オカルト的暗部がまとわりついていたことには、注意を払っておく必要があるだろう。

オーギュスト・コント——実証主義とオカルト

十九世紀の「科学主義」的傾向、いや現在にまで延々と続く実証的「科学」の理論的基礎をその膨大な『実証哲学講義』あるいはその後に構想された『実証的政治組織』を通じて打ち立て、また「社会学」の祖ともされるオーギュスト・コントもその根底にフィリップ・ミュレーのいう「ユートピアとオカルティズムの結合」=十九世紀性《ディズヌヴィエミテ》を免れていなかった。というよりも、ラケル・カプロがその著書の題名でいみじくも喝破したように、「実証主義とは死者崇拝」そのものなのだ。[14]

> 人間精神の性質操作によって我々の知識のおのおのの分野はその進行過程で必然的に三つの異なった理論的段階を次々と通過しなければならない。すなわち神学的ないしは虚構の段階、形而上的ないしは抽象的な段階、そして最後に科学的ないし実証的段階である。[15]

こうしたコントの発想は、人間が常識に囚われたり、幻想や予断をもつがゆえに説明のつかないことを、全て説明しようという欲求から出発する。[16]観察と仮説にもとづき帰納的な推論を駆使する。そこから知り得た事実を用い、証明しえたことのみから出発して、禁欲的に——神学的虚構や形而上学的抽象に頼らず——科学的法則を建てることがコントの目的だ。しかも、その「科学」の構想には、これまで物理=科学が対象としてきた外的事象にとどまらず、それを人間=人類との関係において捉え直し「唯一の科学である人間科学、より正確には社会（科）学」へと再組織するという方向性が最初期から盛り込まれていた。

ただ、『実証精神論』の編者アニー・プティも言うように、神学的秩序の中心におかれた大文字の「神」が、実証的秩序において大文字の「人類」へと置き換えられ、それを裏から支える「信仰箇条」を必要とするようになった時、実証主義が「人類教」という新たなオカルト的宗教に転化する可能性を秘めていた。[17]
オーギュスト・コントは徴税代理人を生業としていたカトリック＝王党派の家系に生まれた。幼少時から秀才の誉れ高く、十六歳でナポレオンが創設したエリート養成の大学校《グランド・ゼコール》の一つ理工科学校《エコール・ポリテクニック》[18]に中部・南部地域一位の成績で入学を果たしたが、王政復古後の一八一六年には、革命思想の廉《かど》で退学処分となり、理工科学校も閉鎖されてしまう。このため、コントは数学の家庭教師をしながら研究を続ける苦難の生活を余儀なくされた。その後、一八一七年から二四年まで、「ユートピア社会主義者」として知られるサン＝シモン[19]の秘書を務め、サン＝シモン派の出版物に数多くの小論文を発表するようになり、本格的な思想家としての自己形成を開始した。
サン＝シモンは物理世界と同じ原理で支配されている人間科学の創設を試みることから出発し、折しも、イギリスに半世紀遅れて準備されつつあった「産業革命」という当時の現実を反映する形で、あらゆる生産者を称揚する「産業主義」の立場を取る。サン＝シモンの場合、この産業主義の担い手たる「産業者」とは、大革命後に支配階級として産業革命の担い手となったブルジョワジーではなく、歴史的には「奴隷階級」として出発し、また産業革命後は、ブルジョワジーによって抑圧・排除されることになったあらゆる生産者、庶民、労働者階級を指していた。「産業者とは、社会のさまざまな成員の物質的欲求または好みを満足させる一つまたはいくつかの物的諸手段を生産し、あるいはそれを彼らに届けるために働く人、（…）農業者、製造業者および商業者[20]」のことだ。サン＝シモンは国民の「二十五分の二十四以上」を構成し、実際にはすべての富を生産していながら、産業社会から疎外されている産業者＝労働者階級をも含めたすべての人間が、産業社会の富を享受できる政治・社会組織を可能にすることを考える。ただし、社会秩序を破壊し、反乱・革命に転化しうる「自由主義」を排除し、社会の主導理念は既成社会と融和的な「新キリスト教」に委ねられる。

ここでサン＝シモンのいう新キリスト教とは、人間のもつ感情と観念という二つの側面のうち――観念に力点をおいた「アリストテレス学派」ではなく――感情面に力点をおいた「プラトン学派」の学説とユダヤ教の祭式を結合することによって生まれた一つの学的形成物であるという。その神も旧来のキリスト教のような人格神ではなく、革命期の「至高存在」のように抽象的に理解された理神論的「神」であった。ここから、①教理的整合性より倫理を優先し、愛他主義にもとづく社会改革を求める、②学知をも産業者階級の利益に奉仕させる、という方向性が生まれてくる。

これに対し、コントは、相対主義に立脚し、まだ形成途上にあった諸科学の異なった分野同士の融合を拒絶する。その上で、数理的・物理的科学も、政治・社会に関わる諸学――すなわち彼が後に「社会学」と名づける学――も、およそ帰納的に立証しうる「科学的知」として可能な限り精緻化しようと試みた。こうして師サン＝シモンとコントの思想には、次第に距離が生じることになる。

一八二四年四月、全編がコントの執筆になる『産業者の教理問答』第三分冊「実証政治学大系」が出版された。しかし、サン＝シモンはこの著に批判的「序文」を書き、それを付して印刷させた。この序文において彼は、コントが「産業者への奉仕」というサン＝シモン主義の目的を踏み外し、学知それ自体を目的とする「アリストテレス的立場」に立脚したと主張したのだ。逆にコントの側からすれば、サン＝シモンの主張する産業主義には、その楽観的な見通しにもかかわらず、新たな対立や争議、すなわち「階級対立」を発生せしめる可能性が含まれており、それを未然に防ぐ意味でも「精神的な力」を再組織する必要があると考えていた。[21] コントとサン＝シモンはこの事件がもとで、完全に袂《たもと》を分かつことになる。

サン＝シモンの死後、彼の弟子バザール（一七九一－一八三二）、アンファンタン（一七九六－一八六四）らに率いられた「サン＝シモン派」は、あらゆる科学を絶対的な真理と見なした上で、科学や産業の進歩を称揚するとともに、位階制度やイニシエーションなどを整えた祭司的「宗教」としてドグマ化を進める。そして一八二七年から三二年にかけてパリ北東部のメニルモンタンに活動拠点を定め、一種の宗教的共同体を経営した。しかし設立当初から離脱者が相次ぎ、まもなく「教団」としての活動を停止せざるを得なくなった。[22]ちなみに、アンファンタンを中心とするサン＝シモン派に関する膨大な原資料はユイスマンスの資料同様、フランス国立図書館別館アルスナル図書館に収蔵されている。

さて一八二一年、コントは、洗濯女で売春の履歴をもつカロリーヌ・マッサンと出会い、一八二五年に、風俗取締警察による彼女の売春婦登録を抹消するため結婚するが、その後もコント家の経済状態は一向に改善せず、コントは不安定な職によって糊口を凌ぐことを余儀なくされた。また、教養や階級差による妻カロリーヌとの不和は絶えず、彼女は家計を補うことを口実に、しばしば元の売春業に手を染めた上、ことあるごとに出奔《しゅっぽん》を繰り返した。

こうした困難な状況の中で、一八二五年末には「三段階説」をはじめとするコントの理論的な枠組み・方法論は定まり、時代精神の改革を使命として、一八二六年から一八四四年まで続く実証哲学講義が開始される。

しかし、少なくとも二つの「事件」がその後のコントの思想に大きな影響を及ぼし、実証主義は文字通り「死者崇拝」をその主要な内実とするオカルティズムへと変貌する。いやむしろ、コントの実証主義がその端緒から孕んでいたオカルトの胚珠がこの二つの事件を契機に顕在化するのだ。

コントは「政治権力についての考察」を含む七十二回の講義を一八二六年三月一日から一八二七年

三月一日にかけて行う計画であった。しかし講義が始まる前から講義の準備に伴う過労やカロリーヌ・マッサンの最初の不貞などの要因が重なり、神経に不調をきたし、一八二六年十一月二十九日に医師エスキロルのクリニックに入院、マニー（精神錯乱＝諸機能全体の包括的変成と興奮）との診断を受けた。担当医ジョルジェから瀉血《しゃけつ》、シャワー療法などの治療を施されるが病状ははかばかしくなく、病気が回復しないままに母親からの要請で、一八二六年末にクリニックを退院している。抑鬱症状はその後も続き、一八二七年四月には、パリ、セーヌ川にかかるポン・デ・ザール（芸術橋）から投身自殺を図り、未遂に終わった。この挿話の後、コントの病状は六月からようやく回復に向かい、一八二九年一月に至って、パリのアテネ・ロワイヤルで実証哲学講義を再開することになる。

J・F・ブロンスタン、ラケル・カプロによれば、当時、「狂気」の病因に関しては、ジョン・ロック（一六三二―一七〇四）、トーマス・レイド（一七一〇―一七九六）、カントの三者を唯心論的立場から折衷し、「魂の病」とするヴィクトール・クーザン（一七九二―一八六七）と、結合組織炎をモデルとして、あらゆる病気の背後に「興奮」が関わっていることを強調し、狂気も興奮性の病の一つとみるフランソワ・ブルセ（一七七二―一八三八）の生理学・病理学的立場が対立していた。抑鬱から回復したコントは、この論争において、ブルセを支持する論文を発表し、精神は「想像力」を観察可能にすることにより、最終的な「システム」である実証科学に到達したとして折衷主義の「心理学」を拒絶すると共に、ブルセの興奮性の原理を個人の生理学から、社会の生理学、すなわち実証的な「社会学」へと発展させる方向性を示唆した。

コントの第二の危機は実証哲学講義が終わりを迎えた一八四四年から四五年にかけて起こった。一八四二年、再び身体・神経の不調に悩まされていたコントは、出奔を繰り返していた妻、カロリーヌ・マッサンと最終的に離別する。ただし離婚を認めない当時の法制度のもとでは、法的な離婚はできなかった。

そして、二年後、弟子のマクシミリアン・マリー・ド・フィッケルモン（一八一九－一八九一）の姉で当時二十九歳のクロティルド・ド・ヴォーと知り合い、一八四六年四月の彼女の死まで彼女に対して熱烈な思慕を寄せる。[23]クロティルドの夫は賭博による巨額の負債を免れるため、クロティルドを棄てて去り、コント共々独身同様だったが、彼女がコントとの肉体関係は拒んだため、最後まで両者の関係はプラトニックにとどまった。

コントの抑鬱の背景には、神＝父を失った十九世紀特有のエディプス・コンプレックス（去勢恐怖）が存在している。男性自我はこの危機に際して、女性にも男根《ファリュス》があると想像することによって、この恐怖をファリュスの代替物で埋め合わせる。クロティルドは死んだ。しかし、コントはそれを認めない。ちょうど自らの男根を失う恐怖を、女性にもファリュスがあると想像することにより埋め合わせるのと同じように、死んだクロティルドの位置に、死者の似姿、フェティッシュな代替物を置くことで、失われたものを代償し、さらにそれを崇拝することによって、新たな自分だけの宗教を、しかし、それが人類全体に適用可能なものとして創出するというわけだ。

「人は常に考えることはできないが愛することはできる」。実証主義者コントは、ここで、クロティルドの喪を「人類」の喪へと転じ、あらゆる個人の記憶・社会的意味づけを崇拝対象とする「実証的ネオ・フェティシズム」＝人類教の祭司へと変貌する。コントの人類教の特徴をまとめてみよう。①神の代わりに「人類」という抽象概念を崇拝する。②死者を生前の行いや業績によって選別し、しかるべき死者を「偉大なる存在《グラン・テートル》」へと一体化せしめる。この操作により、「人類」が世代を超えて神の座に座る文字通りの人類教＝死者崇拝の宗教が誕生するのだ。

こうしたコントの実証主義的宗教が完成態に近づくのは一八四九年頃とされるが、これに伴い、脳の病変に対するコントの態度にも変化が現れる。かつてのコントの解釈は、ブルセの原理に倣って人間の知性に対する感情の優位は、脳をも含む身体の興奮に関連づけられていたのに対し、クロティルド没後のコントにおいては、死者による生者に対する支配が強調される。

コントは、生物学的個体（生者）と社会的な局面（死者）との間を埋めようと試みる。つまり慢性的な精神異常は我々の運命を支配しようとする死者の影響を免れよう、逆らおうとする傾向から生じる。その主張から出発して、狂気の観念の宗教化・オカルト化が顕著となるのだ。死者による人間活動全体に対する有益な支配を全面的に受け入れることによって実証「科学」は、そのよって立つ根拠において主観化し、神を否定した死者崇拝の宗教＝オカルト科学として自己を再定義したことになる。

シャルル・フーリエ——性愛の全面的肯定と死者崇拝を繋ぐもの

シャルル・フーリエ[24]（一七七二–一八三七）は、フランス東部のブザンソンで富裕な毛織物業・香料商人の家に生まれ、地元の中学で真摯にラテン語や地理学等の勉学に勤《いそ》しんだが、家庭の意向で商人となる道を選んだ。商店員としてルアンやリヨンその他各地を経巡った後、父親の遺産を元手にリヨンで輸入商社を開業するが、革命により全ての財産を失ってしまった。以後は、経営者から人に使われる境遇となり、商店員をはじめとしてさまざまな職によって生計をたてざるを得なくなった。虚偽、買い占め、投機、労働者の搾取などによって利益を追求する「商業」に対する嫌悪にもかかわらず、商業を生涯の生業としなければならないという運命に対する復仇は、その思想形成に対して決定的な影響を与えた。

ようやく生活が安定するようになった一七九八年から学問研究に一生を捧げることを決意し、一八〇八年、『四運動の理論』を発表する。しかしその思想は当時完全に黙殺され、おおいに意気阻喪《そそう》した。その後も間歇《かんけつ》的ながら、『家庭的農業的共同社会概論』（一八二二、再刊時に『普遍的統一の理論』と改題）、『産業的協同社会的新世界』（一八二九）、『贋産業論』（一八三五－三六）、『産業と科学の無秩序について』（一八四七、死後出版）などを出版する。

一八二〇年代半ばから、ジュスト・ミュイロン（一七八七－一八八一）、ヴィクトール・コンシデラン（一八〇八－一八九三）など、彼の「普遍的統一社会」の構想に共鳴する信奉者・弟子たちが現れ、ようやくフーリエ思想は社会的に影響力を持ち始めた。しかし、その信奉者・弟子たちも、フーリエの大胆極まりない性愛理論は全く理解できず、生前から、むしろ歪曲・改竄された断簡の形でごく一部が紹介されていたにすぎなかったため、死後長らくその全貌は隠蔽されたままだった。しかし、一九六七年、シモーヌ・ドゥブーが、ようやく、未公開の草稿をアントロポス版『フーリエ全集』の第七巻（『愛の新世界』）として刊行するに及び、その独特の性愛観を含めた彼の思想システムの全貌が明らかになった。

彼の思想の発想源にして、その核心にあるのは、ニュートンの万有引力の法則を、単に物質界のみに限定せず、「物質界と精神界にも通ずる運動体系の統一」[25]のために拡張した、鉱物、植物、動物、人間、さらには諸天体をも包含する「情念引力」なる「欲望」システムだ。ここから、この欲望システムを導きとして、物質的、有機的、動物的、社会的という「四運動」[26]、つまり無機物から有機物、人間に至る全宇宙が数学的なアナロジーによって通底され、統一的な法則によって理解可能になるとするフーリエの壮大な理論的枠組みが開示される。

それぞれの運動は数学＝幾何学的な法則によって規制されているが、これら四運動の中で「原型」としての特権性をもつのは「社会的運動」だ。「すなわち他の運動はあらゆる点で社会的運動の象形文字のようなものだ」。つまり「ある動物、ある植物、ある鉱物の特性、のみならずある星の渦巻の特性も、社会秩序における人間情念の何らかの作用をあらわしている。原子にはじまって天体にいたるまで、一切のものが人間情念の特性のタブローをかたちづくる」[27]。そして、フーリエはこの社会的運動が地球において自律的法則に従って自己展開し、やがて消滅する期間をおよそ八万年と推定し、それを四つの段階に分ける。

第一段階、幼年または上昇不統一
第二段階、生長または上昇結合
第三段階、衰退または下降結合
第四段階、老年または下降不統一[28]

また、さらにそれぞれの段階を細分して、計三十二の期画に分ける。

フーリエによれば、我々の生きる時代は第一段階の第七期か、ようやく第八期社会に入ろうとしているところらしい。ただしこの現代社会は所有の細分化と商業の規制による「産業的アナーキー」が支配する悪しき文明世界に他ならない。しかし、数学的法則性によってやがて人類は八百十の異なる性格をもつ千六百二十人の男女が各人の欲望を完全に満たしつつ共存する農業共同体である「ファランステール」を作りだし、そこで初めて混沌から調和へと移行する手段を獲得することになるという。

もとより、フーリエの思想をこの限られた紙面で要約できるはずはなく、ブルトン、バルト、クノー、ビュトールなど燦然たる詩人・思想家を魅了した「言語創設者《ロゴテート》」（石井洋二郎[29]）の言説は、そもそも要約・祖述した時点で主要な価値を失ってしまうものでもあろう。しかし近代オカルト論の立場から、フーリエに関して確認しておかなければならないことを三点だけ指摘しておこう。

まず第一に、社会的運動の展開を八万年の長きにわたって設定し、調和社会に生きる人間の欲望の全面的解放を希求したフーリエにおいても、シモーヌ・ドゥブーが指摘しているように、「複合的転生」という形で、左派オカルト論者に通底する「死者崇拝」への道が開かれていることである。すなわち、「死者たちが『冥府』で調和社会への昇天を待ち、やがて普遍的幸福に与《あず》かるよう配慮する[30]」という意味において、地上と「超世界」を行き来する通路という観念が保持されているのだ。

第二に、フーリエは彼の数学的諸法則を創造し、それに保証を与えるものとしての「神」の観念を排除していない。しかし、これもドゥブーが指摘するように、その神からは、子に対して母との近親相姦を禁止し、エディプス体制[31]に拘束する父親の権威は情緒的にも性的にも完全に排除されている。「調和社会では父親の道徳的であると同時に性的な支配的・排他的役割がなくなっ[32]」てしまい、その意味で、あらゆる権威から解放された子＝調和社会の人間は、文明界では「倒錯」とされるあらゆる性的禁忌から解放され、いわば多形倒錯的楽園に生きることを許される。「愛の新世界」とはそういう意味でのアンチ＝オイディプス的な新世界なのだ。

もう一点。フーリエをオカルティストの系列に位置づけるのが、フーリエが古代・ルネサンスの魔術的宇宙のなかで重要な役割を果たしてきたプネウマ説＝普遍流体を引継ぎ、彼の「情念引力」を媒介するものとして、物質的な基礎（としか考えられないもの）を想定していることだ。人類が第八期社会に到達した際、光だけでなく熱を伴って出現し、地球環境を激変させ、高緯度にあるロシアのペテルスブルクにもイタリアのトスカナ地方に匹敵する収穫を保証するという「北極冠」の前触れとなる「北極光」の描写にもフーリエのこの発想は端的に表明されている。

しかし地球は創造の欲求に激しくかきたてられている。北極光の頻発からそのことが知られる。北極光は惑星の発情の徴候であり、精液の無益な射出なのだ。人類がその準備作業をしなければ、南極液との交接は行なわれない。[33]

性的な隠喩に驚いてはならない。十九世紀オカルティズムのなかで、「流体」を介した男女の媾合《こうごう》、それに伴う、――「ヤコブの梯子」（本書一五五頁を参照）を想起させる――霊的階梯の上昇・進展というヴィジョンは、システムこそ違え、ユイスマンスに影響を与えたジョゼフ＝アントワーヌ・ブーランなど、「右派」オカルティストにも共有される観念なのだ。この流体概念については、次のエリファス・レヴィや、さらに後段の「動物磁気」の項目において、さらに詳しく語らなければならないだろう。

第五章　エリファス・レヴィ――近代オカルティズムの祖

聖職者の道から急進社会主義者へ

筆者が「左派オカルティスト」と呼ぶ一群の思想家・科学者・宗教家の中で、最も典型的なケースであり、しかも、後世に最も大きな影響を与えたのがエリファス・レヴィ（一八一〇－一八七五）こと、アルフォンス＝ルイ・コンスタンだ。

その影響は彼の死後、直接教えを受けたわけではないにせよ、彼の弟子をもって任じたパピュスことジェラール・アンコース（一八六五－一九一六）、スタニスラス・ド・ガイタ（一八六一－一八九七）ら世紀末のカバリスト・秘教学者やイギリスの魔術諸派だけにとどまらず、シャルル・ボードレール（一八二一－一八六七）、オーギュスト・ヴィリエ・ド・リラダン（一八三八－一八八九）、ステファーヌ・マラルメ（一八四二－一八九八）、アルチュール・ランボー（一八五四－一八九一）、ジョゼファン・ペラダン（一八五八－一九一八）などの詩人・文学者、クロード・ドビュッシー（一八六二－一九一八）、モーリス・ラヴェル（一八七五－一九三七）等の音楽家、さらにはアンドレ・ブルトン（一八九六－一九六六）をはじめとするシュルレアリストを経て、最近のニューエイジを含む多少ともいかがわしい新興宗教家・占い師の類から、果ては魔術もの・魔法少女もののラノベ、アニメ、ゲームなどのサブカルチャーにまで及んでいる。

その教説は「教理」「祭儀」を含めルネサンス魔術の伝統を近代の「科学」へと接ぎ木しようとした興味深い試みといえるが、同時に「近代」におけるオカルティズムの限界や問題点をも暴露する結果ともなっている。

アルフォンス＝ルイ・コンスタンは靴職人の息子としてパリに生まれ、[1]カトリック司祭が貧しい家庭の子どもに宗教教育を授ける初級学校、中等神学校《プティ・セミネール》、イニーの神学校を経て、サン＝シュルピス教会付属の神学校で神学を修めた後、聖職者として「撤回禁止」の誓願を立てて副助祭（sous-diacre）に任じられた。その学才は目覚ましく、中等神学校在学時からラテン語はもちろんギリシア語、ヘブライ語まで習得し、旧約聖書も原語で読みこなせるほどの熟達を見せていたという。聖職者としての誓願を立てた後、コンスタンはその学識を見込まれ、サン＝シュルピス教会のカテキズム学級の教師に任じられ、幼い少女たちに公教要理を教えるようになった。サン＝シュルピスは貴族・貴顕の屋敷が建ち並ぶサン＝ジェルマン教区にあり、コンスタンの教え子も多くはそうした名家の子女だったが、一八三三年頃、コンスタンはその中の一人、スイス人士官の娘でカトリック信仰のため母親とフランスに移住してきていたアデル・アランバックを知り、淡い恋心を抱くに至る。この恋は完全にプラトニックで「恋愛」というよりも聖母マリアに寄せる崇敬ともいえるものだったというが、すでに教区の信者の口の端に上るようになっていた。

コンスタンは一八三五年暮れに助祭（diacre）になり、翌三六年五月には司祭（prêtre）に叙任される予定になっていたが、この恋愛事件を契機として彼はこの叙任を断り、サン＝シュルピスの神学校を退去した。夫を亡くし、身体も不自由となり、彼の聖職者としての将来に希望を託していた年老いた母親は、コンスタンが聖職者としての栄達の道を放棄したことに絶望し、まもなく自ら命を絶った。

人々からコンスタン神父(abbé)と呼ばれ、またオカルティストとして一家をなす以前には自著にもそのように署名しているが、彼のカトリックの経歴は助祭までであり、生涯にわたって「神父」と呼ばれる地位である「司祭」には就いていない。

コンスタンはこの後、一時、十九世紀修道院復興運動の中心人物の一人ゲランジェ師が院長を務めるソレム修道院に身を置くなど、聖職者の誓願と「自由」への憧憬との間で逡巡するが、貧窮に苦しみ、教師、画家、シャンソン作家と様々な仕事によって生活の糧を稼ぎつつ、フェリシテ・ド・ラムネー(一七八二−一八五四)、アルフォンス・エスキロス(一八一二/一四−一八七六)、アドルフ・デバロル(一八〇一−一八八六)など、カトリック左派、小ロマン派、急進社会主義の人脈に知己を得ていく。

近代社会主義の先駆者フロラ・トリスタンとの交流

この時期のコンスタンについて、特筆すべきものがあるとしたら、フェミニズムとプロレタリア運動、社会主義に特異な足跡を残したフロラ・トリスタン[2](一八〇三−一八四四)との交流だろう。

フロラ・トリスタンは、ペルー人の大貴族の父親とフランス人の母親との間にパリ南西に接するサン=マンデに生まれた。しかし、父親が母親と正式な結婚をする前に早世したため、母親と娘は経済的困窮に陥り苦労を重ねた。フロラはスペイン系の彫りの深い美貌の女性に成長したが、彩色職人という労働者階級から人生を始めなければならなかった。フロラは十七歳の時、版画家アンドレ・シャザルと結婚してエルネスト、アリーヌの二児を儲けるが、この結婚は完全な失敗に終わり、夫の虐待に耐えかねシャザルと別居し、二人の子供は彼女が引き取ることになった。

娘のアリーヌは後に共和派のジャーナリスト、クローヴィス・ゴーギャンと結婚し、ポール・ゴーギャン（一八四八－一九〇三）を生んだ関係から、フロラ・トリスタンは画家ゴーギャンの祖母にあたる。

シャザルと別居後の一八三三年、フロラ・トリスタンは叔父ピオに父母の結婚を認知してもらい、父の財産の相続を求めるため、子供を預けて単身ペルーを訪れるが、結局彼女の相続権は認められず、一八三四年にほとんど無一文のまま虚しくフランスに帰国した。

この頃から、文学サロンや画家のアトリエに出入りし、シャルル・フーリエの知遇を得るなど知的刺激を受け、『外国人女性を歓待する必要について』[3]（一八三五）という小冊子を執筆する。一八三七年、ようやく夫との事実上の離別が認められ、そのすぐ後、彼女は自身のペルー旅行体験をまとめた『ペルー旅行記　1833－1834』[4]（原題「ある女性パリアの回想と遍歴」）を著した。ちなみに、一八三八年、前夫のシャザルは、子供を取り戻す目的で彼女をピストルで射殺しようと企て、二十年の漕役《そうえき》刑に処せられている。

アルフォンス・コンスタンがフロラ・トリスタンと知り合ったのはちょうどこの頃のことであり、伝記作家シャコルナックによれば『ペルー旅行記』を書くよう彼女に勧めたのは他ならぬコンスタンであったという。フロラ・トリスタンは同じ一八三八年に刊行した小説『メフィス』[5]以降、「女性」と「プロレタリア」という近代における――あるいは歴史を通じての――二つのパリア（賤民）を「聖化」することにより、近代社会主義の先駆となった。

さらに一八三九年のイギリス滞在にもとづいて書かれた『ロンドン散策、あるいはイギリスの貴族階級とプロレタリア』[6]（一八四〇）は、資本主義社会の裏面に関する鋭利な観察と分析、ロバート・オーウェン[7]（一七七一―一八五八）の社会主義理論に対する考察などを含み、「空想」的社会主義から社会「科学」としての社会主義に至る、一つの重要な里程標となっている。フロラ・トリスタン自身はいわゆるオカルティストではなかったが、年上の友人として、この後、コンスタンの投獄中も含め物心両面の援助を与えた他、彼の思想形成に大きな影響を及ぼした。フロラ・トリスタンの死後一八四六年に刊行された『女性の解放、あるいはパリアの遺書』[8]は、フロラ・トリスタンの遺稿にもとづき、コンスタンが補筆・出版したものとされる。この書物がどこまでフロラ・トリスタンの思想に忠実かは今後の研究に俟《ま》つ他はない。

『自由の聖書』から『自由の遺書』へ――社会主義者コンスタン

ソレム修道院を出た困窮の中で、アルフォンス・コンスタンは一八四一年最初の主著『自由の聖書』[9]を出版する。この著書で、コンスタンは劈頭《へきとう》、「神は存在である。何者かが存在するがゆえに、神は存在する。そして存在するものこそが神である」[10]と唯物論を否定してはいるものの、我々の神はエルサレムやローマの神ではなく、「宇宙の神」であると宣言した上、キリストを「自由の犠牲者であり、犯罪的世界の破壊者、革命の神」[11]と称える。そして「私有財産が無くならないかぎり、地上から隷属が消滅することはないだろう」[12]と主張し、最後には「原始キリスト教徒のように自殺より蜂起を」[13]選択せよと呼びかけている。

こうした過激な革命家としての論調は、大ブルジョワが支配層を占める七月王政下、彼らに宗教的権威の保証を与えることで王政復古以来の秩序維持を担ってきたカトリック教会の立場を大きく逸脱するものであることは明らかだ。著書は発売の数時間後には発禁となり、コンスタンは秩序壊乱の廉で王室検事の告発を受け、植物園《ジャルダン・デ・プラント》に近い現在のパリ五区にあったサント＝ペラジー刑務所で八ヵ月の服役を余儀なくされた。

コンスタンは服役中、初めてスウェーデンボルグの教説に接し、またソレム修道院滞在時から出獄後にかけての精力的な読書によって、ギュイヨン夫人の静寂主義、グノーシス派、初期教会の教父、ライムンドゥス・ルルス（一二三二－一三一五）、コルネリウス・アグリッパ（一四八六－一五三五）、ギョーム・ポステル（一五一〇－一五八一）などをはじめ、多くの神学者、カバリスト、オカルティストの著作を渉猟したといわれる。彼のカバラー理論の種本と見られる、クリスチャン・クノール・フォン・ローゼンロート（一六三六－一六八九）の『カバラー・デニュダータ』[14]を読んだのもこの頃らしい。

一八四三年、サント＝ペラジー刑務所を出獄したコンスタンは、エヴルーの司教の世話でボクールと名を変えて同地の助祭を務めるが、地元ジャーナリズムにより彼の出自が暴かれ、また彼が一八四四年、異端色の強い聖母マリア＝「女性」崇拝の書『神の母』[15]を出版するに及んで、教会との決裂は決定的なものとなり、最終的に僧籍を離れることになった。

「世界はこれまで、神のうちに父と子の観念を見てきた。しかし、まだ、母の愛の秘密は教えられていない。ところで、母は聖霊に立脚しているのだ[16]」。ジョアッキーノ・ダ・フィオーレ、ギュイヨン夫人にならった「第三の支配」（女性原理＝聖母マリアに擬せられた聖霊の支配する至福千年説）を下敷きにしつつ、「原罪無くして生まれた[17]」聖母マリアを通じた「女性」の復権、女性一般に対する崇敬、さらに女性の主導する理想的な社会主義的ユートピアの建設を謳いあげたこの書籍は、後年のエリファス・レヴィの所説と比較して興味深い。[18]

曰く、女性は母なることによってエヴァの汚辱から立ち上がった。「マリアは母の心を顕現し、この世のあらゆる者たちは、マリアの周りにあらゆる子どもたちを集め、真の愛を求める興奮はようやく静まった[19]」。「だから我々のうちで、女性はすべて聖母マリアが与えたモデルに従っているのであり、社会のあらゆる人々の目に女性はすべて処女にして母なのである！」[20]。

アルフォンス・コンスタンはこの後、アレクサンドル・デュマ（一八〇二－一八七〇）の『モンテ・クリスト伯』（一八四五－四六）の挿絵なども含む挿絵画家、シャンソン作家などで細々と生計をたてつつ、『聖体の祝日、あるいは宗教的平和の勝利』[21]（一八四五）、『涙の書、あるいは慰め主たるキリスト[22]』（一八四五）を出版、一八四六年、知人の経営する私立学校の教え子の一人、ノエミ・カディオと結婚するが、同年出版した『飢餓の声、民は飢えフランスは不安に怯えおり[23]』により、再びサント＝ペラジー刑務所に投獄される。

一八四八年、二月革命勃発と共にコンスタンはこれに呼応し、ブルジョワ王政の抑圧に対抗して人民主権を打ち立てるべくアルフォンス・エスキロス（一八一二－一八七六）、オーギュスト・ル・ガロワ、モーリス・ヴァレット、ユード・ド・ミルヴィル等と急進社会主義の政治党派「山岳クラブ」を結成し、その機関紙『護民官』を創刊する。また一八四八年七月には「社会主義」思想にもとづく最後の著作『自由の遺書[24]』を刊行している。

一八五二年、二月革命の結果成立した第二共和政が、ルイ・ボナパルトのクーデターにより、あえなく崩壊する。さらに私生活では一八五三年、妻のノエミがコンスタンの元を出奔し、彼に離婚を求めてきた。クロード・ヴィニョンの筆名で執筆活動を続け、小説家・彫刻家として成功を収めたノエミは、一八七三年になってマルセイユを選挙区とする国会議員ルヴィエと結婚している。

アルフォンス・コンスタンが二月革命の挫折からいかなる精神的なショックを受けたか、少なくとも彼の伝記作者の残した資料からは窺い知ることはできない。むしろ彼にとっては妻との離別の方が打撃が大きかったように思われる。

ともあれ、ノエミ出奔の一年前一八五二年の終わりにコンスタンはポーランド出身の軍人・哲学者・数学者であるオエネー・ヴロンスキー（一七七八－一八五三）と出会い、彼が死去する翌年八月九日までの短い間に「人間的であると同時に神的な科学の今後揺るぎない基礎[25]」に関する直感を得た。彼の主著『高等魔術の教理と祭儀[26]』（一八五五－一八五六、以下『高等魔術』と略記）は、ヴロンスキーとの邂逅を機にというわけではないにせよ、この時期から執筆が始まり、やがて書肆ギロデのもとから分冊の形で刊行が開始される。ちなみにヴロンスキーが製作した宇宙の調和を数秘学的に計算することにより未来を予言する「予言機械《プロニヨメートル》」は、ヴロンスキーの死後失われていたが、一八七三年にコンスタンにより偶々《たまたま》立ち寄った古道具屋で発見され、彼の所有に帰した。

一八五四年に、妻と離別した傷心を癒す目的もあって、医師アッシュバーナー博士、『ポンペイ最後の日[27]』（一八三四）、『ザノーニ[28]』（一八四二）の作者であるエドワード・ブルワー＝リットン卿（一八〇三－一八七三）等の招きでイギリスに旅行するが、そこでの様々なオカルティストとの交流、交霊実験などの挿話は執筆中の『高等魔術』の中に書き込まれることになった。

コンスタンは『高等魔術』出版を機に、彼のファースト・ネーム、アルフォンス＝ルイをヘブライ語風に改め、以後、「エリファス・レヴィ」と名乗り始めた。

オカルティスト、エリファス・レヴィの誕生である。

『高等魔術』の誤解と偽造

『高等魔術の教理と祭儀』（教理篇・祭儀篇）は、その後のオカルティズムを決定づける多大な影響を後世にもたらした。エリファス・レヴィは一八七五年の死にいたるまで『高等魔術』と並んで三部作を構成する『魔術の歴史』[29]『大いなる神秘の鍵』[30]をはじめ膨大な数の著作や論文、書簡を残しているが、彼の「魔術のシステム」はこの著作によって一応の完成を見、その後の作品はいずれも『高等魔術』の焼き直しとは言わないまでも、その再説、解説に終始している感がある。とりあえずこの書を通じて彼の魔術システムを理解することにしたい。

エリファス・レヴィはその「教理篇」の冒頭、中世錬金術の伝説によれば、ヘルメス・トリスメギストスの作でティアナのアポロニオスが刊行したとされる『エメラルド板』[31]の中の章句「こは真実なり、誤りなく確実なり、全き真理なり」を引用した上で、魔術的象徴体系を「宗教の或は無限の範疇に於て類比（照応）から示される絶対的真理、このようなものこそ真の学問の第一要件であり、そしてこれは魔術の奥義を究めた人間だけに授けられるところのものである」[32]と要約する。その限りにおいて、魔術とは「いずこに於ても同じであり、いずこに於ても厳重に秘密を護られる一つの教理の痕跡が見出される」[33]という。

彼の主張によれば、この「すべての学問と人間精神のすべての進歩の根本原理」、すなわち生をも死をも自由にあやつり、金属を変質させることによってその道の達人に富を、また第五元素、および金と光で合成された霊薬によって不死を授けることを可能にする「根本原理」が存在する。「実利的キリスト教」が「アレクサンドリア学派の美しい夢と気宇壮大な憧憬」を打ち負かし、彼らを破門によって抑圧したため[34]、その後は「秘密結社」「魔術結社」の中に秘儀伝授の形で伝承されるに至った。

しかし実は、これこそがエジプト、ペルシア、中国・伏羲《ふくぎ》による陰陽の卦《け》、ヴェーダンタ哲学のインド、オルフェウスやピタゴラスのギリシアなどにも等しく共有され、ゾロアスターからマニに至る、またオルフェウスからティアナのアポロニウスに至る魔術の中核をなすものであったという。そしてこの「魔術原理」の予言的伝承を我々に伝える書物は二つある。一つは「ヘルメス文書」。聖ヨハネ「黙示録」にエノクの名前で現れる預言者、エリファス・レヴィによれば「エジプト人がヘルメスと呼び、フェニキア人がカドムスの名のもとに称え、ギリシア人の間でパラメデスと呼ばれたカバラの父」[35]とされるヘルメス・トリスメギストスが著したとされる書物群。もう一つは『エノクの創世記』であり、これはエノク＝ヘルメス・トリスメギストスが著した最初の聖書なのだという（ただし、この書物の実体は、ソロモン神殿の秘密の鍵である「カバラー」の奥義を、その「組み合わせ」の秘密を心得た者に開示する「タロット・カード」そのものである）。そして、エリファス・レヴィこそ、古代エジプト、古代ヘブル人の象徴体系であるカバラーの秘密を現代において初めて確実な知として把握し得た「賢者」であり「魔導師」であるというわけなのだ。エリファス・レヴィにおいてはヘルメス学の奥義＝グノーシスこそがカバラーであり、カバラーの神秘を開示する象徴の鍵こそがタロットだという主張が一貫して流れている。

しかし、ちょっと待ってもらいたい。

「ヘルメス文書」の成立は、最も初期に書かれた「魔術的文書」の場合でも、どんなに早く見積もっても紀元前三世紀を遡るものではない。「ヘルメス文書」の日本語訳者である柴田有によれば、「ヘルメス文書」の作者はヘレニズム時代のエジプトで「ギリシア・ローマ的な環境の都市で著作活動を行っていた」「典型的にはアレクサンドリアの異教的知識人」であり、より具体的には「神殿に属する神官」であった。[36]「ヘルメス文書」は一四六〇年にマルシリオ・フィチーノによって『ピマンデル』という名でラテン語訳され、ルネサンスにおいて「旧約聖書より古いがゆえに特別の権威を持つ」という理由で爆発的流行を見た。しかし、すでに見たとおり、ルネサンス後期には古典学者・神学者イサーク・カゾボンによって、「ヘルメス文書」は（少なくともその哲学的部分については）キリスト教成立後の紀元後二世紀を遡るものではないことは立証されていた。

やはりヘルメス・トリスメギストスの作に擬せられる『エメラルド板』も、ギリシア語の原典の存在が疑われるものの、これが文献として初めて現れるのは、九世紀の佚名《いつめい》作者によるアラビア語の書物『キターブ・シル・アル＝カリーカ・ワ・シュナット・アッタビア（創造と自然の業の秘密についての書）』の末尾においてであり、これが「ヘルメス文書」に先立って書かれた可能性は皆無だ。

ユダヤ神秘主義圏内に成立したカバラーも、その最古の文献とされる『バーヒール』が南仏プロバンスで編纂されたのは、十二世紀のことであり、エリファス・レヴィがその著書において古来から続く普遍的な原理のごとく取り扱っているセフィロース、すなわち神の隠れた生命の属性をグノーシス主義的な「流出」と捉え、十個の象徴的名称を用いて記述する『光輝《ゾーハル》の書（セーフェル・ハ・ゾーハル）』の神智学が成立するのは十三世紀後半、スペインはカスティーリャのどこかであるとされる。

また、オカルティズム・エゾテリスムの圏域で問題となる「グノーシス」だが、すでに指摘したように、これには二つの異なった意味内容がある。

一つはギリシア語の動詞「ギグノースケイン（知る）」の派生語「グノーシス」に由来し、科学的・合理的な知とは独立し、宇宙や世界の真理、さらには神と人間との間に成立する全体的な知、人間の存在の在りようを決定し、その知識を得ることによって人間が救済に導かれるような全体的・総合的な知を意味する一般名称としての「グノーシス（霊知、神秘的直感）」だ。この意味のグノーシスは、古代から現代まで様々な思潮のうちに確認することができる。

一方、狭義にはキリスト紀元の最初の数世紀にユダヤ教、キリスト教の周辺に成立したバシレイデース、ヴァレンティノス、マルキオンなどといった思想家・宗教家によって打ち立てられた善悪二元論的な色彩の強い一連の思潮、すなわち成立しつつあった原始キリスト教の最大異端グループとしてのグノーシス派があげられる。

ユダヤ神秘主義の権威として知られるゲルショム・ショーレムによれば、ユダヤ神秘主義は紀元前一世紀から中世のカバラーへと結晶するまで、一千年以上の長い前史を有するが、特にゾーハルの成立には、グノーシス派の「流出」概念、すなわち未知なる神＝一者から様々な神的属性が派生するという構図が影響を与えたとされる。しかし前者のグノーシスも、後者のグノーシス派より以前に成立したわけではなく、ましてやフランス語の中にこの語彙が入るのは十七世紀のボシュエを待たなくてはならない[37]。

つまり、エリファス・レヴィの説明は、いずれも文献学的な批判に耐えられる信憑性をもっているわけではない。

ショーレムは『ユダヤ神秘主義』の冒頭で、特にエリファス・レヴィ、あるいはやや時代を下った彼の後継と見なされるイギリス人魔術師アレイスター・クローリーについて触れ、「ユダヤ学を建設した偉大なユダヤ人学者たちがこのように敵意を抱いたことの当然の結果としてあまりにも明白になったことは、権限をもった番人がその持ち分をなおざりにすれば、あらんかぎりの妄想家や山師どもが輩出して、勝手に徴発や差押さえをほしいままにするという事実であった。エリファス・レー（ママ）ヴィという仮名で有名になったアルフォンス・ルイ・コンスタンのしばしば大げさな誤解と偽造から、思わせぶりなアレイスター・クロウレイ《（ママ）》とその一党のいかさま妄想にいたるまで、カバラーの正統的な解釈を求めるいかにも突拍子もない絵空事のような主張が行われた」[38]と身も蓋もない評言で切って捨てている。

それでは何故エリファス・レヴィの「誤解と偽造」が、十九世紀中葉から二十世紀、あるいは現代に至るまでこれほど多くの読者を獲得し、また多大な影響力を持ったのか？ その謎を解くためには、少なくとも彼の魔術システムを解明する必要がある。仮に「誤解と偽造」に満ちた妄想だとしても、彼の魔術には彼なりのシステムと、そのシステムを支える動機が存在しているのだから。

「魔術原理」の秘密

彼の前半生の政治主張は、虐げられた被抑圧階級である女性とプロレタリアに同情し、彼らに自由をもたらす「急進社会主義」のそれであった。しかし、一方、彼はすでにフランスにも地歩を固めつつあったマルクス（一八一八－一八八三）、エンゲルス（一八二〇－一八九五）の唯物論的な社会主義とは常に一線を画していた。エリファス・レヴィの伝記作者シャコルナックは、彼が最晩年に書いたとされる詩の一節を紹介している。

存在は続きのない詩節のはじまりなのだろうか？
そして我々が生かされている「永遠なる存在」は
生命のシャボン玉を

膨らませてははじけさせる行為を永遠に続けているのだろうか？

断じてそんなことはない。そんなことが真実のはずはない。そんなことはありえないのだ。

そうとも、生命を育む揺り籠が、死を収穫する葡萄籠だなどということは断じてない。

あらゆるものは生きている。そして死にゆく者は、やがて必ず復活を遂げるのだ。

そうだ、無なるものは存在しない。[39]

ここに流れるのはキリスト教信仰の背後にある霊魂の不滅への揺るぎなき信仰であり、あるいはもっと言葉を悪くすれば、永遠なる生への飽くなき執着といってもよい。エリファス・レヴィは彼の前半生の自由への希求を、社会主義を唯物論的に徹底させることによって解決するのではなく、霊魂の不滅と絶対的な自由と、さらに魔術を通じた自己修練による妄想的な世界支配の構想へと向け変えたのだ。

エリファス・レヴィは「全能」すなわち、「最も完璧な自由」を実現するため、神の秩序への服従というキリスト教的な信仰箇条を逆転する。神は自らの意志によって「摂理」を作り出したわけではなく、摂理、すなわち宇宙を統べる絶対的な原理に従って自らの意志を発動させた。魔術という「学」は、この神すら従わざるを得ない「真理」＝第一原因（「言」「グノーシス」「カバラー」）を知ることにより、みずから全能なる神の位置に立ち、世界を支配・統御する――地、水、火、空気という自然を司る四大の王となることなのだ。余りにも饒舌で、大げさな修辞に満ちたエリファス・レヴィの「魔術原理」を要約的に記述すると、以下のようになるだろうか。

まず、エリファス・レヴィはルネサンス魔術からマクロコスモス（大宇宙）とミクロコスモス（小宇宙＝人間）との照応・類比の概念をそのまま受け継ぐ。また精神的なものと物質との間に照応を認める。

そしてこれら二重化された世界を魔術的に操作する能力は「想像力」である（「想像力こそ幻影の鏡、魔術的生命の装置である。この力を通じてわれわれは病気を癒し、季節に影響を及ぼし、生者から死を遠ざけ、死者を甦らせることもできるのである」）[40]。ただし、想像力はある種媒介的な力であり、根源にあるのは世界を支配・統御する術者の「意志」ないし「言」である（「想像力は言の適用の道具である」）[41]。

想像力が機能するのは、大宇宙も小宇宙もその基体・媒体として「アストラル光」（生田耕作の訳では「霊光」「幽光」だが、ここでは筆者の判断により「アストラル光」に統一する）という一種の「流体」（「万物を取巻き浸透するこの流体」「普遍因」『聖霊』の肉体」「電磁気的エーテル」「生命の輝かしき熱素」）によって満たされているからに他ならない[42]。というより想像力とはアストラル光そのものなのだ。

人間の理智と意志は測り知れない範囲のちからをそなえた道具である。（…）〔理知と意志とは〕その絶大な力がもっぱら魔術の領域に属している一つの能力に助けられて、それを媒介として成り立つものである。私が言わんとしているのは、カバリストたちが「透明体」、あるいは「透けるもの」と呼んでいる想像力のことである[43]。

この点については後に「動物磁気説」に関して説明する時、もう一度、詳述しなければならないが、エリファス・レヴィの「アストラル光」は、根本的にはアントン・メスマー（メスメル）の「動物磁気」と同じものであり、エリファス・レヴィはこの「アストラル光」の発想をメスマーの動物磁気の圏域から得たと思しい。

　想像力が機能するのは、このアストラル光（「磁気的大作因」「生きた光」）の中に含まれている映像や反映を我が物にする魂の特性ゆえだ。例えば「降霊術」が呼び出すのは「死霊」そのものではなく、霊の生前の意識・記憶がアストラル光に転写された「霊的屍《しかばね》」である。

　魂が肉体の介入なしに「想像力」あるいは「感受性」によって、宇宙に存在する事物を、精神的・物質的の別なく知覚し、またそれらに働きかけることができるのは、宇宙がこの「アストラル光」によって「通底」しているからに他ならない（「人間は『ミクロコスモス』、すなわち小世界であり、そして照応の教義に従えば、大世界の中にあるものは全て小世界の中で再生される」）。魂は、想像力を用い、「アストラル光」を媒介にして、照応・類比の原理にもとづき、宇宙の諸現象に介入し、それらを自らの意思のままに操作することができる。魔術とは「世界のアストラル光〔霊光〕で磁化されている」者が「アストラル光〔霊光〕のかたまりの中へ磁気的振動を意のままに伝達し誘導する」[44]ことで発現する、極めて論理的な現象・操作である。

　アストラル光という流体を放射する中心は、脳、心臓、上腹部に加えて生殖器であり、これらの器官はアストラル光を一方で引き寄せ、一方で引き出す。われわれはこれらの器官を通じて神経系により伝達される普遍的流体と連絡できる。魔術師の用いる「魔術の杖」はアストラル光との連絡を強化するための道具に他ならない。

　占星術、錬金術、魔術的治療、邪眼《ジェッタトゥーラ》等の諸現象もその背後に働いているのは「アストラル光」

である。魔術の「大作因」の本体とはアストラル光そのものであり、錬金術師の「賢者の石」「アゾト」「マグネシア」等もアストラル光を象徴的に言いかえたものに他ならない。[45]

また、エマヌエル・スウェーデンボルグをはじめ、「幻視者が居ながらにしてあらゆる世界と交感できるのは、この光」つまりアストラル光によってである。心の中でアストラル光が凝集し、想像力が高まったがゆえに、スウェーデンボルグはアストラル光に包まれた「自ら死者と名乗る連中」と親しく交わっていたというわけだ。

もっとも、エリファアス・レヴィに言わせると、スウェーデンボルグは、アストラル光による「光線」と、その「反映」とを識別せず、「その最も素晴らしい夢の中にしばしば妄想を混合した」ゆえに、「完全に明晰とはいえなかった」のであるが。[46]

例えばコレラなどの病気、馬鈴薯および葡萄の病（ラ・サレットの幼い羊飼いの前に出現した聖母マリアの預言の中で触れられた。本書一四六頁参照。[47]ただし、ラ・サレットの預言の中には馬鈴薯＝ジャガイモの「不作」は語られるが葡萄は出てこない）、あるいはサン＝メダール墓地で起きた「痙攣狂信徒」の事例、[48]テーブル・ターニングによる交霊術（交霊術、心霊術、降霊術の使いわけについては本書第八章注2を参照）、ポルターガイスト現象[49]など、前世紀から十九世紀にかけて発生した数々の異常現象も、アストラル光の麻痺・腐敗・澱みが引き起こしたものに他ならない。

アントン・メスマーの動物磁気治療は、熟練した魔術師の治癒魔法を真似て、極めて稚拙な形でアストラル光を操作し、その秩序を回復させたことによるのだという。エリファアス・レヴィは、メスマー以前にパラケルスス等ルネサンス魔術の魔術師はすでにこの動物磁気の観念に到達し、これをメスマー以降の動物磁気治療師よりはるかに巧みに利用していたと主張している。これらの事例についてはわれわれの立場から、後述することとしよう。

さらに、タロット・カードは、ソロモン王の治世から伝わるカバラーの奥義書である。世に信じられているようないかさま師や占い師の手慰みではなく、熟練した魔術師なら、タロットの操作によって、人間、宇宙の全ての現象を予知できる。神自身が必然の摂理に従うように、偶然現れたかにみえるタロットの組み合わせは、真理を表す根源的な言＝宇宙の必然と「照応」によって結びついている。照応・類比の原理の前では、いかなる偶然も必然に転化する。魔術師の「想像力」によって産み出されたタロットの組み合わせは、宇宙の必然の言語化であり、それを担保するのは、ここでも「アストラル光」である。

エリファス・レヴィは、キリスト教カバラーのフランスにおける代表者ギョーム・ポステルを一つの典拠に、ヘブライ語の字母二十二文字にタロット・カードの二十二枚の絵札を割り振り、その組み合わせによって「宗教的カバラ」的な「必然」の理が現れると主張する。例えば「י」すなわちヘブライ語のヨッドは、単なる文字ではなくそれ自体が表意文字《イデオグラム》であり、カバラーの数秘学《ゲマトリア》と結びつくことにより、あらゆる存在の本質的あり方を決定する。その組み合わせは決して偶然ではありえず、そこに現れた文字列を読み解くことは、トート、すなわちヘルメス・トリスメギストスの原初的書物を読むことであり、それが彼の言う古代から伝わるカバラー的予言の実践なのだ。[50]

ここでも、エリファス・レヴィの記述は、歴史的な順序を転倒させている。タロットはいわゆるトランプ・カードの中では最も古いゲームであり、現在のトランプはタロットを単純化したものと考えられてきたが、最近の研究によれば通常のトランプ・カードが生まれたのは十三世紀であり、タロットはその派生的なカード・ゲームとして一四三〇年代にミラノかフェラーラで考案されたという。[51]

このカード・ゲームを古代エジプトに遡りトート神と結びつけたのは、スイス出身のプロテスタント神学者にしてフリーメーソンの活動家、古代史・言語学等様々な分野で活動した学者アントワーヌ・クール゠ド゠ジェブラン（一七二五－一七八四）である。彼は現在ではその学問的な価値が失われている『原始世界』[52]（一七七三－八二、全九巻未完）の第八巻において、タロットを単なるカード・ゲームの用具ではなく、古代エジプトより連綿と伝わる「卜占」の手段とし、「トートの書」と名づけた。この発想をエテイラこと、ジャン゠バティスト・アリエット（一七三八－一七九一）が受け継ぎ、タロットをオカルト的な「カード占い」として体系化した。

エテイラは焼き肉屋の子供として生まれ、版画商のかたわら通常のトランプを使ってカード占いを営んでいたが、クール゠ド゠ジェブランの著書に刺激され、通常のフランス風カード占いと並んで、独自に考案した銅版画タロットを用いた「エジプト風」カード占いを実践するようになる。様々なタロット占いの書物を著した他、新しい魔術教団を組織するなど、タロット占いをオカルト界における特権的な占いとして定着させた。

エリファス・レヴィは、クール゠ド゠ジェブラン、エテイラの発想を引き継ぎ、このカード・ゲームは「トートの書」に他ならず、「古代の民の聖なる書物のすべてに霊感を授け」、「その図形と数字の照応の正確さの故に、全幅の信頼をもって使用することができる」とする。しかし、一方で彼は、クール゠ド゠ジェブランもエテイラも「この不可思議な書物の中に隠された一切を見つけ出す寸前まで

いった」が、それを「正しく理解し得なかった」[53]と批判している。要するに、エリファス・レヴィこそが、この「不可思議な書物」のカバラー的真理を初めて正しく理解し、読み解いたというわけだ。

さらに興味深いことに、エリファス・レヴィは、「悪魔」の存在を認めていない。すなわち、悪魔

崇拝の「黒魔術」は、マニ教という「奇怪な邪教」の影響下、ゾロアスターの教義を曲解し、「普遍的均衡を構成する二力《にりょく》という魔術の法則」をもとに、「非論理的な頭脳の持ち主が、能動的神格に屈服しつつも敵対する一種の否定的神格を想定する」に至ったものにすぎず、「不純な二元論が生み出され、『神』を分割するという狂気の沙汰に及」んだために生じたものである。[54]

悪魔信者は、善が完全に否定される様態が現実に存在しうることを信じたために、虚妄の神を創造し、魔宴を催してこれに祈願するしかなくなった人々のことであり、魔女狩りや悪魔祓いを挙行した多くのカトリック教徒・神父は、実は、自分たちの信じていることとは逆に、「神」の対抗者である「悪魔」の存在を信じる悪魔教の信者にすぎない。悪魔とは「一つの人格ではなく」「道から外れた一つの力」であり、「邪悪な意志によって形づくられた一種の磁気流」、言葉を換えて言えば、邪悪な意志によって形成されたアストラル光こそが、「悪霊」つまり「悪意や過失によって生ずる」「盲目的な力」を生じさせるのだ。

画家でもあったエリファス・レヴィは『高等魔術』の「祭儀篇」冒頭に、一三〇七年から一四年にかけて、フランス王フィリップ四世によって異端の廉で壊滅させられた聖堂《テンプル》騎士団[55]が、その悪魔崇拝の儀式で使用した「バフォメ（ット）」すなわち、両性具有の牡山羊の像を描いている。[56]ジャック・ド・モレー総長に率いられた悪魔崇拝結社の入信者は、その魔宴に際して、この両性具有の悪魔像の尻にうやうやしく接吻したのだという。後世においてこのバフォメット像は、文字通り悪魔崇拝の偶像として有名になるが[57]、エリファス・レヴィ自身の説明によれば、この像は、額につけた聖なる「五芒星」が示すように、陰陽、男女、霊肉等々、二つの対立する原理の普遍的均衡によって成立する魔術的光明の象形文字的表現であり、「魔王」の荒唐無稽な像ではありえず、キリストの光の属性を身に帯びているのだという。[58]

十九世紀末「カバラの薔薇十字」を組織したパピュス、スタニスラス・ド・ガイタ、ジョゼファン・ペラダン、また、イギリスの魔術結社「黄金の夜明け《ゴールデン・ドーン》」に拠った自称魔術者たち、なかでもアレイスター・クローリー等、エリファス・レヴィに影響を受けた魔術師・魔導師たちは、いずれも、こうしたエリファス・レヴィの主張を——自分の方が師よりもさらに「真理」に接近しえたと主張することはあっても——ほぼ無批判に受け入れた。それは伝統を捏造し、偽りの根拠を「自らの権威」に基づいて正当化するというエリファス・レヴィの手法をも含めて承継したことを意味する。魔術の真理がエジプト以前に遡り、また、相互に必ずしも連絡のない文明を横断して、同じ「真理」が見出され、最終的にはそれは「カバラー」なり「グノーシス」なりに行き着く……という思考方法をも含めて彼の様式に倣ったのだ。例えばその中には、ヒンズーの導師に直接「秘儀を伝授」されたと主張するロシア出身のブラヴァツキー夫人[59]もいたし、現代に至るさまざまなニューエイジ・グループ、新宗教の教祖、さらにはライト・ノベル、マンガ、アニメ、ゲームなどの魔法ものにまで共通する。要するに、イリュミニスト同様、自分の「妄想的」世界観がそのまま真理として具現し、教祖や作者の数だけ、新たな「宇宙」や「宇宙の真理」が出現するのだ。

一方、「アストラル光」という宇宙を満たす媒質を認めるか否かは別として、「照応・類比」によって、自らの「言葉」「言」が、宇宙の現実に介入でき、宇宙を自らのほしいままに変えられるという発想は、魔術を越えて、詩や文学の世界にも大きな影響をもたらした。

魔術師エリファス・レヴィを、シャルル・ボードレールやステファーヌ・マラルメ、アルチュール・ランボーに置き換えてみれば、彼らが何故このいかがわしい魔術師の言説に魅了されたかその一半が分かろうというものだ。ある意味、エリファス・レヴィは、すぐれて「現代的」な風景を、自らは知らず作り上げたのだ。彼以降の世界において、「逢魔《おうま》が時」は自分のすぐ側、今この瞬間に出現する。

しかし、われわれはここで足を止めるわけにはいかない。十九世紀に起源をもつ「近代オカルティズム」の全体を理解するためには、「左派オカルティズム」だけではなく、「右派オカルティズム」についてもその思想的系譜を辿っておく必要がある。

第六章　聖母マリア出現と右派オカルティズム[1]

「出現」の伝統

フィリップ・ミュレーのテーゼによれば、大革命後の十九世紀、左派＝社会主義陣営はオカルトの側に「転落」した。しかし、オカルトに「転落」したのは左派だけではなかった。

右派、すなわち、革命後の王政復古によって再び権力の座についたブルボン王家を取り巻く王党派、「王権神授説」によって旧体制《アンシャン・レジーム》に「形而上学的」「倫理的」な正統性を保証していたカトリック、ようやくフランスに芽生え始めた産業革命によって階級として地歩を固めつつあり、秩序と財産の保証を求めていた地主・大ブルジョワなども、別の形でのオカルティズムにはまり込んでいたのだ。その中で最も重要な役割を果たしたのが、「聖母マリアの出現」というオカルト現象である。

啓蒙理性を背景とする大革命は、すでに述べたように、エベール派などを中心に脱キリスト教への強い志向をもち、革命後に多くの教会は破却された。旧体制において、洗礼・教育・結婚・葬礼などを通じて個人の生涯にわたって介入し、国民の精神・倫理的生活を支配していたキリスト教会は、伝統的な宗教儀礼を禁止され、教育は世俗化された。さらに、司祭のキリスト教を否認する宣誓や還俗が強制され、聖職者の結婚が奨励された。イギリス、ドイツ、ロシア、特にカトリック・スペインなど、外国勢力に脅かされた革命フランスにおける民衆の愛国心の高まりと結びつき、「反キリスト教」「反カトリック」はこうした外敵に対する思想的な武器となった。また、この傾向は、パリよりもむしろ地方において顕著にみられた。十九世紀初頭、ある司教が宗教大臣に提出した報告書によれば、彼の司教区において百以上の教会に司祭が不在であり、さらに教区の外から教会に通う外勤司祭の住居が不足しているため、司祭のいない教会の数は今後さらに増加する見込みだという。[2] この間、カトリック信者の数も激減し、その数が革命前の水準まで復興するには世紀の半ばまでかかったという。

すでに統領政府下の一八〇一年、教皇ピウス七世（一七四〇－一八二三）と、皇帝ナポレオン一世（一七六九－一八二一）の間で結ばれた政教協約《コンコルダート》によってカトリックは、「フランス人大多数」の宗教という位置づけで復活を果たしていたが、カトリックのオカルト化への変貌を促す思想が紡がれだすのは、一八一四年の王政復古以来のことだった。すなわち、フランス大革命を父なる神、あるいは神によって保証された王に対する背信と捉え、この背信によって父なる神が人間に対して激怒しているという思想である。精神分析的な概念を援用すれば、人間はフランス大革命によって「王殺し－神殺し－父殺し」という三重のエディプス的な罪を犯し、いわば、旧約聖書のカイン、あるいは、「さまよえるユダヤ人」同様の神なき境遇、「呪われた存在」に堕ちてしまった。人間は、こうした「神の怒り」を鎮め、神との間に結ばれていたはずの信仰の絆、神との新たな「契約」を結び直さねばならない。しかし、その際、人間に求められるのは、革命の贖罪であり、神学的・精神（分析）的な意味での「修復」でなければならない。いや、遡っていえば、大革命自体が、信仰を失った啓蒙の世紀に対して下された神の罰なのだ。メーヌ・ド・ビラン（一七六六－一八二四）、ジョゼフ・ド・メーストル（一七五三－一八二一）ら、カトリック＝王党派に属する保守思想家は一斉に人類、特に大革命を遂行し、ルイ十六世一家を処刑したフランス国民を糾弾した。

もう一つ重要な観察をしなければならない。君主に対して国民の名においておかされたあらゆる犯罪は、常に多かれ少なかれ国民の罪なのである。なにがしかの数の過激分子が、国民の名のもとに、このような犯罪を犯すことができたということは、多かれ少なかれ国民に過ちがあったからなのである。たとえば、フランス人全員が王の死を望んだということはあるまい。（…）しかし、圧倒的に多くのフランス人が、ありとある狂気、ありとある不正を望んだのであり、それが一月二十一日の破局へとつながったのだ、（…）ルイ十六世陛下のお流しになった血の一滴一滴を、フランス中で流れる早瀬の水に匹敵するような大量の血で贖わなくてはならなくなるだろう。四千万のフランス国民は、自らの首をもって、反宗教的・反社会的な暴動によって国王を弑《し》逆《ぎやく》したという国民規模の大犯罪を償わなければならなくなるだろう。[3]

大革命は神、王に対する重大な犯罪であり、フランス国民はこの犯罪に対する贖罪・修復を行わなければならないという思想は、二つの「事件」によってさらに増幅された。

一つは、一八一五年一月十八日から十九日にかけて、マドレーヌ墓地の片隅から断頭台で処刑されたルイ十六世と王妃マリー・アントワネットと思しき遺骨が発見されたことだ。生前、「錠前屋」とか「太っちょの豚」と渾名され、さんざんの評判だった国王と、これも浪費と奢侈《しやし》によって革命に至る一つの原因と見なされていた王妃の亡骸《なきがら》は、処刑から二十二年目の記念日にあたる一月二十一日、いまや殉教者として、荘重な儀礼のもとサン＝ドニ寺院に移送され、歴代フランス国王の墳墓に埋葬された。

第二の事件は、ブルボン家の最後の子孫であったベリー公が一八二〇年二月十三日深夜、オペラ座を出ようとした時、フランス革命の衣鉢を継ぐ過激派テロリスト、ルイ＝ピエール・ルヴェル（一七八三－一八二〇）の手で暗殺されたことだ。これらの事件は民衆の間にくすぶっていた貴族や特権階級への憎悪を引き起こしかねない危険性を孕んでいた。保守派・王党派は逆にこの機会を捉え、民衆をカトリックへと呼び戻すべく、革命こそ神に対する重大な犯罪であり、今こそ神の前に悔い改め、王や旧来の秩序への忠誠を誓うよう、大キャンペーンを張った。

ここで十九世紀のキリスト教信仰に特有の奇妙な現象が起こった。「聖心《サクレ・クール》」つまりは「キリストの心臓」と、聖母マリアに対する信仰だ。

もともとカトリック信仰において、「原罪」を犯した人類に対し「父なる神」「旧約の神」の怒りを解くため神と人間との間をとりなし、仲介を行うのは子なるイエス・キリストの役割だった。しかし、『神の噂』の著者クロード・ギエによれば、十九世紀初頭、三位一体をなす神の位格、特に父と子との間のバランスに異変が生じ、神の怒りが数百倍にも亢進したのに対し、イエスの調停力に不調が生じ、神の怒りを抑えることなど到底無理になってしまった。そこで、十九世紀は、新たに「イエスの心臓」と「神の母」という二つの副次的な調停者を考案し、専ら、聖心と聖母に神の怒りの仲裁を依頼する挙にでたというのだ[4]。

前者、すなわち「聖心」に対する十九世紀の信仰の集大成が、一九一九年に完成し、エッフェル塔と並ぶパリの代名詞的存在としてモンマルトルの丘に聳える白亜の教会、サクレ・クール寺院である。ちなみに日本の聖心女子大学の名前もこの「聖心」信仰に由来する。

聖心信仰が、せいぜい十八世紀に始まる新しい信仰形態であるのに対し、聖母マリア信仰は、初期教会に遡る伝統をもつ。ただし十九世紀の聖母マリア崇拝は、それが「聖母マリア」の「出現」というオカルト現象を中心に形づくられ、様々な異端宗派を産み出すと共に、反ユダヤ陰謀論の一つの源泉となったという意味で、特別な意味をもっていた。

横山茂雄は「稲生平太郎」名で書いた「空飛ぶ円盤」論、『何かが空を飛んでいる』のなかで、「当然のことながら、十九世紀以前だって人々は空に何かを見ていた。／古今東西を問わず、空に変なものが飛ぶのを見た人は少なくなかった。／ただ、昔は、基本的にはこれ（空飛ぶ円盤）を乗り物だなんて誰も考えはしなかった。（…）災厄や宗教的奇蹟の到来を告げる超自然的な予兆だと解釈されたのである」[5]と指摘し、マタイ伝に現れたキリスト誕生を告げる星、ジェフリー・オブ・モンマスの『ブリタニア列王史』[6]に記されたウーサー、アーサーの王位就任を告知する不思議な光、さらには日本近世随筆に現れる「光り物」の伝説などを列挙している。もちろん、ヨーロッパにおいて、この時代以前に聖母をはじめ「聖なるもの」の出現の伝統がなかったわけではない。

しかし、横山が記述する「空飛ぶ円盤」が、ある特異な時代的背景や、そこに生きた人々の精神情況を反映しているように、十九世紀から二十世紀初頭に至る「聖母マリア」出現、あるいは「聖なるもの」の出現は、この時代背景を無視しては語れない特有の現象であったと言わねばならない。十九世紀の「聖なるもの」の出現において特徴的なのは、「何か変なもの」が空を飛ぶというのにとどまらない。もちろん、後でみるように、そういう例も含まれていなかったわけではないのだが、さらに顕著なのは、それが目の前に人の姿をとって顕現し、「王党派」的な預言を行うというところにあるのだ。確かに、彼らの預言が、多くの歴史家が指摘するように、カトリック＝王党派の政治的陰謀やあからさまな詐欺によって「演出」されていた事実は否めない。しかし、それにもかかわらず、ここで問題となる聖母マリアをはじめとするこの時代の「聖なるもの」の出現が、教育を受けていない見習い修道女や羊飼いなど民衆出自の若年者に多く体験されたことが端的に示すように、主として民衆起源の現象である点を強調しておくことは無意味ではあるまい。

大革命によって崩壊し、キリスト教権の支配が弱まった農村社会において、民俗的で古代以来のさまざまな民間信仰を含みこんだ多様な想像力《イマジネール》が解放されたのだ。ルネサンス高等魔術を近代において「復興」「再生」させたのがエリファス・レヴィであることは前章でみたところだ。また、それがどのようなな限界をもつものであったかも確認した。一方、古代・中世以来の多神教的民衆信仰の伝統を復活させたのは、これら「聖なるもの」の証人となった民衆出身の若者たちだったと言えるのではないか？　ただし、それゆえに、彼ら、聖母マリア出現の証人たちは、彼ら自身の言説を通じ、あるいはその周囲の人間たちの形づくった言説・神話とともに、さまざまな異端信仰と結びつき、さらには反ユダヤ主義や陰謀論などの温床となった。

さて、クロード・ギエによれば、この「王党派預言の系譜」は、一八一六年一月十五日、シャルトルにほど近いガラルドンで「インゲン畑で堆肥を撒いていた」農夫トーマ・マルタンのもとに襟の詰まったフロックコートを着て、ブルジョワ風の髪型に山高帽を被った「大天使ミカエル」が現れたことに始まる。[7]　この人物はマルタン・ド・ガラルドンに、おおよそ次のように告げたのだ。「フランス各地で政府転覆の陰謀がめぐらされ、王や王子に危機が迫っているので、急いでパリに赴き、王に面会しその旨を告げ、全国に峻厳な権力を帯した警察を組織するように。また、多くの民によって主日《しゅじつ》がないがしろにされているので、主日の重要性を改めて周知させるように」。村の司祭ラペリュックの後押しでパリに赴いたトーマ・マルタンは最初、取り調べにあたった警察関係者をはじめ誰にも信用されず、臨床医学の父として名高いフィリップ・ピネル（一七四五－一八二六）の診断により、ロワイエ＝コラール（一七六三－一八四五）が院長を務めるシャラントン病院に入院させられる。この間も、大天使ミカエルは頻繁にトーマ・マルタンの前に現れ、「国中に陰謀が廻らされ、王権が危機に晒されている。警戒と抑圧を強化せよ。民衆をキリスト教に回帰させ、神の主日やカトリックの祝祭日を厳密に守らせよ。さもなくば神による怖しい天罰が下されるだろう」と再三にわたり警告した。一八一六年四月二日、警察長官ドカーズの計らいにより、とうとうルイ十八世との面会に成功するが、結果ははかばかしいものではなかった。トーマ・マルタンは仕方なくガラルドンに戻った。

しかし、マルタン・ド・ガラルドンの噂は、彼の「保護者」ラペリュック司祭の手紙による「伝道」活動も手伝って、またたくまにフランス全土に広まり、彼のもとを訪れ彼の話を聞いた者たちの報告書からジャンセニスト、ルイ・シルヴィ（一七六〇－一八四七）による一種の「聖者伝」が編まれるまでに至った。

ただし、クロード・ギエによれば、歴史家の間ではこのマルタン・ド・ガラルドン事件は、見え透いた「詐欺」だということが通説となっているという。ルイ・シルヴィの著作に登場し、彼の著書の有力な情報提供者であるソステーヌ・ド・ラ・ロシュフコー（一七八五－一八六四）およびマチュー・ド・モンモランシー（一七六六－一八二六）という互いに縁戚関係にある貴族は、名うての「過激王党派」であり、「大天使ミカエル」がマルタン・ド・ガラルドンに語った警察権力の強化、王権に対する犯罪者の処刑等は、一八一五－一六年冬の議会において、彼らが主張した「白色恐怖政治《テルール・ブラン》」を遂行する政策の骨子だった。マチュー・ド・モンモランシーはガラルドンの近郊に偉容を誇る城を持つリユイーヌ公爵夫人、いや、（ガラルドン侯爵領をも併せて領有していたことから）ガラルドン侯爵夫人の女婿だった。つまり、彼ら「過激王党派」は、大天使ミカエルに彼らの政策の「代弁」をさせたのだ。

彼らは帝政期から、フリーメーソンに類似した反革命秘密結社「信仰の騎士団」を組織し、カトリック、王党派の貴族の師弟からメンバーを集めていた。カトリック司祭バリュエル師（一七四一－一八二〇）は、彼ら過激王党派が信奉した「フランス大革命がフリーメーソンによって画策された」とする「陰謀論」を最初に唱道した[8]人物だが、彼ら過激王党派は帝政期を通じて来たるべき王政復古を目指して反革命的陰謀を秘かにめぐらしていた。

一八二四年九月十六日、ルイ十八世が崩御し、ルイ十八世に子供がなかったため弟のアルトワ伯がシャルル十世として王位につき、一八二五年五月二十九日に国王の成聖式（戴冠式）が行われた。神と王との神聖な結びつきを象徴する様々な儀礼が復活したものの、それは不徹底で、革命の成果を完全に否定し、旧体制《アンシャン・レジーム》の「神政政治」の復活を願う過激王党派を満足させるものではなかった。異端や不信心者に対する呪詛は表現を弱められ、新国王は、革命推進勢力である市民・新興ブルジョワ勢力に配慮して、革命の成果を保証する「憲章」を尊重する宣誓を行わねばならなかった。何より、シャルル十世は自らの「聖性」に確信が持てず、国王が神の名の下に瘰癧《るいれき》患者を自らの手で触ることにより彼らを治癒させる伝統的儀式を行うのを躊躇《ためら》った。その後、聖職者の勧めに従いようやく儀式をとり行ったものの、その成果は芳しくなく、彼の威信に傷がついた。

しかし、一八二六年は告解によって許しを得た罪に伴う有限の罰を全て許す「全贖宥《ぜんしょくゆう》」[9]の行われる聖年にあたっており、これを機に、カトリック界では、大革命によって犯された罪に対し、怒れる神の復讐を避け、神の許しを請うため、また大革命によって揺らいだ旧秩序を回復するため、神と王権の融和を願って様々な宗教儀式や、カルヴァリ（キリストの受難に因んで、信徒が重い十字架を背負って行進する行為）、祝祭的行列などが執り行われ、宗教的熱気はさらに高まった。

さて、全贖宥の聖年が終わろうとしている一八二六年十二月十七日の夕刻、フランス西部ポワティエ近郊の小村ミニェで、教区教会の前にカルヴァリの十字架を据え付ける作業を終えようとしていた三千人ほどの村人の見守る中、地上約百メートルの高さに燦然と輝く巨大な銀色の十字架が現れ、三十分ほど目撃されるという「奇蹟」が発生する。

サン＝ポルシェールの司祭パスキエ師と王立中等学校付司祭マルソー師が認《したた》め、村長以下四十九人が副署した報告書によれば、空はすでに暗くなりかけていたが、雲はなく、十字架は、基部を教会（東）側に頭（十字側）を西側に水平に横たわる形で、十字の比率も極めて正確に細部までくっきりと浮き上がって見えたという。この現象の真偽については当時から激しい論争の的になった。共和派＝左派はもちろんこの十字架を狂信・迷信の産物と攻撃したし、ピウス七世とナポレオンとの間に結ばれた政教協約《コンコルダート》に反発してカトリックと袂を分かった最右派も、革命派と妥協したカトリック教会に神がこのような「奇蹟」を賜うはずがないと否認した。しかし、なべて、カトリック＝王党派にとって、ミニェの十字架は、ガリア侵攻中、テベレ川のミルウィウス橋の戦い（三一二年）に先立ち、古代ローマ帝国のコンスタンティヌス大帝（二七二－三三七）と彼の軍隊が見たという天に輝く十字架の幻《まぼろし》同様、正統王権とカトリックの勝利を神が約束する奇蹟の印と受けとめられた。しかし、この幻想も長くは続かなかった。一八三〇年、七月革命によりブルボン王朝は崩壊し、フランスに「正統」王権が復活することは二度となかったからだ。

聖母マリア出現

十九世紀を通じて、聖母マリアは、素朴で多様な民衆の信仰と想像力をかき立て、怒れる神に対しキリストに代わる調停者の役割を果たすようになった。古くからカトリック教会の伝承のなかに存在し、教会内部でも様々な議論のあった「聖母マリアの無原罪の御宿り《インマキュレ・コンセプション》」が、カトリックの公式教義となるのも十九世紀半ば、一八五四年のことだ。日本ではしばしば、この「無原罪の御宿り」と聖母マリアの「処女懐胎《コンセプション・ヴィルジナル》」とが混同され、シュルレアリストのブルトン、エリュアールの共作 *L'Immaculée Conception*《リンマキュレ　コンセプション》に「処女懐胎」の訳語が与えられる[10]など混乱が見られるが、両者は全く別の教義である。

「処女懐胎」が、マリアが夫ヨセフとの性的交わりなしに「聖霊」によってイエスを身ごもったのを指すのに対し、「無原罪の御宿り」は、マリア自身が、聖霊の特別な恩寵のもとに、あらかじめ「原罪の穢れ」を免れてマリアの母アンナの胎内に宿ったことを指す。ただし、この場合、イエス・キリストの場合と異なり、母アンナが夫とのセックス抜きでマリアを懐胎したとまでは言っていないようだ。聖母マリアは当時の神学者の警戒をよそに、しばしば古代以来の大地母神や処女神崇拝、「泉の女神」などの民衆崇拝と結合し、新たな「女神」となった。[11]

聖母マリア信仰が黄金時代ともいうべき新たな時代を迎えるのは、一八三〇年になってからだ。この年の、七月革命（一八三〇年七月二十七日）が勃発する直前の七月十九日、パリの中心近く、バック街のフィーユ・ド・シャリテ修道院の聖堂で、同修道院の見習い修道女カトリーヌ・ラブレー（一八〇六－一八七六）のもとに、聖母マリア、より正確には「無原罪の御宿り」の聖母が重要な使命を与えるべく出現する。そして十一月二十七日、再びカトリーヌ・ラブレーの前に現れた聖母の周囲には

「原罪なく懐胎されたマリアよ、御身の加護を請う我らのために祈りたまえ」との文字が現れ、聖母マリアは自らの姿を象ったメダルを鋳造し聖母マリアの恩寵を受けたい者に配布するように告げたという。二年の調査の後、「出現」の真実性を認めたパリ大司教イアサント＝ルイ・ド・ケラン（一七七八－一八三九）はメダルの鋳造を命じ、折しも一八三二年のコレラ禍に際し説明しがたい治癒の効果を発現したとして民衆の間でメダルをつけることが大流行となった。世に言う「奇蹟のメダーユ」である。

一八三〇年のこの日付から、約五十年間、つまり一八三〇年から七六年までの間に、マリアはほとんどひっきりなしに民衆の前に姿を現した。フランスに限っても、次の五件については、ローマ教会も厳重な調査の後に出現を「公式」に認めている。

一、一八三〇年七月十九日と十一月二十七日の二回。パリ・バック街一四〇番地のフィーユ・ド・シャリテ修道院内の聖堂で、カトリーヌ・ラブレーに聖母出現。
二、一八四六年九月十九日。イゼール県ラ・サレット山にて、二人の羊飼い、メラニー・カルヴァ（一八三一－一九〇四）とマクシマン・ジロー（一八三五－一八七五）に聖母出現。
三、一八五八年二月十一日。オート・ピレネー県ルルドのマサビエル洞窟で、ベルナデット・スビルー（一八四四－一八七九）に聖母出現。
四、一八七一年一月十七日。マイエンヌ県ポンマンで、少年二人、少女三人に聖母出現。
五、一八七六年二月十一日。アンドル県ペルヴォワザンで、エステル・ファゲット（一八四三－一九二九）に聖母出現。

ちなみに、世紀をまたぎ、領域をフランスの外に拡大すれば、一九一七年、ポルトガルのファティマでルシア・ドス・サントス（一九〇七－二〇〇五）、フランシスコ・マルト（一九一〇－一九二〇）、ジャシンタ・マルト（一九一〇－一九二〇）の三人の子どもの前に聖母が出現している。そして、稲生平太郎（横山茂雄）が指摘するように、民間パイロットのケネス・アーノルドが、アメリカ、ワシントン上空で最初の「空飛ぶ円盤」を目撃するのが、それから三十年を経過した一九四七年六月二十四日のことである。[12]

民衆は、自発的にマリアの現れたこれら「奇蹟の地」に大規模な巡礼団を組織した。聖母マリアは十九世紀を通じ、キリスト教信仰のヒエラルキーの最も高い位置に昇った。

大革命以来の危機によって、大きく信者や聖職者を減らしていたカトリック教会は、こうした民衆起源のマリア信仰を、失われた信仰＝権力回復のため、彼らの教化的意図にかなう限りで、自らの圏域に回収しようとした。実際にアレクサンドル・エルダン（一八二六－一八七八）著『神秘のフランス』（一八五五）、J＝M・キュリック神父（一八二七－一八九二）編『予言の声』[13]（一八七二）、アドリアン・ペラダン（一八一五－一八九〇）著『十九世紀超自然年鑑』（出版年不詳）、J＝A・ブーラン（一八四八－一九〇七）編『十九世紀聖性年報』[14]（一八六九－七五）等々「神秘現象」をテーマとした著作にみられるように、この時代、マリアあるいは他の「聖なるもの」の出現を体験したと主張する者の数はおびただしく、しかもそれらの多くが、民間信仰や異端、オカルトなど様々な「異質」な要素に取り巻かれていた。教会は、それらの中から、カトリック教会の教義や教会の利益にかなうものを厳しく選別した上、自らの監督・管理下に置こうとした。

一八四八年の二月革命とその後の政治的動乱、アナキズムと「赤化」の脅威を前に、権力の座に返り咲いたフランスの保守勢力は、教会、特に聖母マリアに助けを求めた。二月革命の直前、一八四六年に発生したラ・サレットの出現は、一八三〇年のカトリーヌ・ラブレーへの聖母出現と共に、カトリック側に最大限利用された。一八三〇年の出現の聖母は、聖母マリアの「無原罪の御宿り」の聖母であり、その姿を象った「奇蹟のメダーユ」の人気はカトリックの民衆再教化に極めて好ましい影響を与えると考えられた。

一方、一八四六年、フランス南東部、アルプスに連なるイゼール県の急峻ラ・サレットに現れた聖母が二人の羊飼いに明かした恐るべき「秘密」は、二月革命の騒乱を予言したものだという噂が公然とささやかれ、一八五一年、ラ・サレットの出現が教会から正式に公認されると、グルノーブル司教フィリベール・ド・ブリュイヤール（一七六五－一八六〇）は、地上に悪や罪がはびこるとしばしば天から裁きが下されたことを引き合いに出し、二月革命の騒乱は「神の罰」だと信者に説明した。[15]

教皇ピウス九世（一七九二－一八七八）は、二月革命以前には「新教皇主義」を掲げて、イタリア内部の自由主義・愛国主義に対しむしろ好意的立場を取っていたが、二月革命の影響がフランスからイタリアに及ぶと、突然、強硬な保守主義へと態度を翻《ひるがえ》した。サルディーニャのカルロ・アルベルト（一七九八－一八四九）を中心とする第一次イタリア独立運動が、一八四九年、ノヴァーラの大敗によって、オーストリアによって崩壊させられる。イタリア動乱中、シチリア王の庇護を求めて地中海のガエタに身を隠していたピウス九世は、一八四九年八月、ローマに復帰し、自由主義・社会主義を糾弾する教書を各地の大司教に送り、さらに、一八五四年十二月八日、教会内部での激しい議論を抑える形で、大勅書『インエファービリス・デウス（言い得がたき神）』において「聖母マリアの無原罪の御宿り」を教義として布告するのだ。

この教義には、マリア信仰をイエス・キリストの信仰に従属させることにより、マリアを信仰の中心に据える「異端」を正統信仰から排除するという意味があった。またローマの中央集権的な権力を安定させ、教皇の無謬性を強化するとともに、フランス教会の独立を主張するガリカニスムを抑えて、ローマ教会のフランス教会に対する勝利を決定づけるという目的をもっていた。要するにローマ教会の政治的な思惑を体現するものだったのだ。

ラ・サレットの聖母出現

聖母出現は、すでに述べたように民衆の間に蓄積していたさまざまな欲求にもとづくものであり、時にはその周辺にいわば「マリア派異端」と言うべき正真正銘のオカルト・セクトや秘密結社を多数生み出すことになった。特に、「聖母マリアの無原罪の御宿り」の教義の確立に大きな影響を与えた一八四六年のラ・サレットのマリア出現は、当初からさまざまな「疑惑」に取り囲まれ、後には純然たる異端や陰謀論と結びついたという意味で、典型的な意味を持つ。

一八四六年九月十九日、深夜三時頃、年若い、というかまだ子供といってもよい年齢の二人の羊飼いが、南アルプスのイゼール県ラ・サレットの山腹で目のくらむような衣装を着た「美しい婦人《ラ・ベル・ダーム》」に遭遇した。この時メラニー・カルヴァは十五歳、マクシマン・ジローは十一歳だった。子供たちはいずれも貧しく、親からは全く放任され、ほとんど教育を受けていなかった。この見知らぬ女性は、最初子供たちにフランス語で話しかけたが、彼らがフランス語が理解できないと分かると、今度は土地の方言で次のような預言を告げた。

子供たちよ、前に進み出なさい。私は大事な知らせを伝えるためにここにやってきました。私はあなた方人間に六日間は仕事をし、七日目は私のために取っておくように定めました。ところが、人間は七日目を私に捧げようとしないのです。そのため、私の息子の腕は、ひどく重くなってしまいました。

それればかりでなく、荷車を曳く者は罵りの言葉を口にする時、必ず我が子の名前をそのなかに交えるのです。この二つのことで、私の息子の腕はすっかり重くなっています。

作物が凶作になるのは、あなた方人間にイエス様のご不興を知らしめんがためです。去年は、ジャガイモを不作にして、あなた方に示しました。しかし、あなた方人間は、私の警告に全く気をとめませんでした。それどころか、あなた方は、ジャガイモが不作だとわかると、私の息子の名前を真ん中に置いて、とんでもない罵りを口にしました。ジャガイモの不作はこれからも続き、クリスマスには、もはや、ジャガイモが口にできなくなるでしょう。[16]

子供たちは、雇い主のところに戻って自分たちの見てきた不思議な出来事を話した。雇い主たちは、この話をフランス語で書き取ると「ラ・サレット＝ファラヴォーの山で二人の子供に聖母が語ったお告げ（手紙）」という題をつけて公表した。聖母出現の話が広まると、聖母に対する自然発生的な崇拝が湧き起こり、村人や巡礼者が聖母の救いと許しを求めて大挙して山に登った。まもなく奇跡的に病気が治ったとか、不信心者が回心したという報告が続き、聖母の「奇蹟」が喧伝されるようになった。この間の経緯については、ジャン・ステルン編『ラ・サレット　真正資料』[17]全三巻（一九八〇‐九一）に克明に記録が残っている。

聖母出現から一年後の記念日に三万から四万の信者が集まるという信仰の高まりにより、最初のうち躊躇していた地元の高位聖職者たちも次々に態度を変えてゆく。聖母出現から二年後の一八四八年、副司教のオルセルおよびルスロによる調査を受けて、グルノーブル司教フィリベール・ド・ブリュイヤールがこの事件が正真正銘の「奇蹟」であるとの結論を下し[18]、最終的には、一八五一年になって「司牧書簡」によって、「出現」を公式に認定した[19]。

しかし、この出現には、最初から各方面から疑義が寄せられた。

まず、この聖母出現は、カトリック世界の奇蹟である前に、フランス農村地方に古くから伝わる「泉」に対する信仰と深く結びついていた。少なくとも地元の村人にとって、彼女は「泉の夫人」と同一視されていた[20]。クロード・ギエによれば、聖母とされた女性はいずれも、郷土の神聖な場所に因んで出現する妖精や大地母神と特徴を共有している[21]。

また、聖母が子ども達に託した「秘密」は、形式や文体の点から、「神の手紙」と呼ばれる書簡体の布教パンフレットと内容が酷似していた。これはマルタン・ド・ガラルドンの前に現れた大天使ミカエルについても言えることだが、十七世紀から十九世紀にかけて、村々を回って小間物や化粧品を商う行商人の手で、「神」や「聖母マリア」他、神聖な存在が、「一人称体」で、信者の信仰の薄さを咎め、自然災害や疫病などの罰を下すと脅す内容の手紙が大量にばら撒かれていた。時代によってその内容は変わるが、王政復古以来、「神の手紙」の内容は概ね、カトリック＝王党派の主張に沿う内容となっていた。一九二九年の時点でＨ・ドレーユ神父が、ラ・サレットで聖母マリアが伝えたというメッセージと、ラ・ムルトの行商人が一八一八年に「天上に由来する」というふれこみでイゼール地方一帯に撒いたという三通の手紙のテクストとの間の驚くべき類似を文献学的観点から指摘し、一大スキャンダルが巻き起こった。[22]

さらに、事件発生当時から、理性の立場から聖母の出現に疑問を呈する人間は後を絶たなかった。一八五二年から五五年にかけて、ヴィルルボムの元神父、ジョゼフ・デレオン(一七九七－一八九五)は『ラ・サレット・ファラヴォ、或いは偽りの谷』[23]というパンフレットを公表し、子供たちが見た聖母とは、コンスタンス・ド・サン＝フェレオル・ド・ラ・メルリエールという名の奇矯な振る舞いで知られた精神異常の女で、聖母の預言以前に、出現そのものが偽りだと断定したのだ。実証主義・科学主義的な傾向の強い百科事典『十九世紀ラルース』は、このデレオンの説を採用し、「未だ多くのカトリック信者は、精神異常の女の起こした狂言を奇蹟と信じて巡礼している」と、「ラ・サレット聖母出現」の項目を冷笑的なコメントで終えている。[24]

カトリック教会にとって問題となったのは、聖母の預言の内容と、聖母出現の二人の証人のその後の行動だった。

聖母の預言については子供たちが雇い主に伝えた版ですら「古風な終末論的期待[25]」の側によりすぎているきらいがあった。しかし、後に述べるように、ラ・サレットのメッセージには、「時期が来るまでは子供たち以外には開示してはならない」と聖母が口止めしたさらに長大なヴァージョンが存在した。メラニーとマクシマンとは、自分たちには知り得ない「秘密」を保持し、自分の好きな時に好きな形で開示できる特権的な存在、いわば、秘教の預言者＝開祖となる資格を与えられたことになる。ここから彼ら、あるいは彼らの隠し持つ「預言」の周囲には、当時の政界や宗教界の周囲に蠢《うごめ》いていた、オカルト＝神秘主義的な傾向を持つ人々やグループが集まってくることとなった。

マクシマンと偽王太子派異端

軽率な性格で知られたマクシマンが、まず、ラ・サレットの秘密を自派の大義の為に利用しようと狙っていた輩、具体的にはリッシュモン男爵（?－一八五三頃）一派の陰謀に巻き込まれた。

リッシュモン男爵は、大革命中の一七九五年、タンプル牢獄で病死したルイ十七世を騙る偽王太子の一人である。ルイ十六世とマリー・アントワネットの間に生まれた王太子、ルイ＝シャルル（一七八五－一七九五）は、二〇〇〇年にマリー・アントワネットの遺髪や、現存するハプスブルク＝ロートリンゲン家の子孫と、ルイ＝シャルルのものとされる心臓とのDNA鑑定が行われ、その死が確定されている。しかし、生前から、実はタンプル牢獄に幽閉されているのは別の少年であり、ルイ＝シャルルは一説によればコンデ公の手引きによりすでに逃亡していると噂が流れ、革命終結後、王位とブルボン家の財産を目当てに、ルイ十七世の死亡直後から、我こそは逃亡に成功したルイ十七世であると名乗りでるものが続出した。

彼らはほとんどが民衆の出身で、詐欺や風俗壊乱等の罪で投獄されるなど、まともに世間から相手にされた者はいなかったが、それでも、ジャン＝イヴ・エルヴァゴー（一七八一－一八一二）、マルチュラン・ブリュノー（一七八四－一八二二）、エレアザール・ウィリアムズ（一七八八頃－一八五八）など、彼らの出自を信じる一部の人間を取り巻きに、それなりに名をなした者もいなかったわけではない。

彼ら偽王太子の中で最も有名なのはノイシュタット＝エヴェルスヴァルトの錠前屋の息子として生まれたシャルル＝ギョーム・ナウンドルフ（一七八五頃－一八四五）だ。彼の周りには彼を真の王太子と信じる取り巻きが集まり、擬似的な王宮を形成すると共に、ナウンドルフ自身が預言者として振る舞い、一種の異端宗派をなすまでになっていた。ナウンドルフの死後、息子のルイ＝シャルル・ナウンドルフがシャルル十一世を名乗り、セーヌ県の民事裁判所に王位継承権を認めるよう裁判を起こしたが、一八五一年には却下されている。[26]

リッシュモン男爵はナウンドルフと並び最も「成功」した偽王太子の一人で、ルアン近傍に生まれ、ルジュールでガラス工場を営んでいたが、一八二八年から二九年にかけて、議会両院に嘆願書を書き、王太子としての称号と権利を認めるように求めた。国家に対する陰謀や詐欺の廉で数度にわたり投獄されたが、一八四八年の二月革命後に釈放されてからは、サン＝ジェルマン界隈の上流夫人を取り巻きに、正統な王として振る舞っていた。

一八五〇年、リッシュモン男爵の信奉者数名は、マクシマンを伴いアルスとリヨンを訪れ彼らの君主の正統性を土地の高位聖職者に認めさせようとした。しかし、結果は大失敗だった。アルスの副司教レイモン神父はマクシマンを詐欺師呼ばわりする始末で、これによってラ・サレットの聖母出現に対する信憑性にも傷がつく結果に終わった。アルスの副司教が聖母出現の正当性を認めるのは、一八五八年、グルノーブル司教の取りなしがあってからだ。

マリア派異端（一）　ユージェーヌ・ヴァントラスと「慈悲の御業」

「聖なる存在」の出現の伝統と偽王太子派の陰謀とが結びついた結果生まれた異端派として、ノルマンディー地方、ティイ＝シュル＝ソールの預言者、ピエール＝ユージェーヌ・ヴァントラス（一八〇七－一八七五）が率いた教団の存在がある。

彼は、天からの啓示を得て、自らを「第三の支配、助け主《パラクレ》の時代、永遠のキリストの到来」を準備するために地上に遣わされた預言者エリアの再来と説いて「慈悲の御業《みわざ》」という異端セクトを設立して多くの信者を集めた。「慈悲の御業」自体、神的な存在の幻視や、精霊崇拝、千年王国説、ナウンドルフ派（上記、偽王太子ナウンドルフを崇拝するグループ）のオカルト神秘主義・政治運動などの交点に出現した奇妙なセクトだ。

ナウンドルフ派の活動家フェルナン・ジェフロワなる男から水車小屋の番人を委《まか》されていたユージェーヌ・ヴァントラスは一九三九年、大天使ミカエルを見て、啓示を受ける。フェルナン・ジェフロワは彼をブッシュ夫人なる女性と引き合わせたが、彼女は十八世紀に遡る幻視の伝統を引き継ぎ、一八一九年以来「福音の三人のマリー」という、文字通り女性三人からなる宗教セクトを組織していた。ブッシュ夫人はヴァントラスこそ洗礼者ヨハネが到来を予知した預言者だと宣明し、ただちにセクトの権能を全てヴァントラスに譲った。「慈悲の御業」の教理は、元カトリック司祭シャルヴォーズによって体系化されたが、その教理の柱は、神の怒りを強調する終末観、「第三の支配」と呼ばれる聖霊の支配する千年王国の到来、王太子生存説に基づく神聖な王の君臨、聖母マリア信仰と聖霊信仰の奇妙な結合といったもので、オカルト神秘主義にかぶれた十九世紀のカトリック＝王党派が抱いていたさまざまな教理を寄せ集めた感がある。

もともと、「第三の支配」という教理は、イタリアの神秘家ジョアッキーノ・ダ・フィオーレ（ジョアシャン・ド・フロール〈仏〉、一一三〇頃－一二〇二頃）、さらには古代ヘレニズム時代のグノーシス主義に遡る古い伝統を誇る考え方だ。「父－子－聖霊」というカトリックの三位一体の第三の位格「聖霊」に女性的な性格を認め、さらに、具体的には、聖霊という「女性原理」（教派内の用語では「被造の神智」）が具現したものとして聖母マリアを捉えるのだ。ヤコブ・ベーメなどイリュミニストや、神智学の圏内で見られた「ソフィア」信仰の一つの変形であるとも考えられる。「慈悲の御業」の信者は、聖母マリアの特別の加護を受けるため、カトリーヌ・ラブレーの「奇蹟のメダーユ」に比較される「青いリボン」を護符として身につけることになっていた。

この異端宗派は、一八五四年、カトリック教会が公認する以前から、「聖母マリアの無原罪の御宿り」を主張していたことは注目に値しよう。また、正統なカトリック教会において男性によって独占されていた「祭司」の職も、「強い女《ファム・フォルト》」と呼ばれる女性が務めることになっており、初期の「教会」では、バルザックの小説の題材ともなったヴァンデ地方の王党派叛乱軍フクロウ党にゆかりのあるアルマイエ侯爵夫人なる女性がその役を果たしていた。

またこの教団はアジァンの「悪魔憑き事件」に由来し「奇蹟の聖餅」という奇妙な聖遺物を布教の手段として使用していた。悪魔主義者によって汚された聖餅が、贖罪の祈りを捧げてもらうために教団の聖餅容器の中に自らの意思で出現し、表面から「キリストの血」が流れ出すといういわくつきの聖餅である。ヴァントラスは多年月にわたって、この聖餅を偽造していたのだという。[27]

「慈悲の御業」は教団設立直後から教会や世俗権力から猛烈な弾圧に晒された。もちろん、「慈悲の御業」には正統教義とは相容れない数々の教理が含まれていた。しかし、弾圧の理由はむしろセクトの政治的な側面に対してだった。「慈悲の御業」の創立メンバーには、フェルナン・ジェフロワはじめ、偽王太子ナウンドルフをタンプル牢獄で死んだはずのルイ十七世と信じ、ブルボン王朝の復辟《ふくへき》をはかる正統王党派が多く含まれており、七月革命によりフランス王となったルイ＝フィリップ（一七七三－一八五〇）を王位簒奪者と見なしていた。

一八四三年、教皇グレゴリウス十六世（一七六五－一八四六）は、教皇書簡により、ヴァントラスとナウンドルフを破門するが、それに先立つ一八四二年、ルイ＝フィリップは教団本部に憲兵と王室検事を派遣してヴァントラスとフェルナン・ジェフロワを逮捕させ、五年の懲役刑に処した。すでに「異端」という罪状はなくなっていたので、詐欺と公金横領の容疑である。また、「慈悲の御業」にはそれ以前から、教団内で風俗を壊乱するいかがわしい行為が行われているとの噂が絶えなかった。

教団への弾圧はその後も続き、ヴァントラスは刑務所を出ると、ベルギー、ロンドンと、長い亡命生活を余儀なくされた。その間も、教団は各地で「七人組《セプテーヌ》」と呼ばれる「細胞」を組織し、地下にもぐって布教を続けた。

ヴァントラスは一八七五年にリヨンで生涯を閉じる。その死の直前、ブリュッセルとパリでヴァントラスに会い、彼から「奇蹟の聖餅」を与えられ、彼の後継者に指名されたと主張したのがジョゼフ＝アントワーヌ・ブーランなる人物である。

マリア派異端（二）　ジョゼフ＝アントワーヌ・ブーランと「カルメルの子どもたち」

ブーランは、後に聖母出現で有名となるルルドに近い、フランス南西部サン＝ポルキエに生まれた。生まれ故郷に近いモントーバンの神学校で神学とラテン語を修め、モントーバンの教会で助祭を務めた後、ローマに赴き、神学博士号を取得している。彼自身の証言によれば、イタリアから帰国後は、アルザス地方のトロワ＝ゼピ修道院の上長者を務めていたが、教区に属さない無役の司祭としてパリに出、ローマ時代に習得したイタリア語を生かして翻訳や宗教雑誌への寄稿を行っていた。

彼の関心は、最初から、神の啓示や奇蹟、超自然的なものにあった。特に、ラ・サレットの聖母出現に対する深い思い入れから、フランス北部の都市ソワッソンにあるサン＝トマ・ド・ヴィルヌーヴ修道院の助修女で、やはりマリアの見神体験をもつアデル＝シュヴァリエと知り合い、彼女と共に一八五六年、「修復の御業」という修道会を創設する。しかし、修道会は、ブーランとアデルが、会に所属する修道女にいかがわしい治療を行ったとして、解散を余儀なくされ、さらにブーランとアデルは別件の詐欺と公序良俗壊乱の廉で投獄される。この時期、ブーランとアデルは密通していたとされ、ブーランには彼女との間に生まれた子どもを殺した「嬰児殺し」の嫌疑も掛けられている。

一八六四年に出獄後、ブーランはローマ教皇庁に赴き自分の罪を告白し、その名も「ピンクの手帖《カイエ・ローズ》」という手記を残したという。

パリに戻った後も、彼の神秘主義への熱意は一向に衰えず、『十九世紀聖性年報』[28]という聖者・福者の奇蹟・神秘に特化した雑誌をほぼ一人で執筆・編集しはじめる。この雑誌の中では特に聖母マリアにまつわる奇蹟譚に大きなスペースが割かれており、また、様々な箇所で彼独自の「異端」教義が開陳されていた。また、彼が神に対する「修復」を目的として新たに設立した修道会においても、「悪魔祓い」や催眠術を用いた「治療」を行っていたという。

一八七五年二月、パリ司教J＝H・ギベール（一八〇二－一八八六）は、ブーランを異端として断罪し、キリスト教会から追放する。

しかし、ブーランはその直後、「慈悲の御業」の創始者ユージェーヌ・ヴァントラスに近づき、前述のようにブリュッセルとパリで二度面会し、彼の「奇蹟の聖餅」を幾つか与えられたという。

そして、ブーランは、一八七五年十二月にヴァントラスが死んだ直後から、ヴァントラスから教団の後継者に指名されたと主張しはじめた。旧来のヴァントラス教団はこのブーランの主張を認めず、彼をヴァントラス教団に迎え入れることもなかった。

ブーランはそれにもかかわらずリヨンで「慈悲の御業」の分派「カルメルの子どもたち」を結成

し、数人の信者に囲まれ細々と布教活動を営むことになる。

その教義のあらましは、ヴァントラスの「慈悲の御業」の教説に、本書で後述する「流体」を基体とする、かなりいかがわしい「修復」説を継ぎ木したオカルト神秘主義である。

一、主の到来を目前に控え、秘蹟によって主キリストに結ばれ、人類を愛徳のうちに包みこむ教会は、罪深い信徒の過ちをすみやかに「修復」することを望んでいる。
二、実践としては、特別な祈りを捧げたり、身体的・精神的な苦痛を受け入れることにより、不信心者によって絶えず犯される冒瀆・忘恩行為を贖罪する。
三、ブーランの体系において、罪と呪いは、「流体」を基礎にして、可能性としてではなく、実際に転換可能である。「修復」や「悪魔祓い」を行う者は、他人の罪や呪いを自分の身体に引き受けた上で、キリストの力で、その協力を得て、その効力を弱めたり、無効にすることが可能である。何故なら、その「実体」は「流体」、つまり、エリファス・レヴィのアストラル光や、後述する動物磁気と同じ、霊と物質の中間に位置する媒体だからだ。
四、また、人間も動物も、植物もあるいは天使や霊に至るまで、それぞれが有する「徳」に応じてブーランの主張する「生命の階梯」なる秩序階梯に組み込まれているのだという。魂はそれぞれ物質的な圏域から精神的・霊的圏域へと、この階梯を上っていき、やがて「物質」の軛《くびき》から解放されて、最後には天上の「一者」と融合する。

この教義は旧約聖書の「ヤコブの梯子」(「みると、一つの梯子が地に向かって立てられ、その先は天に届いていた。なんとまた、神の使いたちがそれを上り下りしていた」）[29]にヒントを得たと思しいが、原罪により物質界に囚われた魂が、「修復」の果てにその物質性を浄化し、元の「天上」に回帰するという構図は、デミウルゴスによって作られた物質界からプローレーマへと帰還することを教義の柱とする狭義のグノーシス派に近いといえるかも知れない。ブーランの「カルメルの子どもたち」が中世におけるグノーシス派の一派であるボゴミール派の影響を受けているとされる所以《ゆえん》である。[30]

しかし、ブーランの教義が問題を孕むのはここから先、「生命の交わり」と名づけられた「秘儀」の存在である。

五、秘儀「生命の交わり」。特別の権能を授けられたセクトの上級者は、「生命の階梯」のあらゆる段階に属する存在と、「愛の交わり」を行うことが許されている。[31]つまり、「流体」を媒介に、性行為を通じて（！）、下位の者の罪や穢れを浄化《セレスティフィエ》することで、より上位の霊位へと導くことができる。

カトリックには「諸聖人の通功」（聖徒の交わり）という教義がある。かつての聖人の功徳を、現世でまだ功徳の不足している者に融通することができるという思想だ。中世に盛んだった巡礼も、この「諸聖人の通功」を根拠にしているとされる。ブーランの「修復」も、この発想を踏まえたものだ。ただし、ブーランの場合、罪・穢れ・呪いの本体を「流体」という、はっきりと物質的な性格をもった媒体と見なすことにより、それを自分の身に引き受けて浄化する。あるいは、それを他者に「呪い」として送り込む。最後には、単に、祈りや修法によってだけではなく、「性行為」を通じて、直接（？）自分の「功徳」を相手の身体に注入する、などというとんでもない教義にまで至り着く。ここまでくると、ある種、右派オカルト神秘主義の行き着いた形を示していると言わざるを得まい。

もっとも、ブーランの晩年の弟子であった世紀末の文学者ユイスマンスの証言によれば、「生命の交わり」において行われる「性交」そのものが、直接的な肉体の接触によってではなく「流体」によって行われる。したがって、「生命の交わり」の実態は、実在するはずのない旧約聖書の預言者ハバククと現実の某夫人との流体を介した「交わり」といった類のものに過ぎなかったというのだが……。

ただし、ブーランの教説も、聖母マリア崇拝や、女性祭司の存在、王党派千年王国説など、ヴァントラスやメラニー・カルヴァなどと多くの教義を共有しており、「マリア派異端」というべきグループをなしている。ちなみに、ブーランの教団で女祭司を務めていたのが、ユイスマンスの『大伽藍』（一八九八）等の作品に登場する聖なる家政婦セレスト・バヴォワル夫人のモデル、ジュリー・ティヴォーだ。

ブーランは、ユイスマンスの回心に影響を与えたことで知られるが、スタニスラス・ド・ガイタ、ジョゼファン・ペラダンら、エリファス・レヴィの衣鉢を継ぎ、後に「カバラの薔薇十字」を創設するオカルティストの一派と対立して、一八八七年以来、呪い呪われのオカルト宗教戦争を演じていた。ブーランは一八九三年に急死するが、ユイスマンスを含む彼の弟子たちは、ブーランがスタニスラス・ド・ガイタに呪い殺されたと、ほぼ真面目に信じていた。

ラ・サレットの聖母、第二の預言

しかし、こうしたマリア派異端より、カトリックにとって危険であったのは、マクシマンと並んで聖母マリア出現の証人であったメラニー・カルヴァその人だった。メラニー・カルヴァは、十人兄弟の四番目に生まれ、貧しく、教育もなく、幼い時から他人の家に奉公に出され、寡黙で打ち解けない性格だったが、聖母マリア出現直後から、自らの恵まれない過去を美化し、未来を予知する幻想を語り出した。つまり、彼女はヴァントラスなどと同様、幻視者あるいは異端の教祖となるべき生来の素質を備えていたことになる。

こうして、ラ・サレットの羊飼いの存在が、聖母出現を教会の伝道のために利用しようとしていたカトリック教会の意図に沿うどころか、むしろ有害であることが明らかになると、教会側は、彼女の危険な資質が増え続ける巡礼の信仰に悪影響を与えないように二つの措置を講じた。

一つは、羊飼いたちが聖母マリアから聞いたとされる「(第二の)秘密」を詳細に聞き出し、教会の手でこれを封印することだった。グルノーブル司教の事務局長オーベルニュが子供たちから秘密を聞き出すことに成功し、書き写された「秘密」は一八五一年、教皇ピウス九世に送られた。これらの秘密はヴァチカンの書庫に収められ二度と日の目をみないように厳重に保管されることになった。[32]

もう一つは、子供たちの聖母出現の証人としての使命がすでに終わったこと、従って、今後、メラニーが彼女の幻想の赴くままに彼女の「預言」を他人に語ったとしても、それが真正のマリア出現や、マリアの「預言」とはもはや関わりないと宣言することだった。

ブリュイヤールの後任として、グルノーブルの新しい司教となったJ=M=A・ジヌイヤック(一八〇六-一八七五)は、一八五五年、ラ・サレットの九年目にあたる記念日の説教で次のように述べた。

羊飼いの子供たちの使命は終わり、教会の使命が始まるのです。彼らが聖地から遠く離れ、地上のどこかに散らばり、彼らが受けた大いなる御恵みに背くようになったとしても、聖母様ご出現の事実がいささかも揺らぐものではありません。というのも、聖母様がこの世にお姿を現したことは疑いをいれないことであり、その後に生じた事件がさかのぼって、この事実に影響を与えることはできないからです。[33]

メラニー・カルヴァについては、災厄の芽を未然に摘み取るため、慎重な対策が練られた。彼女は、聖母出現後「神の摂理修道女会」の手に委ねられ、修道志願者、見習い修道女となるが、グルノーブル司教ジヌイヤックは、彼女にキリスト教徒としての服従と純真の徳を教えるため、彼女に修道女の誓願を敢えて立てさせなかった。

一八五四年、メラニーは同じくジヌイヤックの命により、イギリスのダーリントンにあったカルメル修道会に送られそこで六年を過ごした。事実上の軟禁生活である。しかし、教会としても、成人したメラニーの行動をそれ以上監視することはできなかった。一八六〇年、メラニーはダーリントンを出ると、フランスやイギリスを転々とした後、イタリア、ナポリ近郊にあるカステラマーレに居を定め、そこで十七年の歳月を過ごすことになるが、一八七〇年代から、ヴァチカンの反対にもかかわらず、異端臭の濃厚な「著作」を次々に出版し始める。またメラニーはジヌイヤックの主導のもと、ラ・サレットでマリア出現にちなんだ修道会が組織されたという噂を耳にすると、聖母マリア出現の証人たる自らがその名前と規則書を定める権威を聖母から与えられているとして、新修道会の男性部会を「終末の使徒修道会」、女性部会を「神の母修道会」と名づけるよう要求しその規則書を作成した。ジヌイヤックは、彼女の要求を当然ながら拒絶したが、その後も彼女は数度にわたってラ・サレットにちなんだ新修道会の設立を試みている。

さて、メラニーが執筆した「著作」の中で、最も影響が大きく、問題を孕んでいるのが、一八七八年十一月二十一日にカステラマーレで執筆し、一八七九年十一月十五日、やはりナポリに近いレッケの司教サルヴァトーレ・ルイジ・ゾラ（一八二二－一八九八）の印刷許可を受け「ラ・サレット山上における聖母マリア出現[34]」の題のもと刊行された、メラニーの「第二の秘密」である。

　メラニーよ、私が今から汝に述べ伝えることは、永遠に秘密にせよというわけではなく、一八五八年には公表なさい。

マリアの指示と共に語られる「第二の秘密」は、まず聖職者の堕落に対する激しい非難・呪詛、それに対する神の怒りと復讐の預言に始まる。

　我が子イエスの僕《しもべ》たる司祭たちは、彼らの悪しき行い、不遜な行い、秘蹟を執り行う際の不敬虔、金銭への愛着、名誉と快楽への嗜好によって、不純な汚水溜に成り下がった。（…）神は、前例のないやり方で罰を下すことになろう。地上の住人に災いあれ！　神は最後まで怒りを爆発させるであろう。これほどに悪行を積み重ねた以上は、神の怒りを免れることのできる者は、誰もいないであろう。

聖母は現在、近未来、さらに遠い未来について、順々にいかなる災いが起こるかを解き明かす。まず第一段階、聖職者の不敬に対する神の怒りは、悪魔を解き放ち、それによって引き起こされる三十五年間にわたる災厄が預言される。イタリアは神の軛を脱しようと野心を抱いたがゆえに戦争に見舞われる。ピウス九世はもはやローマから出てはならず、断固とした決意と寛容の心をもって、信仰と愛を武器に闘わねばならない。また、世俗・宗教の権力を簒奪しようという表裏ある心をもったルイ・ナポレオンを警戒しなければならない。

一八六四年、リュシフェルは多数の悪魔の軍団を引き連れて地獄を離れ、その悪魔の仕業により神に身を捧げた聖職者の間でさえ信仰が次第に失われることになろう。彼らは悪魔により盲目にされ、特別の恩寵がなければ、これら悪しき天使たちの精神を自らのものとし、数々の教会も全て信仰を失い、多くの人々の魂を失わしめることになるだろう。

教皇ピウス九世は、度々命を狙われるが、命を落とすまでにはいたらない。聖母マリアは常に教皇と共にあるだろう。しかし、ピウス九世も彼の後継者も教会の勝利をみることはない。世俗の権力者はキリスト教原理の破壊のみを企て、唯物主義、無神論、心霊術などあらゆる悪がこの世にはびこることになるだろう。一八六五年以降、教会や修道院は破却され、悪魔たちが人々の心を統べる王のように振る舞うことだろう。

第二段階においては、フランス、イタリア、スペイン、イギリスが戦争状態に入り、同国人同士が相争う凄絶な戦で、多数の血が流される。パリは焼かれ、マルセイユも消滅する。くり返し地震が発生し多くの都市がそのために倒壊する。しかし、キリスト信仰に忠実な義人たちの祈りに対し、イエス・キリストは正義と慈悲の情に動かされ、配下の天使にすべてのキリストの敵を滅ぼすようにお命じになられる。その結果、神と人間との間の和解が成立しイエス・キリストへの儀礼が復活し、主の御名《みな》が崇められ、慈愛の花が各地で花開くことになる。新たな王たちは教会の右腕となり、教会は再び強く、また、謙虚、敬虔、清貧、熱心になり、イエス・キリストの徳を模倣するようになる。

しかし、このつかの間の平和、偽りの平和も長くは続かない。人々は平和をいいことに快楽を貪り、悪人はあらゆる種類の罪悪に耽る。人間たちはキリストに仕えると口では語りながら、その実、自分自身の欲望に仕え続けるからだ。その結果、多くの修道院は悪魔アスモデとその眷属《けんぞく》の放牧地に過ぎなくなる。

そして第三段階、世界はさらに恐るべき災厄に襲われる。

そして正にこの間、不純の主たる古き蛇と交接した偽りの乙女から、ヘブライの宗教に属する反《アンチ》キリストが生まれるだろう。父親は司教だ。反キリストは生まれながらにして牙をもち、冒瀆の言葉を吐き散らすだろう。一言で言えば、彼は受肉した悪魔なのだ。反キリストは怖しい叫びを上げ、奇蹟を起こすだろう。また反キリストは不純なるものしか口にしないだろう。反キリストの兄弟たちも、反キリストその人のように受肉した悪魔というわけではないが、やはり悪の子であり、十二歳にして、彼らが収める華々しい勝利によって、世の注目を集めるだろう。やがて、彼ら一人一人が、地獄の軍団に補佐された、軍隊の長となることだろう。

気候は変化し、大地は悪しき果実しか生まず、星は通常の運行をやめ、月はもはや赤みを帯びた弱々しい光しか放たない。大地は震動し、山や街も地震に呑み込まれる。ローマは信仰を失って反キリストの本拠となり、大気の悪魔たちが反キリストとともに、地上や大気中に奇蹟を起こし、人間はますます堕落する。

世界の終わり、最後の終末が訪れ、教会は衰退し、世界は悲嘆に暮れる。血腥《ちなまぐさ》い戦争、飢饉、黒死病をはじめとする疫病が蔓延する。怖しい雹が降り注ぎ、雷が街に轟き、地震が数々の国々を呑み込むだろう。

聖母マリアが介入するのはこの時だ。聖母マリアは、地上に切実な訴えをなし、天にいまし天をすべる神のまことの信者に呼びかけ、人となりしキリストを真にまねぶ者たちに呼びかけ、人間の唯一、真の救い主に呼びかける。やがて神の霊に満たされたエノクとエリアが現れ、神の力と共に祈り、善意の人々が神に対する信仰を回復する。義人たちは聖霊の徳によって霊的進歩を遂げ、反キリストの悪魔的な過ちを断罪することになるだろう。これら義人の血と、涙と祈りによって、神の心はようやく動かされる。善と悪の最後の死闘が行われ、エノクとエリアはその途上で殺されるが、悪霊の王は、大天使ミカエルによって息の根を止められる。それと共に人間の傲慢も葬り去られ、全てのものが再生する。神に対する祈りが捧げられ、神の栄光が称えられる……。

全体として、奇怪な幻想を長々と述べたてた、何を言わんとしているのか判然としない、冗長な上に誇張やくり返しの多い、およそマリアの口から出たとは思えない悪文の類だが、十九世紀の末期から二十世紀初頭にかけて、この預言は一部のカトリック信者の間に熱烈な信奉者を得た。

例えば、文学者で厳格派カトリックに回心したレオン・ブロワ（一八四六－一九一七）は、ほぼこのメラニー・カルヴァの預言にもとづいて、『泣く女』[35]（一九〇八）などの作品を書き、いわばメラニー派ともいえる信仰を確立する。レオン・ブロワの場合、エドゥワール・ドリュモンの『ユダヤ的フランス』[36]（一八八六）に対し『ユダヤ人による救済』[37]（一八九二年）を書き、迫害され憎悪される「ユダヤ人」によってこそ社会的・倫理的な救済が図られると、早くから、後のドレフュス事件に繋がる反ユダヤ主義とは一線を画する見識を見せた。

しかし、ユイスマンスのようにオカルティズムを経て原理主義的カトリックに転向した者たちも含めて、多くのオカルティストたちは、このメラニー・カルヴァの「第二の預言」で語られる「反キリスト」を反ユダヤ主義、反フリーメーソンと重ね合わせる形で、一種のオカルト陰謀論を紡いでいく。ドイツの場合、反ユダヤ主義は、白人＝アーリア人優越思想のゲルマン化した形態である「フェルキッシュ思想」を介して、ナチスによるホロコーストへとつき進んでいくが、フランスをはじめとするカトリック圏においても、右派オカルティスト、原理主義カトリックの圏域から、対独協力派のヴィシー政権、シャルル・モーラスやセリーヌに連なる妄想的な「オカルト＝陰謀論」が形成されていくことになる。

ただし、直接、その「オカルト＝陰謀論」を語る前に、我々は幾つかの迂回をして、十九世紀オカルティズムの可能性と限界を探る必要がある。

第七章　メスマーの「動物磁気」とその影響

メスマーと動物磁気

ある意味、オカルティズムそのものは、古代から連綿と続く人間の一傾向、欲望として一貫して存在してきたとも言える。すなわち、人智を超越した超自然的な力、しかも正統キリスト教の枠組みに収まりきらない異教的・異端的な「力」にすがって、有限に定められた「人間」の生命や富、知の限界を超えたいという願望だ。逆に、十七世紀後半以降、カトリシズム、プロテスタンティズムを問わず、キリスト教の縛りが緩まるにつれて、そうした超自然的な力への憧れは強まり、またキリスト教正統からの抑圧を離れてオカルティズムはさらに多彩になったとも言える。しかし、特に十九世紀以降の「近代」オカルティズムには、前の時代のオカルティズムとは異なる二つの特異な現象が関与してきた。そして、この二つの現象が、その後のオカルティズムのあり方を決定的に変えていくのだ。

十八世紀末、ウィーン出身の医学者フランツ・アントン・メスマー（フランス語読みではメスメル）を元祖とする「動物磁気催眠術」と、十九世紀中期、ニューヨーク州の小村ハイズヴィルで発生した「ポルターガイスト」現象を起源とする「心霊術」の流行がそれだ。これら二つの現象は、一般に知られているよりはるかに広範な広がりと深さをもち、相互に影響しあう形で、それまで神秘主義、つまり「神」や「悪魔」と同次元で捉えられる他なかった超自然現象＝超常現象を、極めて少数の特殊な「秘儀伝授」を受けた神秘主義者、魔導師の手から、一般の人間、さらには当時の最も優れた知性が、研究対象として真面目に取りあげる価値のある、より一般的な現象へ変貌させたのだ。

少なくとも、そのような「錯覚」をもたらすほどには、十九世紀オカルティズムは、啓蒙理性にもとづく科学主義、医学の発達と根を同じくする「擬似科学」と深い関係を結んでいた。

まず、ここでは、ウィーン出身の医師、メスマーが「発見」した「動物磁気」の側からとりあげよう。ロバート・ダーントンの『パリのメスマー』、ジャン・チュイリエ『眠りの魔術師メスマー』をはじめ、複数の邦訳も出版され、メスマーの「動物磁気」についてはすでに多くのことが一般にも知られるようになっている[1]。

メスマーはウィーンで医学を学び、ルネサンス期のパラケルスス（一四九三－一五四一）、ファン・ヘルモント（一五八〇頃－一六四四）、ウィリアム・マクスウェル[2]（一五八一－一六四一）等の影響下に『惑星の人間身体への影響論』と題する博士論文[3]を書き、ウィーン大学で医学博士の学位を取った後、一七七八年以降、パリに移住する。そしてメスマーは、「動物磁気」あるいは「普遍流体」と名づけた原理に基づく「奇妙な治療」を行い、パリの貴族、ブルジョワをはじめとする多くの人々の間で一世を風靡する名物医者にのし上がった。

「普遍流体」自体は目新しいものではない。ルネサンスのマクロコスモス・ミクロコスモスの照応という考えにもとづき、宇宙の中にも、地上の生物や動物の中にも「普遍流体」と呼ばれる物質が存在する、そして星辰界をめぐる「流体」の動きが、地上の生物や物質のもつ「流体」の流れに影響を及ぼしている、という思考は当時の常識だった。この「流体」は、古代ギリシアにまで遡る「プネウマ」（ラテン語では「スピリトゥス」）説のルネサンス的・近代的な焼き直しと言ってもよい。ギリシア語のプネウマは、「気息、風、空気」を意味し、それは、宇宙を満たし、生命を息づかせる「存在原理」であり、空気から生命体の中に取り込まれ、それらに活気を与える。すでに指摘したプラトンに加えて、ここではアリストテレスの例を挙げておこう。

さて、あらゆる霊魂の能力はいわゆる「元素」とは別の、それらよりも神的な或る物体と関係があるようである。そして諸霊魂が貴賤の程度によって互いに相異なるように、そういった物体も互いに相異なる。すべてのものの精液の中には、精液に生殖力を与えるもの（いわゆる「熱いもの」）が内在している。このものは火でも、そういったものでもなくて、精液や泡状のものの中に取り込められた気息と、気息の中に含まれている、星界の元素（エーテル）に相当するものである。（アリストテレス『動物発生論』[4]七三六b）

イタリアの哲学者ジョルジョ・アガンベン（一九四二－　）は『スタンツェ』[5]の中で、この箇所が中世以来さまざまな著述家が頻繁に参照した箇所であることを指摘した後、

一、プネウマが「天体的な性格を有している」
二、「それが精液の中に存在している」

という特徴を有していたことに注意を促している。

ちなみにキリスト教において三位一体の位格の一つをなし、「火のごとき数々の舌」[6]の形で弟子たちの間に降臨したという「聖　霊《サンクト・スピリトウス》」も、このプネウマの変形に他ならない。イエスの母、聖母マリアは「聖霊によって身重になっていることがわかった」[7]と言われる通り、まさに父なる神の「プネウマ」によって身ごもるのだ。シャルル・フーリエの「北極冠の受精」（本書一〇九頁）もこうして見れば奇矯とばかりは言えない。

ただし、メスマーの「動物磁気」には、J・B・ヘルモントやウィリアム・ギルバート（一五四四－一六〇三）以来、ルイージ・ガルヴァーニ（一七三七－一七九八）、アレッサンドロ・ヴォルタ（一七四五－一八二七）に至るまで、飛躍的に発展した「磁気」や「電気」についての知識が流入していた。自然界に存在し、鉄を磁石化する「鉱物磁気」だけでなく、動物の中にも磁気が存在し、さまざまな病気はこの「動物磁気」の流れが妨げられることによって発生する。メスマーは、磁石を用いず、患者の身体に軽く手を触れるなど外部からの操作や、あるいは治療師の意志によって患者の「流体」に影響を与え、「病的」な流体の流れを調整して病気を快癒させることができると主張したのだ。

動物磁気治療師が患者――多くはヒポコンデリー（心気症）の女性――の身体に、手業《パス》と呼ばれる怪しい仕草で触れる。すると患者の身体に劇的な発作（「分利《クリーズ》」）が起こり、患者の気鬱が嘘のように解消し晴れ晴れとした気分が訪れる。そればかりでなくメスマーはパリの自宅に「磁気桶《バケ》」と呼ばれる装置を設置した。文字通り木製の巨大な「磁気桶」から患者の数だけ右に曲がった鉄棒がでており、この鉄棒に患者が触れると、手業によって得られるのと同じか、さらに劇的な効果が得られるのだ。メスマーは磁気桶に触ることすらしない。メスマーが磁気桶に近づいただけで、絶大な効果が得られるのだ。メスマーの治療は、法律家ニコラ・ベルガス、銀行家ギョーム・コマンなどの後援もあり、その治療の簡便さや治療効果によって、たちまちパリ市民の間で「一世を風靡」するほどの評判を取るに至った。ただし一方で、彼の治療行為が特に女性を対象とするものであったために、最初から、同時代のカリオストロなどと同様、一種のいかさま師と見られ、社会風俗を壊乱する者という非難や揶揄がつきまとっていたことも事実である。

ピュイセギュールと催眠術の発見――動物磁気と超能力

しかしながら、「動物磁気」現象はメスマーの行ったこれら奇妙な治療の範囲にとどまらなかった。「心理療法」という言葉が出現する以前の心理療法であった動物磁気は、人工催眠（夢遊症）とそれに伴うさまざまな不可思議な能力が発見されるに至って、後に「催眠療法」「精神分析」「超心理学」等に分化発展する要素や、さらには純粋なオカルティズムまでを含む宏大な知見の源流となったのだ。

その意味で、真の意味での「動物磁気」の歴史は、メスマーその人よりも、彼の晩年の友人で、彼の影響下に動物磁気を用いる治療を行っていたピュイセギュール侯爵（一七五一－一八二五）をもって始まるといってよい。

彼は、ある時、ヴィクトール・ラスという二十三歳の農夫に動物磁気を用いた治療を試みた。メスマーの理論によれば、身体の「流体」の流れを操作すると、痙攣性の発作が現れるはずだ。しかし、この若者は静かで深い催眠状態に陥った状態で、施術者ピュイセギュールとコミュニケーションを交わすことができた上、信じられないような不思議な能力を発揮しはじめた。教育のない農夫であるにもかかわらず、知識人が話すような美しいフランス語で、普段は考えているはずのない高尚な話題について語り、自分の病気の経過を前もって予言し、相手の考えていることを言い当てさえしたのだ。

動物磁気＝催眠術の被験者に現れるこうした「超常現象」の記述・報告は、十九世紀を通じて積み重ねられていく。その中には、ロマン派の詩人としても知られるユスティーヌス・ケルナー（一七八六－一八六二）の研究により有名となった「プレフォールストの千里眼」こと、フリーデリケ・ハウフェ（一八〇一－一八二九）なども含まれる。

ソルボンヌ大学（パリ第四大学）に提出された社会学博士論文をもとに、一九九九年、千二百ページを超える大著『催眠術と霊媒』[8]によって、動物磁気＝催眠術、心霊術、心霊科学についての知見を一新したベルトラン・メウストは、これ以降、動物磁気催眠術によって催眠状態に陥った被催眠者――むしろ「霊媒」と呼んだ方がよいだろうか？――が示した症状＝能力を十項目に整理している。

一、知覚・感受性の亢進、過敏化あるいは知覚領域の拡大
二、自分や他人の病状予測
三、体外視（自分の身体の体表面に書かれた文字等を知覚できる能力）や体内視（自分の身体の内部を透視できる能力）
四、自然発生的苦痛の伝染
五、外部からもたらされた苦痛の伝染
六、感覚部位の移動
七、不透明な物体の透視、あるいは目隠しをした状態での透視
八、心的な手段による場所の移動や、遠距離の物体の透視（千里眼）

九、遠距離間の心的暗示能力（テレパシー）

十、予知能力

なお、煩を避けるため、特別な場合を除いて、一々引用やページ数を明らかにしないが、以下、動物磁気、催眠術、心霊術、心霊科学については同書の記述に拠るところが極めて大きいことを予め断っておく。

近代医学との最初の衝突

動物磁気はメスマーの活動初期から、科学、特に誕生しつつあった臨床医学との間で軋轢を生み、批判の的にされた。すでに一七八四年、国王ルイ十六世は科学アカデミーとパリ大学医学部から九名の委員を任命してメスマー主義に対する調査報告書を書くように命じた。科学者ベンジャミン・フランクリン（一七〇六－一七九〇）、化学者アントワーヌ・ロラン・ラヴォワジェ（一七四三－一七九四）、J・I・ギヨタン（一七三八－一八一四、ギロチンの発明者）、天文学者ジャン＝シルヴァン・バイイ（一七三六－一七九三）等、当時を代表する学者が参加し、バイイが委員長を務めた。国王は同じ目的で、王立医学協会のメンバーからも五名の委員を任命し、独立して調査を行わせた。こちらの委員会にはP・I・ポワソニエ（一七二〇－一七九八）、C・A・カーユ（一七四三－？）、P＝J＝C・モデュイ（一七三二頃－一七九二）、C＝L＝F・アンドリ（一七四一－一八二九）、A＝L・ド・ジュシューが参加した。いずれも当時一流の科学者・医学者だ。

二つの委員会は同年八月、相次いで報告書を提出したが、いずれも、動物磁気や普遍流体の存在を否定し、動物磁気が引き起こす治療効果を、身体の接触や想像力、機械的な模倣によるものと結論した。さらにバイイの委員会は、公開された報告書の他に国王宛の秘密報告書を提出し、動物磁気治療が公序良俗に対して与える危険性に対して警告を発した。

しかし、動物磁気療法はこうした近代主義者からの批判を越え、さらに、大革命の騒乱や創唱者メスマーの死を越えて生き残ったのだ。

従来、動物磁気は、上述した二つの王立委員会の調査によって否認された後、十九世紀中葉の一八四二年になって、イギリスの医師、ジェイムズ・ブレイド（一七九五－一八六〇）が、動物磁気の「原因」は「流体」ではなく、「暗示」であることを「証明」し、「催眠状態《ヒプノティズム》」という概念を導入することによって精神医学の側に回収されたと言われてきた。ブレイドは催眠状態にある患者に起こる様々な現象は、動物磁気療法師が考えるように、何らかの「外部」の力によるのではなく、それらはいずれも大脳生理学の枠内で起こる「主観的な」メカニズムとして説明できるとしたのである。

さらに、催眠現象は、十九世紀末期に至り、ナンシーとパリの精神科医、精神病理学者の関心の対象となった。彼らは研究の中心地の名前をとってナンシー派、サルペトリエール派と呼ばれる。

ナンシー派の創始者A＝A・リエボーは、催眠現象は何らかの物理的な作用によるのではなく、施術者の働きかけによって観念や暗示が患者の脳に移転することから生じると考えた。「催眠術による睡眠は自然睡眠と全く同じもので、唯一つ、催眠術による睡眠が暗示によって起る、つまり睡眠という観念への注意集中をさせることによって誘発される点だけが違う」[9]。リエボーはこの観点から催眠状態を誘導するため言葉による暗示を組織的に活用した。さらに、リエボーの協力者だったナンシー大学医学部教授H・ベルネームは、この考え方をさらに推し進め、「催眠」と「暗示」を同じものと考えるに至った。

一方、サルペトリエール派の中心人物として有名なJ＝M・シャルコーは、催眠現象を生理的で観察可能な現象として扱う道を選んだ。シャルコーとその一派が注目したのは、ヒステリー患者が催眠状態に入ると普段は麻痺したり、硬直していた筋肉が弛緩し、精神も緊張・抑圧から解放されるという現象だった。ここから、シャルコーはヒステリーを、女性特有の「子宮病」という位置づけから、神経系疾患として捉え直し、催眠状態をヒステリー患者に特有のものであるとした。ここから彼の大ヒステリー＝大催眠理論が生まれる。しかし、「シャルコーは特異的な疾患単位の特徴を深く浮き彫りにしようと熱心になるあまり、（…）〝大ヒステリー〟(la grande hystérie) や大催眠状態 (le grand hypnotisme) なるものを恣意的に記載叙述してしまった」[10]（エレンベルガー）。しかも、これらの症例は何人かの「典型的」な患者にのみ観察されるもので、彼女たち、あるいはシャルコーを取り巻く弟子たちは、権威主義的人格で知られたシャルコーの見たいと思った症状をなぞり、時には、予め予備的な訓練を受けさせたものを見せていた。結局、シャルコーの死後、彼の学説は「固定観念」等幾つかの概念を除いて、精神医学上の逸脱として片づけられ――あるいはナンシー派の理論を「科学的に定式化」したとする肯定的な評価もある。ただ、いずれにせよ――ナンシー派の「暗示」説が臨床医学において正統の地位を獲得し、「催眠療法」として、従来の動物磁気の「いかがわしさ」「曖昧さ」を除去・無害化した上で医学の中に取り入れられた、というのが医学史上の通説とされている。この意味で、シャルコーの弟子たちが、一九〇八年の時点で、師の「大ヒステリー＝大催眠理論」を誤謬とみなし、催眠を「暗示」によるとすると一致して認め、ヒステリーを「狭義の心理学的症状に限定して使おうという合意」[11]がなされたことは象徴的な出来事だった。

ピジェール事件――十九世紀を通じての「動物磁気」と医学アカデミーの対立

しかし、ベルトラン・メウストによれば、動物磁気と近代医学との対立の構図は、ブレイド、シャルコー以降、医学アカデミーに許容された動物磁気の「後身」ともいうべき「催眠術・催眠療法」との関係も含めて、上記の医学上の通説とは明らかに異なっている。

まず、「動物磁気」は、バイイの委員会によって否定された後も、活発に活動を続け、単にメスマーの古典的な図式を越えてその観察・理論を発展させていった。彼らの多くは自身も医者であり、「科学的」な方法を使って「実験」を積み重ね、ことある毎に「動物磁気」説を医学アカデミーに認めさせようと努力し、狭義の「実証主義」の構築した人間のイメージにもとづき、断固として「動物磁気」を認めようとしない医学アカデミーと対立してきた。動物磁気が被験者にもたらす十項目の「超常的能力」も、これら十九世紀の動物磁気療法師の活動によって明かになったものだった。

動物磁気療法師、医師、科学者は、その理論によって大きく「流体論者《フリュイディスト》」と、「生気論者《アニミスト》」に分かれる。流体論者とは、とりあえず、動物磁気療法師の身体から発生する何らかの物質的・実体的な「何か」が存在し、その「何か」の物理的な作用が治療効果を生み出すと考える者。一方生気論者は、動物磁気療法による現象は患者の心理現象に起因すると考える者たちを指す。ただし、論者の立場によって、そのニュアンスは微妙に変化する。とりあえずメウストの分類に従えば、

一、古典的メスマー主義者（物理主義者）：文字通り物質的あるいは電磁的な意味の普遍流体の存在を信じる者。メスマー死後、この説に拠る者は少なくなるが、十九世紀以後では、イッポリット・バラデュック（一八五〇－一九〇九）などがこれにあたる。

二、心理流体主義者：意識外に存在する物理的な実体の介在は否定するが、なおも動物磁気現象の操作に独自の「生命的流体」を仮定する。ピュイセギュール、ジョゼフ・ドゥルーズ（一七五三－一八三五）等、多くの論者がこれにあたる。これら論者による「流体」は、早くから精神分析の創立者フロイトの「欲動（リビドー）」のように、「力動的」な心理的力の意味を帯びていた――というか、むしろ、この意味での「流体」の洗練の結果としてフロイトの「欲動」概念が形成されたと考えた方がわかりやすい。

三、生気論者：サン・マルタン、マルティネス・ド・パスカリなど十八世紀のイリュミニストの流れを汲み、物質的な流体の介在なく療法の効果を「祈り」や「意志」に関連づける者。あるいは、超自然的力が魂や精神に直接働きかけると考える者。リヨンに本拠を置くアンリ・ドゥラージュ（一八二五－一八八二）、ルイ・カーニエ（一八〇九－一八八五）などがこれに属する。

四、想像力派：王政復古後に新たに生じた派で、療法師の力は、特別な「流体」の力を借りるか否かは別として、主体の内部に宿る想像力を解放することによって生じるとする。療法の効果は療法師の意志を患者・被験者に及ぼすことによってではなく、被験者の意志・想像力を活性化させることによって獲得される。ファリア師（一七五六－一八一九）、エナン・ド・キュヴィエ（一七五五－一八四一）、アレクサンドル・ベルトラン（一七九五－一八三一）、フランソワ・アズヴィ（一九四五－　）など。物理的な「流体」を古代以来の魔術を媒介する創造的、観念形成的「想像力」（＝ロゴス）に接合させることにより、より直接的にルネサンス以来の感応・自然「魔術」を復活させた。

動物磁気の側は医学アカデミー内外で、彼らの治験の結果を発表し、この現象を真面目な医学研究の対象とするよう努力を続けた。一八二六年二月には、医学アカデミー内に常設委員会が設けられ、一八三一年にはユッソン委員会が初めて動物磁気現象の存在を承認した。しかし、一八三八年、レオニード・ピジェールという少女の透視能力に関する実験、世に言う「ピジェール事件」によって、動物磁気は決定的な打撃を受けることになる。[12]

この事件の背景には、一八三二年から三七年にかけて行われた、フレデリック・デュボア（一七九七―一八七三）による反動物磁気キャンペーンがある。[13] デュボアはアミアン出身で、一八三六年には医学アカデミーの会員にもなっている当時の医学会の大立者ともいうべき存在だったが、一八三二年から動物磁気に対し組織的な妨害を図った。この時期、医学アカデミーが数人の「被験者」に対して企画した「実験」に介入し、実際の実験結果とは乖離した事実を報告し、動物磁気に懐疑的な雰囲気を醸成させていた。

おりしも医学アカデミーに属するビュルダン教授が動物磁気療法師に対し、動物磁気催眠により夢中遊行状態《エタ・ソムノンビュリック》（深い催眠状態）に陥った被験者が不透明な物体を通して文字を読むことに成功すれば、相応の金額を支払う「ビュルダン賞」を創設するという挑戦を行った。この挑戦を受けて立つことになったのがモンペリエ大学の医師ピジェールだった。一八三六年、動物磁気治療師デュポテの磁気治療に強い印象を受けたピジェールは、一八三七年、自分の十一歳になる娘レオニードに同様の磁気催眠を掛けてみた。すると、磁気催眠状態でレオニードに特異な能力が発現することに気づいた。その中にはビロードの帯で目隠しした状態で、指先で文字を透視する能力も含まれていたという。

ピジェールは、モンペリエ大学教授でモンペリエ学派の総師として当時最も有名な医師として知られたジャック・ロルダ（一七七三－一八七〇）に相談した上、一八三八年五月、妻と娘を帯同してパリに上京した。レオニードは、数学者・物理学者・天文学者フランソワ・アラゴ（一七八六－一八五三）、小説家ジョルジュ・サンド（一八〇四－一八七六）等、多くの著名人の前で、医学アカデミーが指定した実験「様式《プロトコル》」に従って「予備」実験を行った。実験を「予備」としたのは、少女を実験に馴らし、またピジェール側としては、多くの名士やジャーナリストの前でレオニードの能力を見せ、動物磁気に対する支持者を増やすという目論見があったからだ。

少女の眼窩は予め綿の栓で塞がれた上、ビロードの帯で目隠しされた。そしてさらに帯と皮膚の隙間はゴム引きしたタフタ織の防水布の細い帯で塞がれた。ブスケ、ジャン＝エティエンヌ・エスキロル（一七七二－一八四〇）、ピエール＝ニコラ・ジェルディ（一七九七－一八五六）、イッポリット・クロケ（一七八七－一八四〇）、アルフレッド・ヴェルポー（一七九五－一八六七）など、多くの医学アカデミー会員、『ジュルナル・ド・コメルス』誌の編集長レセップス、『ジュルナル・ド・デバ』執筆者のドネらが出席した第四回実験では、特にこの目隠しが出席者によって念入りに調べられた。出席者の一人が防水布の下部に細い隙間ができることを発見したものの、帯がきちんと結ばれ、眼窩の周りに防水布がぴったりと貼りつけられた状態では一切隙間ができることはなかった。レオニードはこの状態で磁気催眠状態に陥るとテーブルの上に置かれた書物の文字をはっきり読み取った。少なくとも中立的な立場にあったレセップスはそう報告している。こうした「予備」実験は合計十一回行われ、ほとんどの実験において、レオニードは問題なく透視に成功したという。実験に立ち会った人間は、実験が成功した場合、その場で、実験成功の証明書に署名した。

しかし、問題は、これら「予備」実験には、ビュルダン賞の審査員は誰一人として参加していなかったことだ。委員会は攻撃の時を待ち構えていた。

委員会が問題としたのは、レオニードが目隠しに使ったビロードの帯だった。委員会は、ピジェールに対し、予備実験で使われた「帯」だと、帯の下部が皮膚から離れ、そこから光が漏れる可能性を指摘し、本実験では、帯の代わりに少女の頭をすっぽり覆う頭巾を使用するように要求してきた。この理由はもっともだと思えるが、ピジェール側の見解は異なっていた。光に関係なくレオニードは、顔の下半分をすっかり覆われた状態になると、透視に失敗し、それどころか、痙攣の発作を起こす場合すらあった。

ピジェールは、書簡によって、目隠しの形態や素材は、ビュルダン賞の規定には含まれていないこと、そして夢中遊行状態に陥った被験者は感受性が極度に過敏となるため、慣れた手法、すなわち従来通りビロードの帯を目隠しとして使うことを委員会に求めた。しかしこの求めは却下された。

ピジェールは、改めて委員長のドゥーブルに呼び出され、「石鹸を溶かす容器のような形で、丸みを帯びたつば状の突起が額に直角に盛り上がっている覆面ないし頭巾」[14]を見せられて驚愕した。両者は話し合ったが結局妥協点は見つからなかった。ドゥーブル委員長は別れ際に、「医学アカデミーはピジェールが拒否したと記録する」[15]と告げた。

一八三八年七月二十四日にアカデミーで討議が行われ、その報告書の要約が『パリ医学雑誌』に掲載されたが、委員会の報告書は無惨だった。「磁気睡眠者は確かに文字を読んだが、それは推測されるところによれば、目隠しの下部の隙間から漏れる弱い光によってであり、一時間半に及び顔や身を捩らせ、目隠しの帯を多少ともずらすことに成功した後でのことだった」「レオニード・ピジェールはつい偶然のことであるかのように、膝の上に本を置いたが、彼女が本を読めるのはその姿勢においてのみであった」「ピジェール氏は、磁気催眠者である娘を自分の意のままに操ることができるにとどまった」。そのため、当委員会は、ペテンを防ぐため、予防措置を講じざるを得なくなったが、「ピジェール氏がこうした措置を拒んだため、一回だけ、彼の主張するやり方で実験に立ち会ったが、この実験において動物磁気にもとづく透視能力は確認できなかった」[16]！

レオニードが彼女の目隠しを通して外部を見られる状態になかったことは、予備実験の段階で何度も確認されているし、彼女が本を机の上以外に置いたことはなかった。しかも、委員会はついぞ一度も「本実験」を行ったことはなく、実際にはビュルダン賞の審査員が予備実験に立ち会ったことすらなかった。委員会の報告書は明らかな虚偽を述べているのだ。

ベルトラン・メウストによれば、委員会側あるいはピジェールを支持するか、中立的な立場にあった者との間で、残された記録がこれほど対照的な見解の違いを示すものはないという。

彼は、一八三八年から四〇年のアカデミーの戦略を次のように要約している。

一、動物磁気排除は「実証主義」医学の構築したラ・メトリー以来の人間機械的な「人間のイメージ」を守る検疫防御線《コルドン・サニテール》をなしていた。この意味で、「透視」など動物磁気に由来する「超常現象」が客観性を証明するのが難しく、確実な再現性確保が不確実であったこと、現象そのものの発現する頻度が稀であったこと、現象が磁気催眠者の極めて繊細な感受性に影響されるため束縛要因が大きかったことは決定的だった。

二、要求水準を高めることにより、動物磁気現象のあら探しをし、現象そのものを否定した。

三、動物磁気現象を他の類似現象と混同し、結局動物磁気に由来する超常現象の発現を認めない。

一八四二年六月十五日の最終報告は動物磁気の死亡を宣告した。翌一八四三年、すでに述べたように、イギリス人ブレイドは、動物磁気の原因を「暗示」と特定し、「催眠現象」という形で動物磁気を医学界に再導入する。動物磁気療法師の実験・抵抗はその後も続けられるが、一八八〇年代、シャルコーまで四十年間にわたり、「動物磁気」が医学アカデミーから顧みられることはなくなるのだ。

催眠術と動物磁気——批判と再批判

サルペトリエール派のシャルコーは、「あくまで明晰な実証主義的アプローチ」によって、「人間の身体」をとらえようとした。彼の大ヒステリー＝大催眠理論は「人間機械」を分離することにより、「その対極に位置する、簡単な刺激で外界の影響を取り込み、可塑的な『自我』を再構成する『夢中遊行状態』の『心的装置』を際立たせ、それを独立して取り出すことに道を開い」た。[17] シャルコーは、生理学的に観察可能な現象から催眠現象を解明するという道を選択することにより、医学アカデミーのタブーを破って、催眠現象が医学者が真剣に取り組むべき研究対象であることを認めさせたのだ。しかしそれだけではない。シャルコーをはじめとするサルペトリエール派の医学者たちが注目したのは、上述したように、ヒステリー患者が催眠状態に入ると普段は麻痺したり硬直していた筋肉が弛緩し、精神も緊張や抑圧から解放される現象だった。シャルコー自身、一八八二年の医学アカデミーにおける口頭発表で有名になったように、この現象にもとづき彼自身のヒステリー理論を練り上げるのである。しかし、この現象こそ、メスマー、ピュイセギュール以来の動物磁気催眠療法が「発見」し、その結果を公衆の面前で披露してきたものだった。

サルペトリエール派が扱った現象には、「金属療法」つまり、ヒステリー患者を催眠状態に置くと、金属に対して特異な反応を示す事例、上述した動物磁気のもたらす「超常現象」のうち「苦痛の伝染」に相当する現象をはじめ、「瘢痕（聖痕）出現」「知覚・感受性の亢進、過敏化あるいは知覚領域の拡大」「遠距離間の心的暗示能力」に分類される領域などがある。シャルコーはそれと知らず、科学が実証主義の名で批判してきた動物磁気の領域に踏み込み、科学と心霊術とを隔てる境界を曖昧なものにしてしまったといえるのだ。

すでにブレイドが、「暗示」というキーワードによって「動物磁気」を「裏口」から医学界に引き込んでいた。一八六〇年代以降、ブレイドの説がフランスにももたらされるようになると、催眠術が動物磁気現象を再現する事例が多くなっていた。催眠術側は、こうした現象を自分たちの発見とみなし、動物磁気療法師を、彼らの「無知」によって真実の発見を数十年遅らせた有害な存在と非難した。しかし、催眠療法研究者の背後には、必ずといっていいほど動物磁気療法師や夢遊病者が存在していた。

たとえば、ブレイドの背後にはラフォンテーヌが、イギリスの神経学者トーマス・レイロック（一八一二－一八七六）やウィリアム・カーペンター（一八一三－一八八五）の背後にも複数の動物磁気療法師がいた。シャルコーの背後にはビュルクが、ベルネームの背後にはリエボーが、イタリアのエンリコ・E＝モルゼッリ（一八五二－一九二九）の背後にはドナートが、スイスのポール＝ルイ・ラダーム（一八四二－一九一九）の背後にもやはりドナートがいたし、ドイツのルドルフ・ハイデンハイン（一八三四－一八九七）の背後にはカール・ハンセンが、ジャネやジベール博士の背後にはレオニー・ルブランジェが、フロイトとジョゼフ・ブロイアー（一八四二－一九二五）、いや「アンナ・O」の背後には、やはりハンセンの存在があった。[18]

一八八〇年代のシャルコーをはじめとするサルペトリエール派の精神医学者の業績も、多くは世紀末の「堕落した」動物磁気療法師の知識に負うところが多かったのだ。

一方、次章で説明するように、動物磁気が医学アカデミーで否定されてから十年とたたない一八四八年、アメリカニューヨーク州で起こったハイズヴィル事件に端を発する心霊術の流行は、瞬く間にイギリス、ヨーロッパに押し寄せ、動物磁気現象は、心霊術の圏内で起こる超常現象との明かな類似性が指摘されるようになる。というよりも、動物磁気療法の被験者である夢遊病者はそのまま、交霊術の「霊媒」と同一視され、動物磁気療法で報告された超常現象が――全く同一ではないにしろ――「霊媒」の発揮する「超能力」と同一視されるようになるのだ。

そこに至る前に、ここでは、やはりベルトラン・メウスト[19]に従って、「催眠現象（療法）」「動物磁気」双方の相手に対する批判を箇条書きにし、両者の違いを明らかにしておくことにしよう。

まず、催眠現象側が動物磁気側に常に投げかけた批判だが、主なものは次のとおり。

一、端的に「インチキ」である。
二、人を幻惑する力を有する「奇蹟・神秘主義」に類するものである。
三、動物磁気療法師の多くは、理論がなく経験主義にもとづき、性急に結論を出す傾向がある。
四、「流体」とは「意志」の力であると解されるが、それ自体が理論の荒唐無稽さを物語っている。

それに対し、アルフレッド＝エドゥアール・ドン・ドナート（一八四五－一九〇〇）、ジャン・フィリアートル、アルベール・ダンジェ、カヴァイヨン、アルフォンス・ビュエ（一八五一－一九三一）、J＝M・ベルコー、エミール・マニャン（一八五二－一九？？）といった後期の動物磁気療法師は、催眠術側に以下のような疑問、ないし批判を提示した。

一、動物磁気は催眠現象に還元できない多様な現象を抱えている。催眠術師がそれを出現させることができないのは、催眠療法そのものが十分洗練されていないことによる。催眠術は動物磁気の不毛な後裔にすぎない。

二、ブレイドの物体を凝視させる手法だけでは夢遊＝催眠状態を作り出すことはできず、筋肉マッサージや頭頂部の摩擦など動物磁気的手法を用いている。

三、シャルコー派も「オカルト」のレッテルを貼られないためにブレイドを利用しているが、本質的には「動物磁気」を再導入している。

四、ただし、催眠術においては、動物磁気療法師の「夢中遊行状態」を作り出すことはできない。動物磁気の「夢中遊行状態」は、心神耗弱《こうじゃく》や精神活動の減退、自動症《オートマティスム》など、十九世紀末の実証主義が規定した「受動性」とは別個の、意識の世界への超覚醒・超現前である。覚醒時と同じように動くことのできる睡眠、あるいはそもそも睡眠とは呼べない「明視（識）状態」であり、強硬症《カタレプシー》よりさらに深い夢遊状態の中で被験者は知的機能全体を回復し、さらに、通常の意識では発現させることのできない一種の超能力を発揮できる。（この意味では、ボルク＝ジャコブセン、ナンシー、ミショー等現代の催眠理論批判も当を得ていない）

五、こうした明視状態は、支配的権威を持った医師の「暗示」に機械的に反応する「自動人形」

「人間機械」を作り出す催眠術では実現できない。動物磁気催眠現象は病的なものではなくヒステリーとは無関係であり、後のマイヤーのサブリミナル意識、シュルレアリスムの「自動現象《オートマティスム》」（十九世紀実証医学が貶めた意味においてではなく、意識の制約から自由になった自律的活動）に近い。
六、逆に、催眠術が導入した光線や騒音、回転などを用いて振盪《しんとう》（卒中に似た症状）を起こさせたり、催眠から急激に覚醒させたりする「新」技法は患者にとって危険をもたらす。
七、また、ナンシー派等が用いた「犯罪をそそのかす」ような後催眠暗示（覚醒した後にも残る強い暗示）は被験者の意志に反した行為を引き起こす。動物磁気療法の被験者が「術者の意のままに操られ犯罪者となる」というイメージは、むしろ、医学アカデミー側が流布したものである。

こうした動物磁気側の主張がどこまで妥当性をもつかの判断は軽々に下すことはできないし、また、動物磁気が主張する「超能力」が現在に至るまで「医学」の側から認定されたこともない以上、安易な肯定も否定もできない。しかし、十九世紀オカルティズムの「知的」背景に、こうした「実証」医学と、今のところ「擬似」科学としか見なされない「動物磁気」との「格闘」があったことは見ておかなければならないだろう。

第八章　心霊術の時代

科学の時代とオカルトの復活

一般に十九世紀という時代は、十八世紀の啓蒙主義の発展や、やはり十八世紀中葉、イギリスを起点に起こった産業革命を受け、科学技術が飛躍的に発展し、ヨーロッパ各国に本格的な資本主義経済が成立し、近代が本格的に始まった時代として知られる。すでに指摘した通り、十九世紀は「万博の世紀」であり「帝国主義の世紀」「植民地主義の世紀」でもあった。

ところが、ペリーが来日する少し前の一八四八年、ニューヨーク州ロチェスター、ハイズヴィルの農家を借り受けたフォックス家に起こった「ポルターガイスト（騒がしい霊）」現象[1]がきっかけとなり、アメリカに「心霊術」[2]（スピリティスム・仏／スピリチュアリズム・英）の流行が発生した。心霊術の流行は一八五二年から五三年にかけて大西洋を渡ってイギリス、フランスにも飛び火し、王宮や政界の大立者、社交界の有名人、作家、科学者、市井の名も知れぬ人びと、数百万人が、降霊円卓＝ターニング・テーブルの周りに集まり、交霊会（セアンス・仏／セイアーンス・英）に勤《いそ》しんでいたことは余り知られてはいない。交霊会というとなんとももっともらしく思えるが、日本では、誰でも小学生や中学生の時分、一度ぐらいは体験しているであろう、狐狗狸《こっくり》さん、エンジェルさんという名で知られるあの遊びのことだ。

実は、西欧十九世紀とは、科学の時代であると共に、こうしたオカルト現象が、まともな大人が真剣に取り組むべき重要問題と考えられ、それどころか、名だたる作家や学者が真面目に考察するに値する現象と信じ、実際さまざまな研究が行われた「オカルトの世紀」でもある。

ハイズヴィル事件

一八四七年ドイツ系移民ジョン・フォックス一家がハイズヴィルにある一軒の農家に移り住んでから数ヵ月後、一八四八年の三月の半ば頃から、夜中に奇妙な物音が聞こえるようになった。東側の寝室で誰かが床を叩いているような音が聞こえるが、はっきりとどこから聞こえるかは特定することができない。そうかと思うと、家具を動かすような音がするが、確かめても、家具はどこももとのままで動いた気配はない。

ジョン・フォックスとマーガレットの間には六人の息子、娘がいたが、すでに上の四人は親元を離れて独立しており、彼らのもとには二人の年若い娘マーガレット（愛称マギー、一八三三年十月七日生まれで、事件当時十四歳。一八九三年没）とキャサリン（愛称ケイト、一八三七年三月二十七日生まれ。事件当時ちょうど誕生日を迎えて十歳から十一歳になるところ。一八九二年没）が共に暮らしていた。三月三十一日の夜八時頃、ラップ音が聞こえ出した時、末娘のケイトがそれを真似て指を鳴らして音を立て、「スプリットフット（悪魔）さん、私のするようにして」と呼び掛けると、音は彼女が指で弾いた通りの数で答えた。次にマギーが両手を一、二、三、四と叩くと、それに合わせて一、二、三、四と音が返された。母親がラップ音の主をテストするために子供たちの年齢を尋ねると、マギーやケイトの年齢を正確に答えたばかりでなく、幼くして亡くなった末の子供の年齢までを正確に答えた。マーガレットはこの見えないラップ音の主が知性を持った存在であることを確信し、このラップ音の主に「私の質問にこんなに正確に答えたあなたは人間なのでしょうか？」と尋ねた。答えは沈黙であった。「霊でしょうか？　もしそうなら、二つ叩いてみて下さい」直ちに、大きな音が二つ鳴り響いた。

死者の「霊」――理性を持つ異世界の存在――との通信、意思の疎通が行われる可能性が開かれ、近代心霊術の歴史が始まった瞬間である。

この事件はたちまち町中の評判となり、フォックス家には多くの人びとが詰めかけ代わるがわる霊に質問を発した。ラップ音の主は、単純なイエス（ラップ音）、ノー（沈黙）、あるいは質問者がアルファベットを読み上げ、相当する文字になった時にラップ音を鳴らすなどの手段で、自分の過去を明かしだした。それによれば、霊は、数年前この家に滞在した行商人で、彼が所持していた五百ドルという金を目当てに、当時この家の主人であったジョン・ペドラーなる男にナイフで首を掻き切られて殺され、家の地下に埋められたということだった。近所の住人の手伝いで、「霊」の指示した地下の探索が行われたが、地面を掘ると、近くをマッド・クリークの支流の流れる低湿地の地下からはすぐに水が湧き出し、死体らしきものは発見されなかった。

おそらくこの事件の背後には新大陸アメリカの社会的・宗教的特性が働いている。メイフラワー号による清教徒＝ピューリタンの移民に端を発するアメリカは、独立戦争を経て、独立国としての地盤を固めると共に、十九世紀に入ると産業革命による経済発展により東部沿岸州から内陸部にかけての急速な開発や人口移動が起こり、社会構造・階級構造が劇的に変化しつつあった。一八二〇年代には、ジョージア州ダーロネガで金鉱が発見され、最初のゴールドラッシュが起こり、一八三〇年にはそれに伴う先住民の強制移住を可能にするインディアン移住法が可決される。また産業革命の結果、産業資本主義が発達しつつあった北部諸州と、アフリカからの黒人奴隷労働に基づくプランテーション経済に基盤を置いた南部諸州の対立も徐々に深まりつつあった。その中で、人間の原罪を強調し、厳格なピューリタン信仰に根ざした精神風土に変化が現れると共に、メソジスト教やシェーカー教、クリスチャン・サイエンスなどの新宗教が組織され、旧大陸由来のスウェーデンボルグの神秘思想やメスメリズムが浸透し、ハイズヴィル事件の先駆となるアンドリュー・ジャクソン・デイヴィス（一八二六－一九一〇）のような超能力者（＝千里眼）の活動も見られるようになる。

ちなみに、ニュー・イングランドに移入された、あるいはニュー・イングランドで創始された新興宗教を年代順にあげてみると、メソジスト教会はジョン・ウェズレー（一七〇三－一七九一）によってイングランドで創設され、一七六〇年代にアメリカに移植されている。また、シェーカー教がアン・リー（一七三六－一七八四）によってニュー・イングランドに移入されたのが一七八一年から八三年。モルモン教（末日聖徒イエス・キリスト教会）は一八三〇年にジョゼフ・スミス（一八〇五－一八四四）により創始されたが、教会の拡大に伴い一八三九年より本拠のあったイリノイ州政府や住民と確執が生じ、州政府への反逆罪により監獄収監中に創立者ジョゼフ・スミス、兄のハイラム・スミスが暴徒の襲撃を受けて殺害された。以後、迫害を逃れるため新たな指導者ブリガム・ヤング（一八〇一－一八七七）に率いられてアメリカ西部に移住、一八四七年以降、ソルトレイク・シティを本拠に定めた。クリスチャン・サイエンスが一番遅く、メアリー・ベーカー・エディ（一八二一－一九一〇）によって創設されたのは一八六六年のことだ。

「心霊術」は、こうした文脈からすれば、モルモン教などと並ぶアメリカ固有の新宗教という側面を持っている。一方、マギーとケイトの父親ジョン・フォックスは若い時の放蕩生活からメソジスト教会に入信し、フォックス家の周囲にはフェミニズムや奴隷解放派など政治・社会改革を掲げる進歩的な思想を持つ者が多くいた。

心霊術の展開

ハイズヴィル事件以前にもアメリカにおいてポルターガイスト現象や幽霊の出現などの超常現象がなかったわけではない。家の中でラップ音が聞こえたり、家具が振動したりするポルターガイスト現象も、家に悪霊が取り憑いたと信じられる限りでは「心霊現象」の一つではあるが、それは単に目に見える（耳に聞こえる）現象であるにすぎない。ハイズヴィル事件が「心霊術」の歴史にとって創始的な意味をもったのは、単にポルターガイスト事件に遭遇したにとどまらず、その背後に存在すると考えられるあの世の霊との間に再現性のある交信、意思の疎通を可能にした（とフォックス姉妹が主張した）点にある。これが「心霊術」のいわば定義といえよう。ちょうどハイズヴィル事件の数年前の一八四四年に発明されたモールス信号のように、心霊術では「死後」の世界から「霊」とみなされる理性的存在が直接自らの体験や知識を現世の人間に語りかけてくるわけだ。

もう一つ、心霊術を考える際に重要な点がある。ポルターガイスト現象におけるラップ音等、心霊術における超常現象は、物理的に検証し、解明することができるということだ。これは、一種の近代性である。心霊術の成功を考える時、この物理的・科学的な検証可能性は後の時代まで、常に焦点となっていることを心に留めておくべきだろう。

さて、心霊術には「霊媒」という特殊な機制が備わっており、真偽は別として、動物磁気＝催眠療法などと並んで――あるいはその後を継いで――より広い超常現象や新「宗教」への道を切り拓く要素を孕んでいた。

「霊」との物理的交信を可能にしたラップ音はフォックス姉妹――マギーとケイト――が発端となったハイズヴィルの農家を離れても彼女たちの周囲で起こり続けた。つまり通常のポルターガイスト現象が家に憑くのに対し、心霊術においては「霊媒」そのものが様々な「超常」現象の発信源となるのだ。しかも、フォックス姉妹の「能力」は単に自分の身辺にラップ音を起こしたり、ラップ音を発する「霊」と交信するだけではない。自身が「霊媒」となって霊のメッセージを直接口述したり、自動筆記で、しかも左右の手にペンを持って別々の霊のメッセージを書き留めたり、さらには霊を物質化して出現させるなどの現象を引き起こした。左右のペンを動かす自動筆記では、左手で書かれる文字は鏡に映してはじめて読み取れる鏡文字であったという。また彼女たちの交霊会に参加した証人は、こうした「交霊術」を行っている間、周囲の机をはじめ家具などを移動させたり空中に浮き上がらせたり、「見えない手」が交霊会に参加した者の身体に触れたり軽く肩を叩いたりといった現象が起こったと証言している。同様の現象は彼女たちに続いた霊媒においても報告されている。

アメリカにおいて新宗教として定着した「心霊術」に関し、社会学の立場からアプローチしたトッド・J・レナードは心霊術圏内で見られる「超能力」を表のようにまとめている。（表I参照）

フォックス姉妹はハイズヴィル事件後もフォックス家の長姉リア（一八一八頃－一八九〇）がマネージャーとなりさまざまな場所を廻って「交霊会」を主催するようになる。街の劇場や講堂などでまずフォックス姉妹の友人や後継者が「心霊術」の発見の経緯や意義に関する講演を行い、その後フォックス姉妹が登場して会場の参加者の近親者や亡くなった有名人の霊を呼び出すという一種のショーで

〔精神に関わるもの〕
透視（千里眼）、異常な聴覚能力、予言、水晶占い、超能力による治療（ヒーリング）、サイコメトリー（事物からその持ち主に関する情報を読み取る）、トランス（深い催眠状態で霊と交信し、霊に導かれる）、自動筆記・描画

〔物理的な超能力〕
エクトプラズム、テレキネシス（念力）、サイコキネシス（マインド・コントロールによる物体の移動・浮遊）、スピリット・ラップス（様々な叩音の発生）、アポール（霊界よりこの世へ物体を移動させ表出させる）、空中浮遊、霊の物質化、声（霊媒の直接・間接に発する声、かすかな音）、霊光（霊媒から発するあらゆる色・形をした光）、微風（冷たい、暖かい、匂いを伴うなど、霊媒により発生する空気の移動）、楽器の自動演奏、霊による歌唱、テーブルの移動、ウィージャ・ボード（テーブル・ターニング同様の霊との交信）、霊香（花や金属、香水、悪臭など霊現象に伴う匂い）、心霊写真（念写）、電話・ラジオ・テレビ・テープレコーダーなど近代的な機械を通じた霊からのメッセージ

（参考：トッド・J・レナード『別世界への語りかけ』iUniverse, Inc.、2005）

表Ⅰ　様々な超常現象

ある。リアは当時三十歳前後。夫と死別した後、ニューヨーク州ロチェスターでピアノ教師として生計を立てていたが、やがて彼女もマギーやケイト同様霊媒能力があると主張するようになった。三姉妹の運命は結婚や婚約者の死など有為転変を重ねるが、以後三十年以上にわたって交霊会を重ねていく。

はるか後年の一八八八年、マギーは自分たちの周囲に起こるラップ音が指や、手首、関節を鳴らす詐術によって作り出されていたものだったことを告白し、これが「心霊術」全体にとって「止めの一撃」と言われるほど甚大な打撃を与えることになるのだが[3]、それについては心霊術と欺瞞・詐欺について考察する際にもう一度取り上げることにしよう。

心霊術誕生の影響は大きかった。フォックス姉妹の霊界通信のニュースが新聞等によって伝わると、同様の霊媒能力を主張する者が現れ心霊術はまたたくまに全米に流行する。

一八五〇年、ロチェスターにおける交霊会では、より簡便かつ確実な交霊術の手段としてターニング・テーブル（降霊円卓）が考案された。『心霊科学辞典』[4]などの記述によれば、テーブルの周囲に座った人間が手をテーブルの上に載せる。参加者の中に霊を招来する能力をもった「霊媒」がいれば、「神秘的なエネルギー」によって机はやがてそれ自体知性をもった生き物のように震動しはじめ、一方に傾いたり、ガタガタ動き出したり、場合によっては宙に浮き上がるといった現象が発現する。そして参加者が霊に対してA、B、C……とアルファベットを順次口に出して読み上げていくと、「霊」の意図する文字の所に来るとテーブルが傾いて合図し、言葉や文字を伝えるのだ。

もっともこうしたいかにも超自然的存在の介在を予期させる「原始的」なテーブル以外にもより実用的なテーブル・ターニングの方法も数多く存在した。

テーブルの上に三つある脚のうち一脚だけ長さが短い小型のテーブルを載せ、正にモールス信号を打つようにAには一回、Bには二回というように叩音《こうおん》を出させるもの。さらにプランシェット、つまり板の下に二個の車輪ないしは金属のローラー（ベアリング）がつき、板に開けられた穴に鉛筆を差して、その板の上に指を載せると板が霊の指示に基づいて自動的に動くという形態のものが考案された。後には、さらに洗練が進んで、三箇所に車輪やローラーがあり、穴の開けられた板をイエス、ノーやアルファベット、数字などが書かれたもう一枚の板の上で転がし、穴から見える文字や数字を読み取って霊のメッセージを解読するといったタイプのものも作られた。一八九〇年、アメリカ人、エリヤ・J・ボンドの発明になるウィージャ・ボード（Ouija Board）と呼ばれる器具がそれである。[5]

こうして、霊媒としてさして特殊な能力に恵まれていない一般人でも気軽に霊との交信が実現できる方途が開発されたことに伴い、心霊術の愛好者は一気に広まり、一八五〇年には二百万人とも三百万人とも言われる人びとが交霊会に参加するブームを引き起こした。交霊会の参加者には、すでに述べたように、フェミニズムや奴隷解放論者など政治的にはむしろ進歩派が多く、それゆえ、有名霊にも啓蒙思想につらなる者が多く含まれていた。ベンジャミン・フランクリン（一七〇六－一七九〇）はアメリカの交霊会に召喚される有名霊のスターだった。リンカーン大統領（一八〇九－一八六五）の執政中、十一歳の息子ウィリー・リンカーンを亡くしたメアリー・トッド・リンカーン（一八一八－一八八二）は我が子の霊と交信するため、複数の霊媒のもとを訪れて熱心な心霊術の信奉者となった。

メアリー・トッド・リンカーンと関連して是非とも触れておきたいのが心霊写真だ。[6]

心霊術は科学時代の宗教として「検証可能性」――霊と直接交流し、目で見、場合によっては直接手で触れられる――という条件が鍵であり、モールス信号など当時利用可能となった新しい科学技術と親和性が高かったが、フランスの画家・物理学者ルイ＝ジャック＝マンデ・ダゲール（一七八九－一八五一）がニセフォール・ニエプス（一七六五－一八三三）の協力を得て一八三九年に実用化に成功したダゲレオタイプもその一つであった。一八六一年、アメリカのウィリアム・マムラー（一八三二－一八八四）がこの新技術を心霊術の世界に応用して初めて「霊」の写真を撮影した。世に言う心霊写真である。折しも、アメリカ南北戦争（一八六一－一八六五）で北軍・南軍あわせて五十万近くの戦死者が発生し、心霊術によって亡くなった息子や兄弟、恋人、夫などの霊に会いたいという欲求が増え、またあの世に旅立った故人との記念写真を撮りたいと望む人びとが大量に存在した。そのマムラーが撮影したもののなかで最も有名な写真が、リンカーン夫人が南北戦争終結直後に暗殺されたリンカーン大統領の霊と共に写っているものなのだ。

マムラーは一八六九年にニューヨーク地裁に詐欺罪で起訴され、彼の撮影した「心霊写真」が多重露出や二重焼き付けなどの初歩的な写真のトリックによることが暴露された。『ウェーヴマリー・マガジン』の経営者モーゼス・A・ダウをはじめ多くの著名な知人の証言により詐欺罪では無罪になったものの、心霊写真家としての彼の信用は失墜した。しかしマムラー事件の後も心霊写真の流行は衰えず、多くの心霊写真が生産されていった。

ユゴーと心霊術

心霊術はアメリカだけの現象に収まらなかった。一八五二年から五三年にかけて、大西洋を越えてイギリス[7]、フランス[8]、ドイツ[9]など大陸諸国へも伝播する。折しもこの時期はヨーロッパでは失敗に終わった社会・政治革命である「二月革命」の直後に当たっていた。心霊術は、菜食主義やフェミニズム、ホメオパシー、服飾改革などと並んで挫折した革命に代わる社会的・宗教的進歩主義の代替物の一部となった。多くのイギリスの急進主義者、特に、ロバート・オーエンは心霊術を諸手を挙げて歓迎した。ブルワー・リットン、エリザベス・バレット・ブラウニング（一八〇六―一八六一）など文学者の間にも熱狂的な心霊術の信奉者が現れた。

一八五三年、『アンクル・トムの小屋』[10]（一八五二）で有名なハリエット・ビーチャー・ストウ夫人（一八一一―一八九六）のヨーロッパ訪問は、彼女が「奴隷解放運動」を支持する「進歩派」である以上に、熱心な心霊術の愛好者として知られていたがゆえに、ヨーロッパへの心霊術の浸透に特別な意味をもって迎えられた。

フランスでは、二月革命によって成立した第二共和政をルイ・ナポレオンが一八五一年十二月二日のクーデター（「ルイ・ボナパルトのブリュメール十八日」）で倒して皇帝の位につくと、皇帝の住まうチュイリュリー宮殿でも盛んに交霊会が開かれた。

また、ルイ・ナポレオンのクーデターに反対して英仏海峡に浮かぶジャージー島に亡命したヴィクトル・ユゴー（一八〇二－一八八五）も一八五三年から五五年にかけて霊媒デルフィーヌ・ド・ジラルダンの導きによって毎日のように交霊術を行いその記録を残している。この交霊実験に際し、結婚直後の一八四三年ヴェルキエで夫と共に事故で溺死した愛娘レオポルディーヌの「霊」が現れ、ユゴーはすっかり心霊術の世界に深入りしてしまった。このユゴーの交霊実験とそれがその後のユゴーの文学に与えた影響についてはユゴー研究の第一人者稲垣直樹が草稿まで渉猟した綿密なテクスト研究を行っているが、ユゴーの交霊実験の特徴は、モリエール、ラシーヌ、シェイクスピアをはじめ、ナポレオン、マホメット、イエス・キリストなど歴史的な著名人物、アンドロクレスのライオン、バラムの雌ロバといった「有名動物」、果ては、「小説」「詩」「墓の闇」「輪廻」などといった抽象概念までが「霊」として登場することだという。[11] ちなみに、ユゴーが用いた降霊円卓は、テーブルの上に載せた小卓をモールス信号式におそろしい速さで打ち付けて「霊」のメッセージを書き取る方式だったようである。[12]

心霊術に没頭した果てにユゴーが到達した「哲学思想」の根幹を辻昶は、モーリス・ルヴァイヤン、ポール・ベレ、ドニ・ソーラ等の先行研究を踏まえ、以下のように簡明に要約している。

一、神はこの世界を不完全で相対的なものとして創造した。なぜなら、もし完全なものとして創造すれば、神自身を再製してしまうことになるから。

二、宇宙の万物は、おのおのが保有している〈精神性〉の多少に応じて、段階的な階級を形成しており、神はこの階級の頂点に位置している。人間はこの階級の中央に位置し、その下に動物、その下に植物、さらにその下に石というように配置されている。万物は生物ばかりでなく、無生物までもがすべて、生き、感じ、考える力をもっている。

三、このような万物は、みな自己の犯した罪のために苦しんでいる。しかし、このような苦悩によって、彼らはその罪を償い、この万物の階段を上昇してゆく。そしてついには、神のもとにまで昇ってゆく。この世の悪は、最後には神によって代表される善に融合し、これに同化するのである。[13]

この「哲学思想」は後述するカルデックなどと多くの部分で共通するが、我々はすでに、本書の中で、この「哲学思想」とよく似た「システム」に出会っていないだろうか？

我々が「右派オカルティスト」として紹介したJ＝A・ブーランは、流体や「ヤコブの梯子」に発想を得て、独自の「修復」説を打ち出したが、彼の体系においては「人間も動物も、植物もあるいは天使や霊に至るまで、それぞれが有する『徳』に応じて『生命の階梯』なる秩序階梯に組み込まれている。魂はそれぞれ物質的な圏域から精神的・霊的圏域へと、この階梯を上っていき、やがて『物質』の軛から解放されて、最後には天上の『一者』と融合する」[14]のではなかったか？

ブーラン独自の修復概念が形成されるのは、アデル・シュヴァリエとラ・サレットの聖母出現に因んだ「修復」のための修道会を立ち上げた一八五六年に遡る。ユゴーが交霊実験を開始した一八五三年の三年後のことだ。両者が「心霊術」の圏域から多大な影響を受け、一方は崇高、一方はかなりいかがわしいという差はあれ、同じ時期、同じような思考回路でものを考えていた可能性は否定できない。ブーランの書簡からも、彼が心霊術の知識に精通していたことは明らかだ。
さて、一八六〇年から九〇年にかけて心霊術は前記の催眠療法とも交錯する形で社会に流行し、アメリカ、ヨーロッパを問わず、フローレンス・クック、ステイトン・モーゼス、ヘンリー・スレード、ダニエル・ダングラス・ホーム（一八三三－一八八六）といった伝説的な「傑出霊媒」が続出する事態となる。[15]
例えば、ダニエル・ダングラス・ホームは、ホーム伯爵家十代目当主の庶出の孫にあたり、「ヨーロッパ王侯の霊媒」であると自称していたが、実のところは、アメリカ出身で、ハイズヴィル事件の熱狂を利用して、個人的な魅力と巧みな弁舌で、子ども時代から「霊媒」として売り出した。彼については、熱狂的な支持者と逆に彼を詐欺師呼ばわりする者とが相半ばした。どちらかと言えば、華奢な女性的な容姿で、そのため、反対派からは男色者の疑いを掛けられていたという。
心霊術の熱心な研究者で、やはり男色者として知られたウィンダム・トーマス・ウィンダム＝キン・アデアー子爵（一八四一－一九二六）は、イギリスにおけるホームの第一の保護者だったが、彼の証言によれば、ホームが、水平に横たわったまま、空中を浮遊して、一階の窓から抜けだし、近くのツツジの茂みから花を摘んで、別の窓から部屋に戻るのを目撃したという。[16]

心霊主義の影響と意義

心霊主義の影響は複雑で多義的だ。

一方で心霊主義は実証主義の洗礼を受けたこの世代の人びとに、霊現象が「実証」的に検出可能な科学――あるいは擬似科学――として、未知の領域を拓くのではないかという期待を抱かせた。

テーブルの周りに座った参加者がテーブルやプランシェット（本書一九二頁参照）に手や指を載せるとそれらが自動的に動きだし「霊」のメッセージを伝えるという仕組みには原理的に後にフロイトの精神分析によって解明されたような「無意識」の働き、あるいは観念運動（イデオモーター・アクション）の仕組みが密接に関わっている。

心霊術がイギリスに上陸してから間もない一八五三年には、すでにテーブル・ターニングによる「熱狂」が社会にもたらす悪影響を憂慮した科学者四名が委員会を組織し、この現象の解明に乗りだしていた。そして六月十一日付の『メディカル・タイムズ・アンド・ガゼット』誌で「テーブルが傾くのはテーブルに座った者の無意識の筋肉の働きによるもので、霊的な存在が現実に存在するわけではない」ことを結論づけた。[17]

数週間後、今度は『ロウソクの科学』で有名な物理学者・科学者で電磁気学の権威として知られたマイケル・ファラデー（一七九一－一八六七）が『ザ・タイムズ』紙に調査を発表し、やはり、最初に動くのはテーブルに置かれた参加者の手であり、テーブルは参加者の手の動きにつれて後から動いていることを証明した。[18]

ただし心霊術に関わる現象はすでに述べたように多岐にわたり、霊媒や霊媒現象を報告した「証人」の言葉をそのまま信じるとするなら、合理的に説明がつくものにとどまるとは限らない。

D・D・ホームのような極端な例は別にしても、霊媒の中には霊の「物質化」やテーブルをはじめとする物体や霊媒自身の身体の空中浮遊、透視、テレパシー、未来の出来事の予言など、かつての動物磁気＝催眠療法同様、あるいはそれ以上の「超常現象」を実現したと主張する者が続出した。心霊術の流行は、動物磁気をめぐる一八四〇年代の近代科学との論争における一連の敗北――動物磁気＝

催眠療法師たちは自分たちの敗北を認めていなかったが――以来、社会の周縁部に追いやられていた動物磁気信奉者たちに再び彼らの主張を活発にさせた。動物磁気＝催眠療法と心霊術とは被催眠者＝霊媒を文字通りの媒介としてある種の連続性を持っていた。いわば動物磁気の育んだ素地に心霊術＝交霊術という新たな要素が接ぎ木された形だ。但し、同じような「超常現象」を共有していても、心霊術＝交霊術の文化圏においては、その背後に死者の「霊」を想定するだけに、そのオカルト性は一層強まったといえるだろう。

また心霊術の発見は、ロマン派の影響下からルネサンス高等魔術の復活を試みたエリファス・レヴィから、聖母マリアの出現を契機に独自の異端を発展させ、文学者ユイスマンスに影響を及ぼしたブーラン元神父のようなオカルト右派に属するものに至るまで、他のオカルト諸潮流や、精神医学・生理学・神経医学など、大学やアカデミーに拠った真面目な学問研究や思想にも多大な影響を及ぼしていくのだ。

「心霊術」は当時の実証主義・科学主義的風潮を背景に自分の目で確認し、場合によっては実験を通してその真偽を確認できるというところにその魅力の一端があった。そこから、「心霊現象」にまつわる詐欺や迷信を暴く、あるいは心霊現象を合理的に説明しようという動きが常につきまとう。さらに「心霊現象」に当時の科学の水準では説明できないが、少なくとも真面目な研究の対象となりうる真理が存在すると考え、新たな科学の領域を拓くことができるのではないかと期待し、心霊現象に取り組む学者・研究者が続出する。

この時期以降、クルックス管の発明やタリウムの発見などで知られるイギリスの物理学者・科学者ウィリアム・クルックス（一八三二－一九一九）、ミラノ天文台長を務めたイタリアの天文学者ジョヴァンニ・スキャパレリ（一八三五－一九一〇）、後にノーベル賞を受賞する生理学者シャルル・リシェ（一八五〇－一九三五）、ダーウィンと並び称せられる進化論者で生物学者のアルフレッド・ラッセル・ウォレス（一八二三－一九一三）、精神医学者、法医学者で科学的犯罪学の創始者の一人チェーザレ・ロンブローゾ（一八三五－一九〇九）など、当時一流の科学者が心霊研究に参加するようになる。その中にはピエール・キュリー（一八五九－一九〇六）、マリー・キュリー（一八六七－一九三四）夫妻すら含まれていた。特に夫のピエール・キュリーは心霊研究に熱心だった。[19]

マイケル・ファラデーによるターニング・テーブルの合理的な説明に対し、同じターニング・テーブルをめぐってラッセル・ウォレスは実験と反論を行った。懐疑的・合理主義的立場からなされた研究に対し、その研究者は別次元の要素を見逃しているとして、自身が秘かに期待する「超自然的契機」の介在を擁護しようとする立場を、現代のアメリカの心理学者レイ・ハイマンは「抜け穴主義《ルーフィズム》」と名づけている。[20] ノーベル賞レベルの研究者といえども、こうした「抜け穴主義」の弊を免れることはできなかったということだろうか？

こうした研究の中でも、比較的初期に属しながら、心霊術の世界で極めて有名な例としては、ウィリアム・クルックスの研究が挙げられる。

彼の実験対象となったフローレンス・クック（一八五六－一九〇四）という霊媒は、一八七二年、ケーティ・キングという「霊」を物質化させ自由に写真を撮らせた。

クルックスの一連の実験には前述した通り、空中浮遊で名を馳せたダニエル・ダングラス・ホームや、フォックス姉妹の末娘で一八七一年よりイギリスに滞在し、クルックスの友人ヘンリー・ドリードリッジ・ジェンケン（一八二三－一八八一）と結婚したばかりのケイト・フォックスも参加していた。

心霊術の体系化――アラン・カルデック

心霊術はフランスの教育学者アラン・カルデックによってカトリシズムやヘルメス学系の高等魔術に代わる新時代の宗教として理論的に体系化された。カルデックは本名イッポリット・レオン・リヴァーユ（一八〇四－一八六〇）。リヨンに生まれ、若い頃は教育者として学校向けの教科書類の執筆を手がけていたが[21]、一八二〇年頃パリにやってきて、二四年、スイスのペスタロッチ・メソッドによる教育を目指す学院を創設した。ペスタロッチとはルソーの影響を受けた自由主義的教育メソッド「ペスタロッチ教育」で有名なスイスの教育者ペスタロッチ（一七四六－一八二七）のことだ。

彼は以前から動物磁気に興味を抱いていた。この点、空想社会主義者のフーリエがやはりメスメリストとして出発したのと思想的経路が似ている。彼もまた十八世紀啓蒙と神秘主義を融合させて社会のユートピア的改革を夢見るオカルト左派的なエートスを共有していたといえよう。

その彼に転機が訪れたのは一八五四年、友人のカリオッティの紹介でアメリカからやってきた心霊術に触れた時からである。

翌一八五五年ターニング・テーブルを用いた交霊会に出席したイッポリットは、霊媒を通じて彼の前世が「アラン・カルデック」という名のドルイド僧であったと告げられる。ドルイドとはローマに征服される以前のガリア＝フランスに広まっていた土着の宗教で、樫の巨木に対する信仰を特徴とする。ドルイド僧とはその神官であり、その実態は必ずしも詳《つまび》らかではないが、ロマン主義流行以降、世の注目を集め、魔法や予言の業に通じていると考えられていた。イッポリットは以後、「アラン・カルデック」と名乗り、一八五七年の『霊の書』以来、死に至るまで、「霊」の直接的なメッセージにもとづき、「霊」や「霊界」、心霊術の周囲に発生した超常現象の理論化に専念した[22]。

彼の教説の要諦は以下の三つに要約される。

一、世界が「神」によって創造されたことは否定しないものの、伝統的なキリスト教が奉じていた「原罪」や「最後の審判」、罪人の受ける永遠の劫罰《ごうばつ》、地獄の存在といった暗鬱な側面は否定する。

二、悪魔・悪霊は存在せず、ただ魂はその純度において低劣な霊から至純な霊まで位階があるとする。死後は一定の期間を経た後、再び新たな肉体を得て甦り、順次階層を経て上昇していくというヒンズー教や仏教の輪廻転生に似たシステムを構想した。

三、霊現象全体を説明する鍵概念であり、その霊界と現世を繋ぐ「物質」的な基礎として、メスマーによっても想定されていた普遍流体（fluide universel）を再導入した。

この普遍流体の概念はメスマー以降の動物磁気＝催眠療法圏内ではその他の理論に押されてむしろ傍系となっていたので、一八六〇年代、心霊術が再び流体に着目し、これを復活させた意義は無視しえない。

カルデックによれば、流体とは「至純で希薄な物質」[23]であり、それがさまざまに変化することによって他の多種類の元素が生成する原質量である。カルデックの世界観では当時の実証主義、ニュートン以来の古典物理学の「常識」を反映し、真空は不在であり、一見空虚に見える空間も目に見えない物質で満たされていることが前提されている。世界は生命をもたない「物質」、生命を持つが知性を持たない「一般生物」、さらに生命と知性を持つ「人間」に三分される。カルデックによれば、生命体は霊と結びついた時はじめて有機的な生を獲得するわけだが、この生命原理は動物磁気や電気の比喩で象徴される「普遍流体」に根拠を持っているのだ。

本来の物質は極めて粗雑で霊とそのままの形では結びつくことはできない。霊が物質に働きかけることができるようになるためにはその媒介の役割を果たす「流体」＝精気の存在が不可欠だ。霊は通常極度に精妙な物質的外皮＝エーテル体をまとってこの世に現れる。またフローレンス・クックがケーティ・キングを物質化したように、死後、霊として現世に顕現する際にはさらに物質的な外被をまとって表出する。

カルデックより後に、ノーベル賞を受賞した生理学者シャルル・リシェによって「エクトプラズム」と名づけられた霊媒の身体から流出する「神秘的で原形質状の物質」も、結局はこの「普遍流体」と発想を同じくするもので、霊の物質化、テレパシー、物体の移動や浮遊、交霊会において参加者の身体に触れたり叩いたりする霊の手といった現象も、この「流体」的存在によって説明される。

現代の心霊術において、エクトプラズムは「細胞の原形質の一部が細胞壁を越えて流れ出す」というような「合理化」がなされているが、これを現代の生物学や物理学で説明しようとしても不可能なのは自明であろう。

確実に言えるのは、この流体＝エクトプラズムはすでに指摘した、古代・ルネサンス期にプネウマ＝スピリトゥス（気息・精気体）と呼ばれたものの再来であり、この間の大きな認識論的切断——エピステーメーの越えがたい壁——を飛び越えた継承であることだ。こうした流体観は、単に心霊術の圏域だけでなく、例えば、ユイスマンスの回心に影響を与えたオカルト右派・マリア派異端に属するブーラン元神父などにも、その基本的発想が共有されていることはすでに見た通りだ。

アラン・カルデックによる体系化によって心霊術は、革命によってその有効性を否定されたカトリシズムに代わって客観的な観察にもとづく「科学」としての性格を維持しながら、マルクスの『資本論』、ダーウィンの『種の起源』など唯物論思想に対抗して「霊」の不滅を証明し保証してくれる武器として機能した。唯物論や進化論、実証主義など、宗教とは相容れない合理主義的な思潮が時代を席巻するなかで、心霊術は、従来のカトリック信仰やプロテスタント信仰では回収できない信仰――既成宗教のドグマを超えて、なおかつ宗教的なものへの郷愁を捨て切れない人々が抱く死後の魂の存在＝永遠の生命に対する潜在的な希求に応えるものだった。また特に、知識層、開明的な中産階層の永遠の生命への強い欲求を反映していた。さらに心霊術は、原罪を強調し、過度に厭世的・抑圧的な傾向、さらには女性嫌悪などの傾向を持っていた新旧両方の既成宗派に対し、宗教イデオロギー的にも、政治・社会力学の点でも、一定の理性的な修正を試みるものであった。

オカルティズムの観点からすれば、カルデック理論の特質は、一八五〇年代後半、エリファス・レヴィの「アストラル光」と並んで、「流体」をその理論的な支柱に据えたことによって、動物磁気においてすら周縁化しつつあったこの物質＝媒体にあらためて人びとの関心を向けたことにある。

また、神の創造というドグマは否定しないまでも、霊の「輪廻」という従来のキリスト教には異質の教義を取り入れることによって、ヨーロッパ中心主義的宗教観を正し、ブラヴァツキー夫人やルドルフ・シュタイナーの神智学など、心霊術とも深い関わりを持ちながら、より汎神論的な新宗教、さらには現在につづくニューエイジなどへの道を切り拓いた。

ブラヴァツキー夫人の神智学は、カルデックの理論とは別個の立場から、心霊術が切り拓いたオカルティズムを体系化し、さらに、エリファス・レヴィやカルデックには欠けていた、大衆的新「宗教」の組織化を成し遂げたという意味で歴史的に重要な役割を果たしている。またそこに含まれる人種論を通して、ナチ・オカルティズムの形成にも多大な影響をもたらしたという側面を有している。[24]神智学とナチズムの結びつきは本書の射程を超えるが、近代オカルティズムの異形の進化形としての「神智学」について以下に瞥見しておこう。

ブラヴァツキー夫人の神智学——オカルト的シンクレティズム

心霊術の流行はその後のオカルティズムの流れに決定的な影響を与えた。

しかし、心霊術実験＝交霊会、あるいはそれを行う霊媒の数が飛躍的に増え、商業化、ショー化したことによって、人々は心霊術に対する関心を失い、発祥地のアメリカにおいても一八六〇年代には心霊術への関心は一時的に衰退する。

死者や幽霊との「対話」は、「死後の世界」の実在を信じたい人々にそれなりの根拠を与えはしたが、その内容は凡庸なものが多く、霊媒の商業化・ショー化によってますます画一的になる傾向があった。人々は既成のキリスト教の教義を越える「真実」を求めて心霊術を受け入れたわけだが、心霊術に対しても、単に霊との交流にとどまらず、より客観的、体系的な理論と、宗教的組織、あるいはさらに「それを超える何か」[25]を求めたのだ。

こうした要求に答える形で出てきたのが、メアリー・ベーカー・エディの「クリスチャン・サイエンス」、トーマス・レイク・ハリス（一八二三—一九〇六）による「ザ・ブラザーフッド・オブ・ザ・ニュー・ライフ」など、ニューエイジの先駆となるような新興宗教だ。いずれも、内部や周辺に動物磁気療法師、心霊術の霊媒などを抱えており、例えばトーマス・レイク・ハリスの場合、傑出霊媒の一人、アンドリュー・ジャクソン・デイヴィスの弟子だったといわれる。

　これらアメリカに由来する新興宗教の中で最も成功し、近代オカルティズムばかりか、インド独立運動や特異な人種論によって、世界史的な影響を与えたのが、ヘレナ・ペトローヴナ・ブラヴァツキー（一八三一－一八九一、しばしばＨＰＢと略される）による「神智学」だ。ただし、ブラヴァツキー夫人の性格・経歴には常に「詐欺」の影がつきまとい、その著書の内容も含めてその位置は極めて両義的だ。[26]

　ロシア＝ドイツ系の貴族家系に生まれ、一八四八年、彼女が十七歳の時、ニキフォル・ブラヴァツキーと結婚するが、数週間後に出奔する。以後、一八七四年、大佐の軍歴があり除隊後は心霊現象を扱うジャーナリストをしていたヘンリー・オルコット（一八三二－一九〇七）と、ヴァーモント州チッテンデンで邂逅《かいこう》するまでの消息は不明である。

　彼女自身は、ヨーロッパ各国をはじめアジア、アメリカなどを転々とし、サーカスで裸馬に乗るショーをしていたとか、ピアニストとしてコンサートを開いたなどと吹聴していた。特に当時は訪れる人間も稀だったチベットにまで足を伸ばしたなどとも証言しているが、当時のチベットをめぐる国際情勢に鑑みてこれはありえない。彼女の話は虚実入り混じり、完全に嘘と決めつけるわけにはいかないが、実際には、父親からの送金や、各地を経めぐる遍歴の霊媒として生計を立てていたらしい。

　若い頃からオカルト文献に親しみ、特にエリファス・レヴィ、あるいはレヴィと親交があったイギリスの小説家エドワード・ブルワー・リットン等が唱えた宗教的シンクレティズム、東西の魔術・宗教を統合する「秘密教義」の存在などの主張から影響を受けていた。

　ここから、ブラヴァツキーはエジプトやヒマラヤに本拠を置く「超自然的人物ないしは霊が形づくる宗教集団」という彼女の「伝説」を作りだす。一八五一年、イギリス・ケント州サネット島南端にある港町ラムズゲートを訪れた際、一種のテレパシーによって「グレート・ホワイト・ブラザーフッド」なる秘密教団に属するモリヤ師を知り、以降、同じ集団に属するクート・フーミー師など、賢者（マハトマ）から、限られた人間しか知り得ない「秘密教義」を伝えられ、世界にその教義を伝える使命を与えられた、とする伝説だ。

一八七五年三月三日、オルコット大佐のもとに、エジプトのルクソールに住む賢者テュイティト・ベイ師から緑の便箋に金文字で書かれ、黒い封筒に入った手紙が突然届けられた。郵便等通常の送付手段を使った形跡はなく、文字通り、突然降って湧いたように出現したのだ。これ以降、彼女の周囲の様々な人間のもとに同様の手紙が次々に届くようになる。「マハトマ書簡」の開始である。

オルコットとブラヴァツキーは同年九月、ニューヨークで「神智学協会」を立ち上げ、初代会長にはオルコットが就任するが、神智学の初期の教義はブラヴァツキー夫人によって、一八七七年『ベールを外したイシス』という形で纏められた。同書は「I　近代科学の〝絶対確実性〟」「II　神学」と題された二部に分かれ、一部では近代科学では到達できない、あるいは理解不能なさまざまな力、超常現象を統べる原理について、二部ではキリスト教を東洋の他の宗教、仏教、ヒンズー教、ヴェーダンタ哲学、ゾロアスター教などと比較しながら、それらいずれもがルネサンス「科学」のいう「古代神学」に通ずる共通の秘密教理に淵源をもつことを説く体裁となっている。ブラヴァツキー夫人によれば、この書物は、彼女が「グレート・ホワイト・ブラザーフッド」に属する賢者から直接受けた霊感によって書き写されたものとされていたが、出版当初から、当時入手しうるオカルト書からの剽窃が指摘されていた。

必ずしも順風満帆とはいかなかった神智学協会に転機が訪れるのは、一八七九年、ヒンズー教の宗教改革運動、アーラヤ・サマジの指導者スワミ・デイナンダ・サラスワティの招きに応じインドへ赴き、一八八二年十二月には教団の本拠をニューヨークから、インドのアディヤールに移したことだ。

東洋との諸教混淆《シンクレティズム》といっても、十九世紀を通じた東洋趣味の流行により、中東・エジプト地域は、すでに多くの旅行者により探査しつくされ、「神秘」的な雰囲気を周囲に漂わせることで、神智学に世間からの関心を惹くには、あまりにも凡庸となっていた。さらに、インド移住の最大の動機は財政的な理由が大きかったようだ。

インド移住後、神智学は大きく発展し、一八八〇年代には、世界に百二十以上の「ロッジ」が形成され、アルフレッド・ラッセル・ウォレスやトーマス・エジソンなど有名人の加盟が相次いだ。ブラヴァツキー夫人は、当時、インドを植民支配していたイギリス人社会で、さまざまな「心霊現象」「超常現象」を披露し人気を集めたが、「マハトマ書簡」と同様、当初から手品の技術を使った詐欺だという非難が絶えなかった。神智学に好意的な伝記作家は、神智学協会にインド進出のきっかけを与えたスワミ・サラスワティとの間に生じた不和は、彼が神智学の求める「秘密教理」に通じた神秘家にはほど遠く、宗教家として凡庸な人物だったからと説明しているが、実のところ、スワミ・サラスワティがブラヴァツキー夫人の詐欺的行為に気づき、それに批判的な立場を取ったことに真の原因があるようだ。

ブラヴァツキー夫人の「破滅」は一八八四年「クーロン事件」によってもたらされた。一八七二年、エジプトでブラヴァツキー夫人と知り合い、その後、経済的に困窮したことから、インドに渡りブラヴァツキー夫人の家政婦を務めていたエンマ・クーロン（旧姓カッティング）は、いつしか、ブラヴァッキー夫人の詐欺やトリックの協力者になっていた。ブラヴァッキー夫人は彼女に宛てた書簡の中で、自分の詐欺の手法やクーロンに対する指示をあからさまに綴っていたが、クーロンはこれら一連の書簡を、ブラヴァッキー夫人のロンドン旅行中に、金銭目的で、キリスト教布教団の経営する『ザ・クリスチャン・カレッジ・マネージメント』誌に売り渡したのだ。

シンクレティズムといいながら、ブラヴァッキー夫人の神智学は、キリスト教よりもヒンズー教、仏教に好意的であったため、キリスト教布教団は神智学に対し、以前から敵意を抱いていた。さらに、折悪しく、ちょうどこの時、一八八二年に心霊現象を科学的立場から検証する目的で設立された「心霊研究協会」からリチャード・ホジソンが派遣され、現地インドで神智学やブラヴァッキー夫人の顕現した心霊現象の真偽を調査していた。

リチャード・ホジソンは心霊研究協会の中では、むしろ、心霊現象の実在に肯定的な立場で知られていたが、エンマ・クーロンの証言にもとづき、ブラヴァッキー夫人を詐欺師と断定し、一八八五年に心霊研究協会に最終報告書を提出する。これにより、ブラヴァッキー夫人のインド在住イギリス人社会での盛名は一瞬のうちに失われ、神智学協会会長職にあったオルコット大佐も醜聞を怖れてブラヴァッキー夫人と距離を置き、両者の長年にわたる関係も断絶する。

ところが、ここで、奇妙な現象が発生する。キリスト教団や心霊研究協会の攻撃は、逆にインド民族主義を追求するインド人社会において、むしろブラヴァッキー夫人の立場を強める方向に作用したのだ。また、インドとヨーロッパ、アメリカの「距離」もブラヴァッキー夫人に味方した。クーロン事件によって破滅的醜聞が暴露されたにもかかわらず、インド以外の地域においては、ブラヴァッキー夫人の「霊能力」にまだ信頼を置き、彼女を支持する有力者・著名人が後を絶たなかったのだ。

ブラヴァツキー夫人は、クーロン事件の後、膨大な量の原稿を執筆し始める。一八八七年からは、イギリスの上流階級に属する支援者の援助を受けてロンドンに定住し、原稿執筆を継続する一方、雑誌『ルシファー』を刊行するなど旺盛な活動を続けることになる。彼女が書き散らした無秩序を極めた原稿は、当初四部構成となるはずだったが、神智学協会ロンドン・ロッジの秘書だったバートラム・ナイトリー等の手により一八八八年にその最初の二部が、『シークレット・ドクトリン』として刊行された。

さてここで、神智学協会の将来にとって、もう一つ、僥倖ともいえる事件が発生する。『ザ・レヴュー・オブ・レヴューズ』の編集者、W・T・ステッドが、彼の友人の一人で、一八八四年に設立されたイギリスの進歩主義・社会主義者団体フェビアン協会に近い知識人女性アニー・ベサント（一八四七－一九三三）に『シークレット・ドクトリン』の書評を依頼したのだ。

アニー・ベサントはアイルランド系の中流階級の娘として生まれ、国教会の牧師と結婚して二子をもうけるが、無神論に傾斜して離婚した。その後、チャールズ・ブラッドロー（一八三三－一八九一）、エドワード・エイヴリング（一八四九－一八九八）、ジョージ・バーナード・ショー（一八五六－一九五〇）など、当時イギリスで社会主義運動、マルクス主義運動などを指導していた著名作家・評論家と次々に恋に落ち、彼らの影響下で自身も避妊やバースコントロール、組合運動などを支持する活動家として知られるようになった。

一八八九年、ロンドンでブラヴァツキー夫人に会うと、彼女の心霊家としての能力を疑わず、早速、神智学協会に入会した。ベサントは美貌で外交能力に長《た》けていたが、他人の影響を受けやすく、その時に交流をもっている人間（多くは男性）に応じて自己の主義・主張も変化するという性格の女性だったらしい。入会後は、ただちに『ルシファー』の副編集長となり、一八九一年のブラヴァツキー夫人の死後には一八八八年に設立された神智学協会「秘伝部門」の指導者となって、ブラヴァツキー夫人の精神的な後継者として振る舞うようになり、オルコット大佐が一九〇七年に亡くなると、神智学協会の第二代会長に就任する。

神智学がブラヴァツキー夫人の「失脚」を経ながらも、その後大きくオカルト世界に勢力を拡大した原因の一つには、『シークレット・ドクトリン』の影響もさることながら、ブラヴァツキー夫人が「失脚」後、年を経ずして亡くなり、貴族の出身ながら、わがままで、気まぐれ、がさつといってもよい奇矯で傲岸な性格で知られたこの神智学の創始者とは対照的な、優美で物腰の柔らかなアニー・ベサントがその後継者に就任したことが大きい。

『シークレット・ドクトリン』というある意味、十九世紀エゾテリスムを集大成した著作の内容が、アニー・ベサントという人格・品性に優れたスポークスウーマンを通じて広められることにより、稀代の「詐欺師」ブラヴァツキー夫人の生前の悪評は忘れられ、ブラヴァツキー夫人の「心霊術師」、「オカルト理論家」としての側面だけが拡大され、聖別されていくのだ。

この意味で、アニー・ベサントが、植民地宗主国であるイギリス人としての政治的・社会的限界はありながら、若いインド人と次々と親しくなり、ヒンズー神秘主義、さらには、ヒンズー民族主義の理解者・同伴者・援助者として振る舞い、マハトマ・ガンジー（一八六九－一九四八）に至るインド独立運動に一定以上の影響をもたらし続けたことは無視できない。

それでは、その『シークレット・ドクトリン』の内容はどうか？

現行の「神智学協会版」（第一巻・第二巻）、「ケンブリッジ版」（第三巻）を合わせて二千ページ以上となる内容を、限られたページ数で要約するのははなから不可能だが、ある意味これほど評価の難しい書物も少ない。

　序言において本書の目的は、「自然が原子の偶然の組成によって成りたったものではなく、人間に宇宙の枠組みの中で正しい位置を示すことであり、全ての宗教の基礎にある始原の真理を堕落から救い、あらゆるものが生じた根源的な統一をある程度まで明らかにすることであり、近代文明の発明した科学が、これまで、自然の神秘的側面に接近しえたことは一度もなかったことを示すことである」[27]と述べられている通り、この書物が、近代科学、特に進化論によって無効化されようとしている「オカルト的宇宙論」を、正にその近代科学を援用、あるいは、その逆手を取ることによって復活させることを目的とするものであることは明かだ。

『シークレット・ドクトリン』は、形式的には『ジャーンの書』の七つのスタンザの注釈という体裁をとる。『ジャーンの書』とはブラヴァツキー夫人によれば、キリスト教、ヒンズー教、仏教、儒教等東西のあらゆる宗教に通底する悠久の古代の真理を伝える実在の書物である。『ドクトリン』全体は三部に分かれ、カオスから宇宙が生成する過程、および、近代科学がそれをいかに誤って解釈しているかを証明する「宇宙生成論《コスモジエネシス》」。ダーウィンの進化論を下敷きに、それに上書きするような形で、人間の進化・文化を語る「人間生成論《アントロポジエネシス》」。これにその両者を総合する第三部が続く。ただし、アニー・ベサント編による第三部については、ブラヴァツキー夫人を特別視する原理主義的な神智学信者からはその権威が疑われているという。

　ブラヴァツキー夫人の記述は、極めて入り組み、一読して何を言いたいのか分からない「象徴」的な解釈や、イメージが頻出するが、それなりの「体系性」は備えており、また、エリファス・レヴィをはじめとする先行するオカルティストの所説もその体系の中にうまく位置づけられている。ただし、十八世紀以降の神秘思想家《イリユミネ》以来共通することであるが、その発想の源、あるいはそれを「証明」する根拠となるのは、敢えて言えばブラヴァツキー夫人自身の「妄想」でしかない。しかも、古代やルネサンスのヘルメス学等の説く「古代神学《プリツカ・テオロギア》」を踏まえているとしながら、その認識論的前提・信念は——多分に大衆化された偏見によって歪められた——十九世紀実証主義の水準を抜くものではないのだ。

特に、第二部の人間生成論においては、ダーウィンの進化論を敷衍《ふえん》しながら、結局は、十九世紀末期の西欧社会の人種差別的偏見を補強する人種論を構築している。

ブラヴァツキー夫人は、数百万年の人類進化の歴史の過程で、五つの「根人種」を想定する。第一から第二の根人種は、エーテル的ないし、それがやや物質化した存在であり、分裂や発芽によって増殖し、現行人類に繋がることなく死滅した。第三の根人種は、レムリア大陸に住んだレムリア人、第四の根人種はアトランティス大陸に住んだアトランティス人で、それぞれ、進化の度合いに応じて、幾つもの「亜人種」に分かれる。レムリア人の子孫が、カポイド人（ホッテントット、ブッシュマン）、コンゴ人、ドラヴィダ人、オーストラリア先住民である。また、アトランティス人は七つの亜人種に分かれるが、その中で、現行人種に連なっているのが、アメリカ・インディアン、ツラン人、ユダヤ人を含むセム人、モンゴロイドなど。そして第五の最も進化した根人種がアーリア人種であるという。つまり、アーリア民族を「進化」の頂点とし、他民族はそれより進化の程度が劣っているか、人種間の混血による「退化」した「劣等民族」であり、さらに類人猿すらもが、ダーウィン的な選別進化ではなく、人間からの霊的堕落＝退化によって生じたと考える。逆に言えば、「劣等民族」と類人猿とは霊的進化の度合いにおいて大差ないとする差別観にすら連なることになる。

十九世紀末から二十世紀初頭にかけて、オカルト陣営において『シークレット・ドクトリン』あるいは神智学の権威が高まり、その影響が強まるにつれて、ブラヴァツキー夫人のこうした人種論が、当時の人種偏見、特にユダヤ人差別を助長し、横山茂雄によれば、ナチ・オカルティズムの形成にも影響を与えたという。[28] ブラヴァツキー夫人あるいは彼女の後継となったアニー・ベサントが、イギリスの植民地主義に対しヒンズー民族主義を支持し、それが、結果的にはブラヴァツキーの「失脚」を越えて「神智学」を生き延びさせることに繋がったとすれば、これは、歴史の皮肉だろうか？

日本の心霊術

これ以降の心霊術、あるいは心霊主義が、その他のオカルト諸傾向と合わせてどのような展開を見せるかは、章を改めて記述しなければならない。その前に、心霊術が、日本で辿った足取りについてごく手短かに触れておこう。
日本ではすでに幕末期から、お雇い外国人経由、日本人留学生経由で催眠術や心霊術の知識が移入されていたが、一八八一年には東京帝国大学初代心理学教授外山正一（一八四八－一九〇〇）が日本で初めて「催眠術」を教えており、また、同じ一八八〇年代には下田に来航したアメリカ人船員がテーブル・ターニングを伝えている。その際、言語上の問題から、テーブルの叩音をＡＢＣに翻訳することが出来なかったので、簡単な質問に対し机が「頷く」だけの簡単なテーブル・ターニングを行ったことから「こっくりさん」という呼称が生まれたのだという。[29]
いずれにせよ、心霊術・オカルティズムも西欧から伝来した先進的な「科学」の一形態として当時の学者・知識人を中心に受容され、それが近代化への民衆の「不安」を表現するさまざまな在来宗教・新興宗教・民俗的迷信と習合する過程で、現在に続くスピリチュアルなサブカルチャーも生み出されていったというのが事実らしい。

その意味で鈴木光司のホラー小説『リング』（一九九一）、およびそれを原作とした映画（一九九八）の元ネタになった福来友吉の「千里眼事件」は徴候的と言えるかもしれない[30]。

東京帝国大学心理学科助教授福来友吉（一八六九－一九五二）が一九一〇（明治四十三）年に霊能者御船千鶴子を調査し「透視」実験を成功させるが、翌一九一一（明治四十四）年、同じく霊能者長尾郁子を対象とした「念写」実験の途中、念写実験の使う乾板が消える、あるいは念写を行ったフィルムが盗難に遭うという事件が立て続けに起きた。その直後、念写実験に参加していた関係者が記者会見を開き、マスコミに広く、「念写は詐欺」と報道されたため、東京帝国大学を追放された（実際には休職後、休職期間満了に伴い退任した）事件だ。ただし、長尾郁子が「念写」した写真を見ると、みごとな白抜きの「活字」になっており、写真乾板に活字を貼り付けて撮影したように見える。今となっては確かめるすべはないが、当時使われていた活字と照らし合わせてみれば、符合するものが見つかるかもしれない。

いずれにせよ、西欧の新奇な学として移入された「心霊術」あるいは「催眠術」が、結局は、明治時代・文明開化が西欧と共有した「十九世紀実証主義」の限界を超えることができず、ちょうど、「動物磁気催眠術」が十九世紀前半のフランス医学アカデミーによって葬りさられたように、当時の学界・ジャーナリズムから拒絶され、東京帝国大学という西欧をコピーした実証主義アカデミーの権威の枠内では研究することすら許されなくなったというのが実態だ。

福来は、学界を追放された後も、野に下って研究をつづけ、一九一七年以降、三田光一を知り、アポロ計画により人類が月に到達する以前に、月の裏側の写真を念写によって写し取ることに成功したと言われる。[31] 福来の研究は、ロンドンの第三回国際スピリチュアリスト会議で発表され、英文の著書も出版されているが、日本の学界で、心霊学が問題にされることは二度となかった。この事情は、催眠療法から発展した「精神分析」が、ヨーロッパ、アメリカとは事情を異にし、臨床医学公認の心理療法としては採用されず、今に至るまで、一部の研究者の知的興味の対象にとどまっているのと軌を一にしているのかも知れない（表Ⅱ参照）。

- 1848年３月、ハイズヴィル事件。アメリカ、ニューヨーク州アーケーディア近郊の小村ハイズヴィルで起こったポルターガイスト現象。ジョン・フォックス一家
- 1852年、心霊術はイギリス、ドイツ、フランスへと拡大。各地でターニング・テーブルを囲んでの交霊会が開かれる。
- 1853年、フランスで心霊術が流行。第二帝政初期に皇帝ルイ・ナポレオンのチュイリュリー宮殿で交霊会。第二帝政成立後、ジャージー島に亡命していたヴィクトル・ユゴー、1853〜55年に霊媒デルフィーヌ・ド・ジラルダンの導きにより盛んに交霊術を行う。
- 1860〜90年、傑出霊媒の続出。フローレンス・クック、ステイドン・モーゼス、ヘンリー・スレード、ダニエル・ダングラス・ホームなど。
- ダーウィンの『種の起源』(1859)、マルクス『資本論』(1867) など、唯物論が盛んになる中、心霊術は「霊」の不滅を信じるキリスト教 (特にプロテスタント) の一つの武器となる。
- 1861年、ウィリアム・H・マムラーにより初の心霊写真。
- 1872年、ウィリアム・クルックス、フローレンス・クックの霊能調査。
- 1882年、ヘンリー・シジウィックらによりイギリスに心霊研究協会 (The Society for Psychical Research) 創設。以後、心霊現象を科学的な立場から研究する傾向 (心霊科学) が強まる。
- 第一次世界大戦の影響で心霊術に再び脚光があたる。1918年、『シャーロック・ホームズ』シリーズのコナン・ドイル (1859-1930)、第一次大戦で息子が死んだことを契機に心霊研究へ。
- 1934年、アメリカ、デューク大学のジョゼフ・バンクス・ラインにより『超感覚的知覚』刊行。超心理学起こる (ライン革命)。

日本

- 1881年、東京大学心理学教授外山正一、東京帝国大学で初めて「催眠術」を紹介。
- 1911年、東京帝国大学助教授福来友吉、霊能者長尾郁子を調査し、「念写」を発見。
- 長尾郁子事件 (1913年、「千里眼事件」) により、福来友吉、東京帝国大学を「追放」(文官分限令により休職を命じられ、2年後に退官) される。鈴木光司のホラー小説、およびそれを原作とした映画『リング』のモデル。
- 1917年福来友吉、三田光一を知り、念写実験再開するもアカデミーからは無視される。

表Ⅱ　交霊術・心霊研究に関する主な事象

第九章　科学の時代のオカルティズム——心霊術と心霊科学

十九世紀エピステーメー転換と近代オカルティズムの矛盾

十九世紀末がオカルトの歴史においても転機になったことは疑いがない。心霊術が一八六九年のカルデックの死によって、一つの時代の終焉を迎えたこと以上に、この時期、従来の「実証主義」にもとづく「科学」に対する懐疑が深まり、カトリシズムの復興や神秘主義・精神主義への傾斜が生じたことがその背景となっている。

すでに、我々は、ミシェル・フーコーのエピステーメー論[1]における、古典主義時代から、十九世紀への転換を見た。すなわち、フランス革命に先立つ十八世紀末、「認識する主体と認識との間にあらかじめある、共有の存在様態としての知そのもの」に変質が起こり、知全体がある垂直性に対して秩序づけられるようになり、この新しいエピステーメーの配置の中で、認識の根拠を探る「人文的諸科学」の特権的領域として指定され、その結果として「主観」や「人間」そのものが発見されてくるのだ。

フィリップ・ピネルに始まる「臨床医学」[2]がフーコーの探究のなかで、先導的な役割を果したことは、こうした文脈のなかで初めて理解される。おそらく、我々の文明も、基本的にはこのエピステーメー圏から離脱したわけではなかろう。

ただし、ミシェル・フーコーを下敷きにしつつも、例えばフィリップ・ミュレーやアラン・コルバンは、一八八〇年代中期に、知の配置の中に、ミュレーが「十九世紀性《ディズヌヴィエミテ》」と称する特質によって特徴づけた時代を離脱する、見過ごすことのできないパラダイム転換が起こったことを指摘している。

ミュレーは、一八八六年十二月二十五日に起こったポール・クローデルのカトリシズム回心に、オカルトと社会主義によって特徴づけられた十九世紀の終末の徴候を見る。[3] ミュレーが注目するのは、この回心が、ヴィクトル・ユゴーの『ノートル＝ダム・ド・パリ』[4]によって十九世紀「オカルト神秘主義」のシンボルと化していたパリのノートル＝ダム大聖堂で起こったということだ。

クローデルは一八八五年六月、聖ジュヌヴィエーヴ教会で行われたヴィクトル・ユゴーの葬礼に参加している。そして、翌一八八六年には、アルチュール・ランボーの『イリュミナション』、「地獄の一季節」の斬新さに衝撃を受ける。そしてその年の十二月二十五日、ノートル＝ダム大聖堂でカトリックに回心するのだ。ミュレーは強調する。世を覆うパンテオン趣味、すなわち「死者崇拝」に対して、神への啓示信仰への回帰という「ノートル＝ダムへの賭」を行うことにより、クローデルは、オカルト社会主義的十九世紀からの最初の脱出者となった、と。

このパラダイム転換は、単に左派オカルティズムの側だけに起こったわけではなかった。なぜなら、われわれが右派オカルティズムと名づけた陣営においても、ユイスマンス、ブロワをはじめ多くの文学者の間に、聖母マリア出現をきっかけとした異端信仰を経由しつつも、この時期、続々とカトリシズムへ回帰する現象が見られるからだ。ミュレーと並んで一八八六年という年の象徴性を強調する『十九世紀末フランスの思想と文学におけるカトリック意識の危機』の著者、ロベール・ベセッドによれば、知識階級・文学者を中心に著名な者だけを挙げても百五十人を超える大量の回心者を数えたという。「カトリック復興」と呼ばれる現象である。[5] また、『フランスにおける知識人のカトリック回心』の著者、フレデリック・ギュジュロも、この現象の開始を一八八五年に定めている。[6]

しかし、一八八〇年代中期のパラダイム転換の意味を探るためには、さらに視点を広げてみる必要がある。

『娼婦』のアラン・コルバンによれば、一八八四年刊行のユイスマンス『さかしま』の記述を引用する形で、一八七七、七八年から、十八世紀末に始まる公衆衛生上の「規制主義」の原則に従って、公安警察が娼婦を登録管理する「娼館」という売春システムが急速に破綻しはじめ、女給を置くブラスリーや、音楽カフェ《カフェ・コンセール》に取って代わられたことを指摘している。[7]

この間、性愛に対する大衆の嗜好にも大きな変化が起こり、単に都市の男性単身者の性的欲望を処理する「娼館」に対する嫌悪感が広がり、同じ売春を行うにも、ロマンティックな「恋愛」の味付けが必要になった。またそれと共に、公衆衛生政策が変化し、売春婦を風俗取締警察が「登録」「監禁」するシステムが時代遅れになってきたのだ。

コルバンは、同じく、この時代に、「臭い」や「周縁地域」（それまで顧みられなかった浜辺など）についての感性も変化し、現代に繋がる「清潔」な室内空間、市民に簡便な娯楽を提供する「レジャー空間」が形づくられたことを明らかにした。[8]

こうしたエピステーメー転換は、物理学や天文学などの分野での大きなパラダイム転換と連動するものであり、こうしたパラダイム転換は、動物磁気、心霊術などを含む近代オカルティズムの動向をも左右するものだった。

一八八七年、アメリカの物理学者アルバート・マイケルソン（一八五二－一九三一）と、エドワード・モーリー（一八三八－一九二三）が、「エーテル」の不在を証明している。光には、波動としての性質と粒子としての性質があり、もし光を波動と考えると、それを伝達する媒体が必要となることから、物理学・天文学の世界で長いこと議論が続いていた。光は真空中でも伝わるため、真空中や大気中に光を伝える目に見えない媒質が必要となる。この未知の物質がエーテルと呼ばれていた。もともと、アリストテレス自然学の第五元素、あるいはプネウマ（気息・精気）に由来し、近代オカルティズムの圏内においては、魔術や心霊術、神智学なども、こうした「科学的裏付け」があって、光の伝達以外にもさまざまな超自然的現象が、途中で減衰や変化を起こすことなく遠距離に伝播することを説明する原理として「エーテル」が用いられたことは本書でしばしば強調してきたところだ。

　動物磁気の「普遍流体」、エリファス・レヴィ、ブラヴァツキー夫人の「アストラル光」「エーテル体」などもそれぞれ「理論的」な枠組みは異なるものの、同じ宇宙に満ちた不可視の媒質という意味では、その派生形と見なすことができる。

　マイケルソン、モーリーの実験は、宇宙空間をエーテルが満たしているなら、その中を通過する地球にはエーテルの風が吹きつけているはずだとの仮定のもとに、光の干渉作用を利用した干渉計を発明し、宇宙を通過している地球が受けるエーテルの風を測定しようとしたものだが、いくら装置の精度を上げても、エーテルを観測できなかった。

　やや時代が下り、一九〇五年、アルベルト・アインシュタイン（一八七九－一九五五）が、光をエネルギーをもつ粒子であるとする「光量子仮説」を提出し、ニュートン以来の古典物理学の枠を越えた量子力学への道を切り拓く。

逆に、こうしたパラダイム転換を受ける形で、この時期、従来の「実証主義」にもとづく「唯物的」な「科学」、あるいは、それと対をなす「人間機械」的な人間観に対する懐疑が広がり、先に述べたカトリシズム復興にとどまらず、ウィリアム・ジェームズ（一八四二－一九一〇）、フリードリッヒ・ニーチェ（一八四四－一九〇〇）、ジークムント・フロイト（一八五六－一九三九）、エドムント・フッサール（一八五九－一九三八）、アンリ・ベルクソン（一八五九－一九四一）、ジョン・デューイ（一八五九－一九五二）、レオン・ブランシュヴィック（一八六九－一九四四）など広義の神秘主義・精神主義的傾向をもった哲学・思想が一斉に開花する。

十九世紀末といえば、耽美主義、退嬰主義、デカダンスなど、心身ともに病的なイメージをもって語られることが多いが、むしろ、「病んで」いたのは、十九世紀という世紀そのものである。たとえば、娼館とは切っても切れない梅毒に感染していた人間の割合は、十九世紀を通じ、成人男性の八〇パーセントに達していたという数字がある。逆に十九世紀末とは、唯物論、観念論を二つながら克服しつつ、病的な世紀としての十九世紀を清算する動きが強まった時代という認識を持つ必要がある。

「心霊科学」の誕生

こうした文脈のなかで、一八八〇年代中葉から、すでに述べたように、シャルコーを中心としたサルペトリエール派、ベルネームのナンシー派がそれぞれの立場から、動物磁気催眠術の圏域で主張されていたさまざまな超常現象を「再発見」していく。

例えば、リュイス博士が医学の世界に再導入した動物磁気催眠術、心霊術が、それまでの科学の限界を越えて、新たな人間精神の可能性を開く、「個」としての「意識」の限界を越える鍵を握っているのではないかという期待が、科学者や医学者だけにとどまらず、哲学者・心理学者・社会学者などの間にも共有されることになる。

一八四九年、ヴィクトール・ビュルク（一八二二－一八八四）が、ヒステリー患者を催眠状態に置くと、金属に対して特殊な反応を示す事実を発見した[9]。一八七九年になって、当時フランス生物学会会長だったクロード・ベルナール（一八一三－一八七八）の命で委員会が設立され、シャルコー、ジュール・リュイス（一八二八－一八九七）、アメデ・デュモンパリエ（一八二六－一八九九）等、サルペトリエール派の委員会が「金属検査」「金属療法」の追試を行った。さらに、アンリ・ブリュ（一八四〇－一九一四）と、フェルディナン・ビュロ（一八四九－一九二二）によって、密閉した瓶の中の薬剤を患者に中が見えないように肩口に差し出すと、中に入れた物質・薬剤によって、様々な感情的反応を引き起こす現象が確認された。この実験も、医学アカデミー会員で、オピタル・ド・シャリテ病院の医師であった、ジュール・リュイスによって当時としては厳密な条件のもとに追試が行われ、現象の再現が確認された。

水、モルヒネ、ストリキニーネ、アトロピン、ナルセイン、臭化カリウム、アルコール、香料エッセンスなど、さまざまな薬品をガラスの瓶に密閉して、ヒステリー患者から少し離したところに置き、その様子を見る。もちろん、患者に中身が分からないように、瓶は一様に黒い紙で覆い、後ろから患者の目にはいらないように、耳元にかざすのだ。すると、暗示が起こる可能性は排除されているにもかかわらず、これらの物質は患者に「喜び、悲しみ、苦痛などさまざまな感情や痙攣、幻覚を引き起こした。また瞳が動いたり、甲状腺の周辺が一時的に膨張したり、心臓や肺、腹部の神経に随伴的な変調が起こった」のである[10]。

一八八六年には、リュイス、ブリュ、ビュロの三名を共同編集者として『催眠実験・治療雑誌』が創刊される。一八九一年には、催眠術・心理学学会が設立され、デュモンパリエが初代会長に就任した。「金属療法」（ビュルク『金属療法の諸源泉』[11]の刊行は一八八二年）、あるいは、「心的暗示と有害物質の遠距離からの作用」（一八八七年刊行のブリュ、ビュロの共著のタイトル）[12]と呼ばれた現象は、「動物磁気」圏内でよく知られた「苦痛の伝染」に相当する。百年の長きにわたって「動物磁気現象」を拒否し続けた医学アカデミーが、裏口からにせよ、ついにその存在を認めたのだ。

また、ピエール・ジャネは高等師範学校《エコール・ノルマル・シュペリエール》を卒業し、哲学教授資格試験《アグレガシヨン》を二位で通過するという輝かしい成績を収め、一八八三年から八九年にかけて、ル・アーヴルで高等中学《リセ》の哲学教授を務めるかたわら、文学博士号の学位請求論文を準備していた。彼は学位請求論文のテーマに「幻覚と知覚機構の結びつき」を選び、ジベール博士の紹介で、レオニー・ルブランジェという被験者を相手に臨床研究を行った（実験については後述）。

しかし、エレンベルガーによれば、「ジャネはレオニーの催眠状態が前世代の催眠術師たちの著述の中に描かれているとおりであることに気づいた。シャルコーやベルネームが驚くべき新事実だと教えていたものは、いずれも、これらいかがわしい催眠術師たちがとっくに知っていたものであった。ジャネは忘れられていた知識の世界を一つ再発見したに過ぎなかった。ジャネは世代から世代へとさらに遡って調べ、とうとうピュイセギュールとベルトランという二人の最も初期の催眠術師でさえ、すでに現代人が自分たちの発見だと信じ込んでいたものをほとんど皆知っていたことに気づいた」[13]のだ。ジャネは、その後、これら古い先駆者の業績を調べはじめ、『心理療法』の中でその歴史に触れた部分に生かすことになる。[14]

ちなみに、先に述べたリュイス博士の実験の協力者の中には、エリファス・レヴィの項で名前を挙げたパピュスことジェラール・アンコースも含まれている。パリ大学で医学博士号を取得したれっきとした医師だが、パリ大学在学中からサン＝ティヴ・ダルベードル、ヴロンスキー、エリファス・レヴィ、ブラヴァツキー夫人などの影響下にオカルト界で活躍し、おびただしい著作を残したことから「オカルト界のバルザック」の異称を得ることになる人物だ。

一八八八年、ブラヴァツキー夫人の神智学協会と袂を分かつと、スタニスラス・ド・ガイタやジョゼファン・ペラダンらと「カバラの薔薇十字」を設立した後、一八九一年、オーギュスタン・シャボゾー（一八六八－一九四六）と共に、サン＝マルタン主義を掲げてマルティニスム協会を設立する。彼の姿はユダヤ人迫害の元凶と目される悪名高き『シオン賢者の議定書』について述べる際、再びお目にかかるだろう。[15]

ともあれ、一方では、この時期、心霊術側にも大きな変化が起きつつあった。イギリス、フランスを中心に、ますます精密になる科学の基準に照らし、「霊」や「死後の世界」の存在を前提とした「宗教的」解釈を離れて、厳密な実験を通して、動物磁気・心霊学の圏域で発現する「超常現象」「超能力」を検証しようという運動が生じたのだ。一八八二年、英国心霊学協会を母胎に、エドモンド・ロジャース（一八二三－一九一〇）、ウィリアム・フレッチャー・バレット（一八四五－一九二六）、スタントン・モーゼス（一八三九－一八九二）、フレデリック・マイヤーズ（一八四三－一九〇一）らにより、心霊研究協会（the Society for Psychical Research）が創設され、功利主義哲学者であるヘンリー・シジウィック（一八三八－一九〇〇）が初代の会長に就任した。[16]いわゆる「心霊科学」ないし「超心理学」の誕生である。ちなみに心霊研究協会設立の翌年、一八八三年、シジウィックはナイトブリッジ大学の倫理哲学教授になっている。

この運動には、ウィリアム・クルックスやオリヴァー・ロッジ卿（一八五一－一九四〇）など、従来から心霊術研究に関心を持っていた化学者、物理学者、アンリ・ベルクソンやウィリアム・ジェームズなど、十九世紀に有力な勢力だった唯物論や観念論を克服し、従来の「精神」の概念を再検討しようと試みていた哲学者・心理学者も密接な関係を有していた。ベルクソンは、一九一三年に心霊研究協会の会長を務めることになる。

この時期、心霊研究協会周辺で活動していた心霊術愛好家、研究者、学者について、すでに度々引用しているベルトラン・メウストは、次のように五つのグループに分類し、その傾向を指摘している。[17]

一、ナイーヴに「あの世」を即物化して考える最も交霊術・心霊術に近い立場　↓オリヴァー・ロッジ卿
二、交霊術の作り出す事実を包摂しうる思弁的な背景を想定するが、霊媒現象全てを霊に還元しない。ただし、死後の世界の問題を宗教とは異なったやり方で再び提起することに関心の中心がある。特にジュレーの場合、輪廻のサイクルを通じた意識の旅という「宇宙的進化論」を構想する　↓マイヤーズ、ギュスターヴ・ジュレー（仏、一八六八－一九二四）、カルル・フォン・プレル（独、一八三九－一八九九）
三、仮定として霊の介在は認める、あるいはアプリオリに排除はしないが、積極的には肯定せず、懐疑的な立場を取る　↓アルベルト・フォン・シュレンク＝ノッツィング（独、一八六二－一九二九）、シジウィック（英）、ジョゼフ・マックスウェル（仏、一八五八－一九三八）、エミール・ボワラ

ック（仏、一八五一－一九一七）、デュラン・ド・グロ（本名ジョゼフ・ピエール・デュラン、仏、一八二六－一九〇〇）、ジュリアン・オショロヴィッツ（ポーランド、一八五〇－一九一七）、ジョゼフ・ジベール（仏、一八二九－一八九九）

四、心霊術の仮説には反対の立場をとりつつ、現象を識閾下の心理現象、生体間の遠隔コミュニケーション（テレパシー）等を通じて論理的に説明しようとする　→ユージェーヌ・オスティ（仏、一八七四－一九三八）、シャルル・リシェ（仏、一八五〇－一九三五）、ルネ・シュードル（仏、一八八〇－一九六八）

五、心霊術の実験面よりも、理論的な関心からこの問題に近づいた心霊研究の「道連れ」とも言うべき人々。ただし、死後の生や意識の再結合など、心霊術・心霊科学の打ち出した（仮）説は、彼らの体系に一定の影響を与える　→ベルクソン（仏）、ガブリエル・マルセル（仏）、ウィリアム・ジェームズ（米）、テオドール・フルロワ（スイス）、アンドリュー・ラング（英）

メウストは心霊研究協会に集まった面々には、シジウィック、マイヤーズをはじめ、「牧師」の息子が多く含まれているという点に特に注意を促している。つまり心霊研究とは、それとは真逆の反形而上学的立場から宗教否定を行ったフリードリッヒ・ニーチェ、批判的合理主義の立場から同じくキリスト教批判を行ったエルネスト・ルナン（一八二三－一八九二）の同世代にあって、信仰を失いながらも、死や死後の生の問題への関心を捨てきれない世紀末世代の（擬似）宗教的傾向を代表する動きだったのだ。

霊界通信

いずれにせよ、十九世紀末から二十世紀初頭にかけて、こうした問題意識のもとに、医学者、心理学者、物理学者など、多くの「権威」ある「著名」な人物を交える形で、十九世紀半ばまでの医学アカデミーが黙殺した動物磁気、催眠術、心霊術の圏域で起こった「超常現象」を追試する試みが盛んに行われた。その数は極めて多く、実験対象、実験分野も極めて多岐にわたるが、代表的な例を幾つか紹介しておこう。

まず、死後の生の分野では、ガーネイ（一八八八）、シジウィック（一九〇〇）、マイヤーズ（一九〇一）と心霊研究協会の指導者が相次いで亡くなった後、一九〇六年から複数の、しかも三大陸の極めて離れた場所に住み、互いに知己というわけでもない複数の女性が、自動筆記や霊媒の仲介により彼らのメッセージを受けとったという「霊界通信《クロス・コレスポンデンス》」事件というのがある。[18] 一九〇六年、ケンブリッジ大学教員A・W・ヴェロール（一八五一－一九一二）の妻、マーガレット・ヴェロール夫人（一八五七－一九一六）が、興味半分で参加した自動筆記の会合で、ギリシア語・ラテン語で書かれたメッセージを受けとった。内容は故意に暗号化されていたが、マイヤーズの署名があった。ヴェロールは、マイヤーズの知己でケンブリッジ大学の古典学の教授であり、ヴェロール夫人もケンブリッジ大学ニューナム校の西洋古典学講師だった。ヴェロール博士は、アレイスター・クローリーの先生でもある。マイヤーズがギリシア・ラテン語に精通していたのはもちろんだ。その後もメッセージは続き、徐々にその内容には一貫性が感じられるようになった。

同じ年、アメリカの有名な霊媒、レオノーラ・パイパー夫人（一八五七－一九五〇）の元に、やはりマイヤーズのメッセージが届き、その中で、ヴェロール夫人との間で語られた議論のテーマを正確に言い当てていた。さらに、当時インドに住んでいたアリス・フレミング夫人（一八六八－一九四八）の元に、やはりマイヤーズからメッセージが届いた。フレミング夫人は、『ジャングル・ブック』[19]（一八九四）で有名な作家、ラドヤード・キップリング（一八六五－一九三六）の妹に当たる。トランス状態で受けとったメッセージで、マイヤーズは、ケンブリッジのセルウィン・ガーデン五番に住むヴェロール夫人に手紙を送るように指示した。フレミング夫人は、ヴェロール夫人と面識はなく、ケンブリッジを訪れたこともなかったが、彼女が出した手紙は正確に宛名人の元に届いた。

ジャネット・オッペンハイム『英国心霊主義の抬頭』[20]やリン・ピクネットの『超常現象の事典』[21]の記述によれば、自動筆記ないしは霊媒の仲介により心霊研究協会の物故した創立者らのメッセージを受けとったのは、上記三人の他に、ウィレット夫人、イーディス・リトルトン女史、ヴェロール夫妻の娘ヘレンなどが含まれていた。一九一〇年、エディンバラ大学ギリシア文学専攻のヘンリー・ブッチャー教授、一九一二年にはヴェロール博士が亡くなり、彼らもメッセージの送り手となった。一九〇〇年代初頭から三十年、三千を超えるメッセージが送られ続け、その中で、「霊界」に暮らすマイヤーズらの状況が語られた。

メッセージはちょうどバラバラにされ、アトランダムに送られたジグソー・パズルのコマのように一つ一つでは訳が分からず、その解読には、古典語、古典文学の知識が必要なことも手伝って困難を極めたが、ジェラード・ウィリアム・バルフォア卿（一八五三－一九四五）、オリヴァー・ロッジ卿、シジウィク未亡人エレノア・シジウィック、アリス・ジョンソン、J・E・ピディングは、最終的に、これらのメッセージが死者からの手紙だと結論づけた。心霊研究家の間では、この霊界通信は、現在でも、「人間が死んでも霊は生き残る」ことを示す「確実な」証拠と見なされているという。

ただし、この事件に対しても批判がないわけではない。すでに、事件が発生中の一九一〇年代からエイミー・タナー、アイヴール・ロイド・タケットら心霊現象に懐疑的な論者から、「本来意味のない文を寄せ集めて無理矢理そこに意味を見出している」、あるいは、「原資料を心霊研究協会が独占し開示しないため、客観的な批判の対象にならない」といった疑問が寄せられていた。

心霊主義について肯定的な立場を取るジャネット・オッペンハイムは『英国心霊主義の抬頭』の中で、彼女が「シュロの聖日」事件と呼ぶこの霊界通信について、「もちろん心霊研究における多くの事件のように、この『シュロの聖日』事件にも、共謀、ペテン、自己欺瞞が働いていたという可能性がないわけではない。しかし、関わった人間の多さ、原稿の量、そして続いた時間の長さを考えれば、それはありそうもないことである」[22]と述べている。

「シュロの聖日」とは、霊界通信の解釈者の一人バルフォア卿が、一八七五年の「シュロの聖日」に、婚約者メアリー・キャサリン・リトルトンを発疹チフスで亡くしたことからついた名前だ。メアリーは彼女の死後、バルフォア卿に宛てて霊界から通信を試みていたというのだ。バルフォア卿は、一九一六年まで、この交信の事実に気づいていなかったが、一九三〇年に自分自身が死去するまでにそれは確信に代わり、霊界通信における自動筆記家の一人、ウィレット夫人を通じて、メアリーに返事を出そうとさえしていたというのだ[23]。

最近出版されたジョン・グラントの著作『幽霊科学』(二〇一五)において、著者は事件について「ジャネット・オッペンハイムがここで見過ごしているのは、集められたメッセージの解釈者の役割である。記述されているように、調査を行った人間たちが抱いていた先入観が、全く純粋な資料群に由来する意味に極めて重要な影響を与える可能性があるということだ[24]」と述べている。要するに公正な事件の「審判」をするには、解釈者自身が事件に深く関わりすぎている、というよりも、解釈者が事件の主役の一人なのである。しかも、バルフォア卿は、霊界通信による「証明」を待つまでもなく、霊界の存在を心から信奉している人間だった。

ちなみに、シャルコーの弟子で、医師で文筆家としても知られたアクセル・ムンテ（一八五七－一九四九）の手記『サン・ミケーレ物語』（一九二九）によれば、霊界通信の中心的人物マイヤーズは、ウィリアム・ジェームズとの間で、どちらかが先に死んだら、死後の世界から合図を送り霊界が存在するか示すことを約束しあっていたが、マイヤーズが逗留先のホテルで亡くなった際、ジェームズの手元にあったノートは白紙のままであったという。[25]

霊界通信の受信者の一人レオノーラ・パイパーは、マイヤーズやシジウィックの生前から、心霊研究協会、そのアメリカ支部であるアメリカ心霊研究協会によって度重なる研究対象となっていた。一八五九年ニューハンプシャー州ナシュアに生まれ、一八八一年、ボストンで百貨店に勤めるパイパーと結婚して二児を儲けたレオノーラは、橇にぶつかったことがもとで生じた腫瘍の治療のため、盲目の霊媒J・R・コックの治療を受けたことから、死者やその場にいない人物の情報を開示できる「証拠のある交信《エヴィデンシャル・コミュニケーション》」能力を発現するようになった。彼女の場合、交霊会に際し、深いトランス状態に入り、目覚めた後に記憶はなかった。

ウィリアム・ジェームズは、義母のギボンズ夫人を介してパイパー夫人の特殊な能力を知り、彼女に面会するようになった。最初は懐疑的であったものの、最近亡くなった自分の息子の名前や死の前後の状況をパイパー夫人が正確に言い当てたことに感銘を受け、心霊研究協会に紹介したため、マイヤーズ、シジウィック夫妻、バルフォア卿、リチャード・ホジソン（一八五五－一九〇五）をはじめ、数多くの心霊研究家が実験に立会った。その期間は八年にわたり、五百回に及ぶ実験が行われ、二十五巻に及ぶ報告書が作成された。一人の霊媒についてこれほどの質と量の研究がなされた例はなく、彼女の交信も、心霊研究者の間では「死後の復活と死者との交信を周囲の人間に信ぜしめる」（『超常現象の事典』）のに十分な証拠と見なされているという。[26]

物理霊媒の問題

一方、物理霊媒に関わる分野では、すでに述べた通り、一八八三年、ル・アーヴルの哲学教授に任命された哲学者・心理学者ピエール・ジャネ（一八五九－一九四七）が、一八八五年から弟のジュール（一八六一－一九四五）、ジュリアン・オショロヴィッツ、リシェ、レオン・マリリエ（一八六二－一九〇二）、マイヤーズ、シジウィック、ジョゼフ・ジベールらと共同で、レオニー・ルブランジェという名の女性霊媒の透視や遠隔暗示能力の実験を行っている。[27]

農民出身で、ヒステリー歴もない頑健なこの女性は、施術者が、彼女の見えないところから心の内で命令するだけで、深い昏睡状態に陥った。ジベールが彼女の頭のあたりに近づき暗示を与えると、翌日、お盆の上にグラスを置いて持ってきたり、定められた時間に家のドアに施錠するなど、その指示通りの動作を行った。またある時は、彼女とは別室で、ジュールが自分の腕を焼くと、彼女は同じ部位に痛みを感じ、その位置に水疱が生じた。さらに、トランス状態の彼女に、心の中で念じてリシェの実験室に行ってみるように言うと、身をもがき「熱い、熱い」と叫んだ。実際、実験が行われた日、はるか隔ったパリにあるリシェの実験室が火事で焼失していたのだという。オショロヴィッツが一連の実験報告を認《したた》めたが[28]、彼は、こうした「異常」な現象を前に「超常現象」の実在を確信した。

ジャネ自身も『哲学雑誌』などに二本の長い覚書を寄せている。[29] エレンベルガーは『無意識の発見』の中で、この実験について、「ジャネは用心して結論は何も出さず、観察結果の発表だけにとどめた」と述べている。また、ジャネはル・アーヴルで行われた一連の実験において、「学会誌にのった自分の報告を読むと、正確さが不足していると気づいた」と記しているが、[30] P・ケルシー[31]（一八八六－一九四九）やメウストによれば、これらジャネのテクストの中に、後年のジャネにみられるような懐疑的な態度は確認できないという。

ナポリの物理霊媒エウサピア・パラディーノ（一八五四－一九一八）については、その生涯にわたり、イタリア、フランス、ポーランド、ロシア、アメリカなど、さまざまな国籍の著名な研究者によって長期間、何度もその超能力に対する調査が行われた。彼女が得意とした能力は、テーブルをはじめとする家具を引き寄せたり、空中に浮遊させる、いわゆるテレキネシスと呼ばれる能力だ。

生後まもなく母親が死亡し、十二歳の時に父親が亡くなったが、翌年ナポリで行われた交霊会で彼女の能力が発現した。その後、二十年ほど後に、エルコーレ・キアイア（一八五〇－一九〇五）教授が彼女の能力に注目し、犯罪学者として有名で、また、心霊術に懐疑的なことでも知られたチェーザレ・ロンブローゾ教授に紹介したため、彼女の存在が一躍世間に知られるようになった。一八九一年ロンブローゾが実験を行い、さらに、翌年には、ミラノ大学の天文学者スキャパレリを委員長にいただく七名の学者が十七回の実験を行い、いずれも彼女の能力の真正性を認める報告書を書いた。

シャルル・リシェは一八九一年のロンブローゾの実験に立ち会っていたが、詐術が行われる十分な予防策が施されていないとして立会記録への署名は拒否し、一八九四年にエウサピアを自分が釣りのために使用する南仏コート・ダジュールに近いルボー島という小島に招いた。島には彼の家が一軒あるだけだった。実験に参加したのは、彼の他、マイヤーズ、ロッジ、オショロヴィッツら心霊研究協会のメンバーで、鍵を掛けた薄暗い部屋にエウサピアを閉じ込め、両手両足を彼らが抑えつけた状態で実験を試みたが、それでも、テーブルの上のアコーデオンが床に落ちて、数十もの音色を出す、テーブルがひとりでに動く、部屋の隅に置かれた灰皿が空中を飛んでマイヤーズの手に収まるなどの現象を引き起こした。[32]

長年にわたり彼女を研究したジェノヴァのエンリコ・モルセッリ教授（一八五二－一九二九）は、三十九種類の現象を記録したという。「テーブルから発する叩音、テーブル自体の空中浮揚、遠距離にある物体の吸引」にはじまり「体重の変動、気温の突然の低下、自動筆記、陶器に出現する人間の顔、人間のものらしい手足の顕現」などにも及んだという。

さらに彼女については、パリの総合心理学協会が一九〇五年から〇八年にかけて、大規模な追試を行っている。実験の立会人には、ジルベール・バレ、シャルル・リシェ、キュリー夫妻（ピエール、マリー）、アンリ・ベルクソン、アルセーヌ・ダルソンヴァル、ジュール・クルティエなど錚々たるメンバーが加わっているが、四十三回の実験において、物体の移動の他、電流の放出、体重の際だった増加等が観察された。[33]

これらの実験については、もちろん、例えばホジソンなどから「手や足を巧みに振りほどいて目を欺いたのではないか」といった反論がある。ただし、この疑義を認めるにしても、手品師のように、あらかじめ準備を行える環境ではないところで、机を動かし、空中で静止させることは不可能だ。

エウサピア・パラディーノが物体を移動させたのは、「エクトプラズム」という霊媒から放射される未知の物質のせいだとする説がある。例えば、シャルル・リシェは霊媒は半夢遊状態にあるだけでなく、一種の精神を物質化する能力があるのかも知れない、という見解を述べている。要するに、動物磁気の発端になった「流体」概念が、ここでも復活を遂げているのだ。

エクトプラズムについては、一九〇九年、パリで、アルベルト・フォン・シュレンク＝ノッツィングとジュリエット・アレクサンドル＝ビソンが、エヴァ・カレール（本名マルト・ベロー、一八八六－一九二二）という物質化霊媒を対象に一連の実験を行い、「霊媒の体から、なにか未知の生物学的プロセスにより、その物質が出ることを我々はしばしば確認できた。それは最初は半流動体だが、生きている物質の特性の一部を備えていた」と記述を行っている。[34] その後、パリではギュスターヴ・ジュレーとシャルル・リシェが、一方イギリスでは心霊研究協会が追試を行い、いずれもシュレンク＝ノッツィングとアレクサンドル＝ビソンによる報告と同じ現象を確認している。ただし、一九二二年、心理学者デュマ、ピエロン、生理学者ラピックに、ロジエ博士を加えたソルボンヌ大学のチームは、カレールが胃の内容物を口から排出したものとして否定的な見解を纏めている。[35]

心霊科学を支える論理

二十世紀初頭、心理学は三つの潮流に分かれていた。

一つは、ヴィルヘルム・ヴント（一八三二－一九二〇）に代表される実験心理学、もう一つは、シャルコー、フロイトに代表される精神病理学・精神分析。もう一つは、心霊科学である。

こうした文脈の中で、心霊科学は、時代の新しい精神主義の一翼を担う形で、当時を代表する哲学者・心理学者・思想家も含んだ多くの人々の関心を引いた。すでに心霊諸派の傾向については指摘したが、メウストによれば、全体として、彼らの傾向・関心は、以下のように要約されるという。

一、従来のキリスト教教理を離れ、いかなる形而上学的立場、啓示的宗教体系・宗派を採用するかを問わず、死後の生は存在するか、あるいは死後の霊の不滅を、「科学的」「実証的」に確認可能な方法で証明しようとする。

二、画然と切り離された形で存在すると考えられてきた「個体としての意識」を否定。
個体間の意識の共有・伝達。同一個体内における複数の心理の存在。意識相互の結合。集団的（無）意識。個の意識（小我）を超越して、小我が消滅した後にも残る「大我」などへと向かう「上位の包摂」。さらには、個の意識を包み込み、個体の消滅後、個を超越して存在する宇宙的意識（太洋感覚）への包摂等々の発想。

三、動物磁気、催眠術、心霊術においてその存在が予想された様々な「超能力」「超常現象」を、上に記したような仮説を補強し、証明するものと考え、その「実在」を、二十世紀初頭のより進んだ「科学的」検証方法によって実験する。あるいは、実証的・文献学的な方法論によって証明しようとする。[36]

特に、一の「死後の生の存在」をめぐっては、折しもヨーロッパ全域を巻き込んで発生し、両陣営併せて戦死者・行方不明者を合わせて二千万人近い損害を与えた第一次世界大戦（一九一四－一九一八）によって、近親者を失った多数の人間が、心霊術を通して近親者の「霊」との接触を試みたことなどが、この時期、心霊術・心霊科学への関心が異様に高まるきっかけを与えた。ベーカー街の探偵シャーロック・ホームズを創造したコナン・ドイル（一八五九－一九三〇）が、以前から、超自然現象に興味は抱いていながらも、第一次大戦で近親者を失ったことを神からの「新しい啓示」と捉え、心霊主義者全国同盟の熱心な会員となって晩年のほとんどを心霊術研究に費やし、一九二六年、死の四年前には、心霊術の主張する超常現象をほぼそのまま認める形で『心霊術の歴史』[37]を書いたのもその一つの好例といえよう。

一方、「個体を超える意識」については、この時期、さまざまな論者から、霊媒実験などを介して多岐にわたる（仮）説が提出された。

例えば、デュラン・ド・グロは、すでに一八六〇年代に、無意識の存在を否定した上で、「ポリゾイスム」という概念を提出し、意識とは実は複数の意識の束であり、一つの意識には他の意識が自分の意識として感じられているだけだという説を提出している。[38]

心霊研究協会の中心人物だったフレデリック・マイヤーは識閾下の自我《サブリミナル・エゴ》の理論を提唱し、そのレベルにおいては、肉体を離れた他者の意識が交流しあうことに「超常現象」の原因を求めようとした。[39]

またルネ・シュードルは、心霊術には反対の立場だったが、死者をも含む他者の記憶が残存し、他の個体が残っている記憶・思念を捕捉することが可能だと考えることによって、霊媒現象を説明しようとした。[40]ある人間の「思考」が分解されると、その思考は解放された後、再結集し、他の人間の心的意識と結合し新たな総合を形づくる。こうして神経組織を介さず、思考が転移する「開放回路」を構想したのだ。

この考えは、ベルクソンの『創造的進化』『物質と記憶』における「エラン・ヴィタル（生命の跳躍）」と同じではないにせよ、彼の発想に少なからず影響を与えているという。[41]ベルクソン思想のエゾテリックな源泉というわけだ。このあたりの議論は、ベルクソン思想全体との関係で問い直さなければならない重要な、またベルクソニスムの中で最も議論の余地のある問題を含んでいるが、メウストによれば、ベルクソンは、「科学経験」の拡大によって明かにされた「心霊現象」が、生命の緊張が極限まで弛緩した「物質」的様態を突き破って噴出する「生命の躍動」という彼の人間観・生命感に一つのヒントを与えると考えていた。

彼の政治参加もエウサピア・パラディーノの調査など、心霊学研究を通じて形成された人脈に沿って行われたし、一九一〇年に行われたアンケートでは、慎重ながら、テレパシーの存在を認める回答を行っている。霊媒のトランスは、精神が弛緩し無意識に回帰することであり、「笑い」が精神の自動性を解消し、生命の躍動を取り戻す契機となるように、逆説的ながら、キリスト教が失った精神性を回復する人間生命の潜在的な力を暗示すると考えたのだ。[42]

また、ジョゼフ・マックスウェル（一八五八－一九三八）は、「有機的個人性」理論により、言語化しうる個人意識に還元できない更に大きな自我意識を提唱した。催眠によってもたらされる夢遊病（夢中遊行）体験は、単に個人意識の崩壊ではなく、そこから間接的に知られるより包摂的な意識の存在を予想させるとする。[43]これは、後のユングの「集合的無意識」や、ニューエイジ等で語られる主体がさらに大きな真の自我に取り込まれる「太洋感覚」などとも共通する考え方といえるだろう。

心霊術と精神医学との相克――超常現象は存在するか？

サルペトリエール病院長として赫耀《かくやく》たる権威を誇っていたシャルコーが、一八七六－七七年にかけて、ビュルク医師の金属療法に好意的な関心を抱き、その研究を援助したことから、動物磁気、あるいは、十九世紀半ば、ブレイドによって新たに「催眠術」という名を与えられた施術がもたらす「超常現象」に科学の関心が向けられた。オカルティズムと精神病理学の間を隔てる壁が一時的にせよ取り払われ、一連の超常現象が科学の真面目な研究対象として取りあげられる状況が生じたのだ。ただしオカルティズムと科学の良好な関係は長くは続かず、オカルトは再び社会の周辺領域へと押しやられていく。

心霊「科学」を取りあげたこの章の一つの結末として、一八八〇年代から数十年間のオカルティズムと精神医学との必ずしも生産的とはいえない対話を、メウスト、パスカル・ル・マレファンの著作を参考に、ごく簡単に一瞥すると共に、なにより、この時期に問われた超常現象の意味を考えることにしよう。

シャルコーがビュルク医師の金属療法や催眠療法に興味を持ったのは、ヒステリー性の知覚麻痺に陥っていた患者が治療後に感覚を取り戻す点だった。シャルコーは「電気」がこの現象を解明する鍵を握っていると考えた。ヒステリー解明の「第一級」の生理学的発見に繋がることを確信していたのだ。ただし、それは「動物磁気」という、より古層に属する奇怪な現象群を呼びさますことに繋がった。こうしてブロカ、ヴェルポーが「麻酔」に応用しようとして使用したまま医学界では忘れられた存在だった「催眠術」が復活した。シャルコーの意志は、催眠術をヒステリーの症状を再現し、さらにそれを実験的に改変できる実証的な手段として活用することだった。ここから、「催眠術は〝実験的な神経症〟[44]」ではないかとの仮説が生まれた。

ただし、シャルコーはすぐさま微妙な立場に置かれることになった。催眠実験の過程で、「動物磁気催眠」で確認されていた「透視術」「予知能力」「病気の診断」「苦痛の転移」「観念の転移」などの超常現象が報告されだしたからだ。一八八二年、マイヤーズは「観念の転移」にテレパシーという名称をつける。

一八八五年にシャルコーを会長に生理心理学協会が設立され、シャルル・リシェが同協会の秘書になる。一八九〇年代まで、ここが、イギリスの心霊研究協会と並んで、動物磁気由来の超常現象の研究拠点となるのだ。一八八五年を一つのメルクマールとするエピステーメー転換において、シャルコーは「超常現象」に対し、明かに、ある種の受容性を示していた。ただし、彼の関心は、あくまで「未知のエネルギーに対する身体の特殊な感受性を説明する生理学的基盤となる物質を発見」[45]することにあった。

しかし、医学の本流は、結局この時期を境に、再び、急速にこうした超常現象を周縁化し、これら「超能力」を発現させることのできる「霊媒」を、遺伝的欠陥と退行を原因とする精神障害者とし、心霊術をそれ自体、精神疾患に伴う妄想や譫妄《せんもう》と結びつけていく。

一九〇〇年に開催された国際心理学会において、「幻覚」の病理学研究で有名なジュール・セグラ（一八五六－一九三九）は、霊媒研究にもとづき、心霊術＝交霊術によって引き起こされた精神異常として「慢性幻覚性精神病」の病像を確立する。[46]さらにレヴィ＝ヴァランジ（一八七九－一九四三）は、一九一〇年発表の論文「心霊術と狂気」[47]において、「交霊錯乱症」と名づけた病像の本質を論じ、

一、交霊術は、霊媒が精神錯乱に陥る際、その病因として機能する。
二、交霊錯乱症にかかりやすい体質・傾向が存在する（女性、自由業で教育がある、神経症などの遺伝的形質をもつ、社会に対する異議申し立て者、政治的・思想的偏向をもつ異常者）。
三、交霊錯乱症とは、交霊術という特異な内容と関係する聴覚・言語・運動に関わる幻覚を特徴と

する。

と分析している。

また、同じ時期、犯罪における責任能力問題を専門としていたジョゼフ・ピエール・グラッセ（一八四九－一九一八）は、まず、大脳の辺縁系で繋がっている意識・自由意志・責任などを担う上位の心的機構（ポイント・ゼロ）と、大脳の灰白質に位置する下位の心的機構（ポリゴーン）を区別した上で、ポリゴーンを、単なる反射行為を担う下級自動行為に比べれば、上位に位置するものの、ヒステリーや超常能力の発現を荷う、なお低級な心的現象に区分している。[48]

彼は、エウサピア・パラディーノの超能力実験に立ち会っているが、エウサピアの幼児性を指摘し、物質移動については、彼女が意識的か無意識的かを問わず、なんらかのペテンを行っていると考えた。また、遠隔暗示、透視、テレパシー、テレキネシスなど、彼女が発現させたとされる他の超能力については、存在を確認するための十分な証拠がないとして考察対象から外している。

近代オカルティズムを鳥瞰する時、どうしても、割り切れない思いになるのが、こうした「超常現象」が現実に存在するのかという問題だ。心霊術、心霊科学、あるいはその大本にあった動物磁気の側は、一八八〇年代以降、シャルコー等によって「催眠術」として近代医学の一部に包摂されるに至った医療技術とは異なり、

一、ヒステリー患者以外の主体に効果を及ぼすことができる。

二、また、例えば、数メートル離れた遠距離――完全に施術者から見えない場所から被験者に効果

を及ぼすことができる。

三、動物磁気でもたらされる「夢中遊行状態」は、シャルコーが大睡眠理論で記述したものと比べて、単に「自我が再建される」あるいは「感覚が損なわれず、むしろ増強する」といった域を超え、覚醒時と同じように動くことのできる「超覚醒」状態であり、そもそも、「催眠術」とはその理論的・実際的基盤が違う。

ことを主張し続けた。そして例外はあるにせよ、この動物磁気によって得られる「超覚醒」状態においてのみ、被験者＝霊媒は、驚異的な超常現象を発現することが可能なのだという。

一方で、現在、電磁波を利用したさまざまな電子機器の発達により、テレパシーを使わずとも、遠距離、場合によっては地球の裏側まで、自己の意思を伝え、他人の音声を聞き取ることが可能になった。脳波を外部の機械によって検知することは医学の領域においては当たり前のこととなり、近い将来には、脳波を外部機器と連動させることにより、自分が何かを心に思い浮かべただけで、さまざまな電子機器や家電、移動機械に指示を出すことも可能になるだろう。そういう意味において、人間が「超常現象」に期待しなければならない領域はますます減ってきているともいえるし、逆に、たまさか、脳波の発信程度が大きく、通常の人に優って、周囲の環境に働きかける程度の大きな「異能」を持った人間が、検出されるかもしれない。

日本の場合、ある種の西欧医学に対する過剰適応で、テレビをはじめ『ムー』などの雑誌媒体なども含めて、オカルト現象に対する大衆的な興味は旺盛であるにせよ、こと「まじめな」学問の世界では、オカルトと名づけられる現象に対する警戒は極めて強く、オカルト臭のするものに出くわすと

「インチキ」呼ばわりする輩が多い。

一方、アメリカ、ヨーロッパでは、少なくとも人文科学、社会科学の分野では、単に古代、ルネサンスの魔術や錬金術、占星術などを時代の文脈に置き直して考究する文献学的研究にとどまらず、大学においてオカルト現象そのものを学問的に扱う学科も存在し、少なくとも、年十本やそこらの「博士論文」が書かれ、真面目に審査をうけ、合格者には博士号が授与されている。ただし、自然科学や医学の分野で、「動物磁気」の出現せしめた「超常現象」を改めて追試してみようという試みは皆無ではないにしろ、学界の主流から認められるという状況からはほど遠い。

しかし、おそらく、近代オカルティズムの限界は、そこではないのだ。

すでに、われわれは、十七世紀の毒薬事件を一つのメルクマールにして、「魔術」信仰に深刻な打撃が加えられた様を確認した。十八世紀から十九世紀にかけて起こったエピステーメー転換、さらに一八八五年を一つの基準年とするエピステーメー転換、それらの認識論的切断を超えて、なおも、「魔術」や「動物磁気」「超常現象」が生き残ってきた背景には、それらと対になって存在した人間の癒されざる願望が存在している。

つまり、キリスト教という、西欧にとって知的・「霊」的生活を律してきた啓示宗教が、唯物主義、進化論等、近代そのものともいえる「世俗化」によって、命脈を絶たれた後、なお、死後の生を信じ、霊魂の不滅を信じるために、唯物主義・進化論を作りだした主導思想である「実証科学」を逆手にとって、なおも、「宗教」を持続させたいという人々の意志が、近代オカルティズムを現代まで生き延びさせているとはいえまいか？　そして、エピステーメー切断を越えて、あるいは、エリファス・レヴィのように、あるいは、ブラヴァツキー夫人のように、すでに「過去」のエピステーメーに属する「魔術」や「カバラー」を現代に甦らせたり、人知れぬ人外境で、ヨガ密教の秘伝を伝えるマハトマに託して、新たな「宗教」を捏造する行為に走らせる。

ブラヴァツキー夫人の人生そのものが「詐欺」に彩られていたように、ある意味、彼女の「シークレット・ドクトリン」自体が、構想遠大なるが故に、近代思想全体を相手取った巨大な詐欺行為といえるのかも知れない。それは、エリファス・レヴィを根拠とし、その後に生まれた「黄金の夜明け」団、「カバラの薔薇十字」などの近代「魔術」結社、ブラヴァツキー夫人を嚆矢とする「ニューエイジ」という宗教運動全体に言えることであり、最近の日本にも跋扈している新興宗教団体などにもそのまま当て嵌まると言ってよいだろう。[49]

古くは、ジョルジュ・ブラン、オーギュスト・ヴィアット、ポール・ベニシューといった碩学が論じたように、ロマン派に連なる文学者・詩人が、十八世紀の幻視者、あるいはエリファス・レヴィの「魔術」に魅せられ、それらの影響下に彼らの「霊感」を発達せしめた事実、ベルクソン、ジェームズら、心霊学の「同行者」たちが、どれだけ真面目に心霊学からのメッセージを受けとめ、彼らの哲学体系の中に吸収・発展させたかについては、それぞれの作家、詩人、哲学者についての厳密な研究に委せるべきだろう。しかし、その際にも、十八世紀、十九世紀の近代オカルティズムが置かれた、認識論的・社会的・政治的な文脈を離れて、単なる綺想に溢れた「意匠」の中に囲いこむことだけは避けなければならないだろう。

第十章　禍々しくも妖しく――陰謀論を超えて

フランス大革命とフリーメーソン陰謀論の展開

『ロマン主義のオカルト的源泉』の著者、オーギュスト・ヴィアットによれば、フリーメーソン陰謀説はまだ、大革命進行中の一七九五年、ユング・シュティリングやクスターなどドイツの保守派が『オイデモニア』(*Eudämonia*)誌を立ち上げ、「フランス大革命」はフリーメーソンやイリュミナティ(ババリア啓明社)など啓蒙思想の影響下に発生したと主張しだしたことにはじまるという。[1] カデ＝ガシクール(カデ・ド・ガシクール、一七六九―一八二一)はテンプル厳格修道会の創設者ドイツ人フント男爵(カルル・ゴットフリート・フォン・フント、一七二二―一七七六)の幻想をもとに、『ジャック・モレーの墓』[2](一七九六)を創作し、フリーメーソンがテンプル騎士団に起源をもつとの主張を行った。テンプル騎士団は解散後も四つのフリーメーソン・ロッジを立ち上げ、フランス国王やフランス国民を皆殺しにし、教皇の権力を破壊するという誓願をたてて活動していると、メロドラマ仕立てでテンプル騎士団の残党の政治的暗躍を描いたのだ。カデ＝ガシクールは、さらに、フリーメーソンを薔薇十字の伝説的な創立者ローゼンクロイツやイエズス会とも結びつけ、イエズス会の上長者はすべて魔法の秘儀伝授を受けており、最初のジャコバン派こそ、これらオカルト化し、犯罪結社化したイエズス会士だという主張を展開した。ただし奇妙なことに、カデ＝ガシクールは、ナポレオンが帝位についた後、フリーメーソン結社を帝政政府が政治的に管理するため、フランス・大東社《グラン・トリオン》を創設すると、それに加入し、中央本部の支部長に就任している。

スコットランド出身の物理学者・発明家ジョン・ロビソン（『陰謀の証拠』[3]）、フランス人イエズス会士オーギュスタン・バリュエル（一八四一－一八二〇）（『ジャコバン主義の歴史に資するための覚書』[4]）になると、フリーメーソン陰謀論は、テンプル騎士団や薔薇十字など過去の宗教団体ではなく、アダム・ヴァイスハウプトがバイエルンのインゴルシュタットで一七七六年に設立したイリュミナティ（ババリア啓明社）に攻撃の中心を移した。一七七六年といえば、イエズス会に対するローマ教皇クレメンス十四世からの禁令が出された三年後、アメリカ独立戦争と同時期にあたる。ちなみにイエズス会に対する教会の禁令が解かれ、修道会が再建されたのは、ナポレオン戦争後の一八一四年のことだ。

イリュミナティは、急進的要求とユートピア的目標を抱き、フリーメーソンを「イエズス会を模した軍事的・政治的秘密結社[5]」として組織した。一七八二年、ヴィルヘルムスバートにおいてフリーメーソン団の代表者会議が開かれた際、啓蒙主義系団体は排除された。これを機に、フリーメーソンは、啓蒙主義の衣鉢を継ぐ進歩的団体と、正確な設立時期等は不明だが、ヘルマン・フィックトゥルトなる錬金術師に関わりのある団体として十八世紀後半に登場し、神秘的傾向が強かった「黄金薔薇十字団」の影響下にある「厳格儀礼」とに分裂する。イリュミナティはもちろん前者に属していた。その後、イリュミナティはアドルフ・フォン・クニッゲ男爵（一七五二－一七九六）によって、反動的な「厳格儀礼」＝ドイツ黄金薔薇十字団に対抗する戦闘的な啓蒙主義伝道団体として再組織されることになる。この措置が、本来は封建制の残るヨーロッパで、身分の差別なく、会員間の自由で平等な親睦を図る無害で内向的な「クラブ」的性格が強かったフリーメーソンの政治団体化を招き、ドイツばかりでなく、ヨーロッパ中で、反フリーメーソン・反イリュミナティのキャンペーンが起こる直接の原因となった。

すでに、フリーメーソンに対しては、十八世紀初頭以来、この組織が身分社会を切り崩すことにより、カトリック教会の教階制を崩壊させ、キリスト教信仰を空洞化するものとして攻撃が絶えなかったが、一七八九年のフランス革命勃発が、イリュミナティをはじめとする啓蒙的フリーメーソンこそが革命騒乱を起こした首謀者だとする「陰謀論」を醸成する契機となるのだ。

バリュエル神父は、フランス革命勃発後、イギリスに亡命していたが、『オイデモニア』に拠ったヨハン・アウグスト・フォン・シュタルク（一七四一－一八一六）より送られた膨大な反啓明結社資料をもとに、反フリーメーソン陰謀論を集大成する『ジャコバン主義の歴史に資するための覚書』を執筆し、その第四巻で、イリュミナティがジャコバン・クラブの起源であり、フランス大革命は、祭壇（キリスト教）と王座（絶対王政）に対する三重の謀略の結果であるという「反フリーメーソン」神話を作りだした。

実態としては、革命派イリュミニスト集団、フリーメーソン集団の間にも深刻な対立があり、一枚岩で陰謀に加担するなど、考えられる状況ではなかった。しかしロビソンやバリュエルら、イギリス、フランスの陰謀論者は、イリュミナティを他の革命的イリュミニスト集団ばかりか、サン＝マルタン派、スウェーデンボルグ派などの神秘主義的フリーメーソン結社などとも区別せず、彼らといっしょくたにして、カトリック宗教組織を壊滅することを目的に活動していると非難した。

当初、バリュエルの攻撃は必ずしも成功を収めたわけではなく、例えば、ジョゼフ・ド・メーストルなども当初はバリュエルを嘲笑していたが、大革命の進行と共に、バリュエルの陰謀論に加担するようになっていった。[6]バリュエルの反フリーメーソン陰謀論は、十八世紀にすでに存在していた陰謀説の集大成であると共に、王政復古以降、近代政党の先駆となる政治集団が形成されると、こうしたフリーメーソン陰謀論は、王党派・反動派を中心に、フリーメーソン攻撃の簡便なレファランス、反フリーメーソン陰謀論の「祖型」として権威を持ち始める。

さらに、フリーメーソン陰謀論は、ユダヤ陰謀説と結びつくことで、後の、ナチス・ドイツによるホロコーストを準備する近代右翼急進主義の中心的イデオロギーに転化する。

この局面でも、最初にフリーメーソン陰謀説とユダヤ陰謀説を結びつけたのはバリュエルだった。もともと『ジャコバン主義の歴史……』には、ユダヤ人についての記述はなかったが、バリュエルは、一八〇六年、フィレンツェのジョヴァンニ・バッティスタ・シモニーニ艦長なる軍人から一通の書簡を受けとった。[7]そこには、シモニーニ自身が、ピエモンテのユダヤ人から聞いた話として、以下のような情報が語られていた。フリーメーソン、ジャコバン派、イリュミナティなど、キリスト教に敵対するあらゆる党派の背後にはユダヤ人がおり、彼らから多額の資金援助を受けている。イリュミナティを創立したのも二人のユダヤ人であり、彼らユダヤ人はカバラーの魔術を駆使して、世界の各国で洗礼証明書を偽造し、それぞれの国の国籍を取得し、表向きキリスト教徒として高位聖職者をはじめ、あらゆる職業にもぐり込んでいる。他の市民と同様の市民権を享受しながら、土地や家屋を買い占め、高利貸しを通じてキリスト教徒から多額の金銭を収奪している。こうして、ユダヤ人が世界の主人となり、キリスト教徒を奴隷にするべくさまざまな国で陰謀をめぐらしているのだ。

ビーバーシュタインによれば、この書簡は、ナポレオンのユダヤ政策に対するカトリックの反対意見を表明するため、ジョゼフ・フーシェ麾下《きか》のフランス政治警察によって偽造されたものだというが、すでにここには、『シオン賢者の議定書』に至る陰謀論の主題が網羅されている。[8]

バリュエルは当初この書簡を公表すればユダヤ人迫害をもたらすことにつながると危惧し、公表を思いとどまったとされるが、その後書簡を一般にリークし、一八〇六年から〇七年にかけて教皇ピウス七世に提出する。さらに死ぬ間際の一八二〇年には、イエズス会士グリヴェルに対し、シモニーニ書簡を量的にも内容の悪質さでもはるかに上回る手記を送りつけた。[9]

フリーメーソン陰謀論と反ユダヤ主義の結合

ユダヤ人については、ノーマン・コーン、レオン・ポリアコフ、わが国では内田樹などの先行研究で知られるように、[10]すでにキリスト教がユダヤ教から分離した時点から、キリスト教側がイエスの磔刑に対する責任を負わせるなど、古代・中世を通じて、ヨーロッパ社会内部の「異質」な分子であり、キリスト教に仇《あだ》なす「悪魔的」存在として差別・迫害が続いていた。また、歴史を通じてゲットーに追いやられ、キリスト教徒に賤業視されていた小売業、両替商、金貸し等に従事したこともあり、中世から近世にいたる変動の過程で没落した農民や、それぞれの国で台頭した新たな民族資本家階級の憎悪の対象となり、しばしば追放や集団虐殺《ポグロム》の対象となってきた。

さらに、先行したイギリスに遅れること三十年、大革命以降、フランスを含むヨーロッパで産業革命が進行し、急速な産業化・工業化・都市化、それに伴う階級分化が進行すると、ユダヤ人はそうした変化に対応できず取り残されたり、あるいは未来の予見できない社会変貌に対して戸惑うさまざまな階層に属する人々が彼らの不安や不満を投影する対象となった。ユダヤ人に対する差別感情や憎悪が妄想的に膨らみ、現実の「ユダヤ人」の現状を越えて彼らに投影されるようになるのだ。もともと農業やギルド的な手工業の分野から閉め出されていたがゆえに、商業、金融などに従事し、さらに、自己研鑽により差別を克服する可能性のある弁護士、会計士、大学教授などの知的職業、あるいは、ジャーナリズム、興行、さらに後には映画など、近代社会の要求に応えて登場する「ニッチ」な新産業の分野に多く進出していたユダヤ人は、憎むべき「近代」や「資本主義」「金儲け主義」、さらにそれに伴う固有の悪弊である「恐慌」「腐敗」「汚職」の代名詞として、攻撃の対象になっていった。

こうした文脈の延長上で、反ユダヤ主義文書も旧来のユダヤ人を反キリスト教＝悪魔主義と結びつける単純なユダヤ人排斥から、ユダヤ人がフリーメーソンを使嗾《しそう》して資本主義社会のあらゆる面を支配し、やがてユダヤ人の王がキリスト教徒を奴隷化する目的をもった国際シンジケートを組織するという、妄想的体系性を持つようになる。この反フリーメーソン・反ユダヤ陰謀論の行き着いた果てが、十九世紀末に成立し、ナチス・ドイツのホロコーストのバイブルとなる有名な偽書『シオン賢者の議定書《プロトコル》』[11]だ。

ビーバーシュタイン、コーン、ピエール＝アンドレ・タギエフ、チェザーレ・G・デ・ミケリスなどによりながら、『議定書』に至る反フリーメーソン・反ユダヤ主義陰謀論の主要なプロパガンダ文書をごく簡単に一瞥しておこう。

バリュエルの後、反ユダヤ神話が息を吹きかえすのは、皮肉なことに、イギリスのユダヤ人宰相ディズレーリの小説『コーニングスビー』（一八四四）の中に描かれた富裕なユダヤ人貴族シドニアの挿話だったという。[12] シドニアはロシア政府の借款のためヨーロッパを歴訪するのだが、『コーニングスビー』で彼が折衝する各国の経済大臣はことごとくユダヤ人であり、ヨーロッパ経済がユダヤ人に支配されていることを吹聴する。

一八五二年、ドレスデン出身の弁護士・エッセイスト、エドゥアルト・エミール・エッケルト（生年不詳－一八六六）はサクソン議会上院に提出した『真の意味におけるフリーメーソン団』と題する陳情書において、一八四九年のドイツ憲法はフリーメーソンの陰謀によってドイツを社会主義に導き、ドイツ国民に社会的・道徳的退廃をもたらす目的で発布されたとする陰謀論を主張した。[13]続いて一八六八年、ジョン・レトクリフ卿こと、ヘルマン・ゲトシェ（一八一五－一八七八）は小説『ビアリッツ』の一章「プラハのユダヤ墓地にて」において、ユダヤ十二氏族の長が、金の犢《こうし》に象られた悪魔に崇拝を捧げつつ、資本主義と自由主義、快楽主義の結合によりキリスト教社会を転覆する陰謀を語るという荒唐無稽なロマン主義によって『議定書』の先駆をなした。[14]

フランスではカトリック＝王党派のロジェ・グジュノー・デ・ムソー（一八〇五－一八七六）が『ユダヤ人、ユダヤ主義、キリスト教徒のユダヤ化』（一八六九）によって、カバラーとは淫乱な「悪魔崇拝」の儀式を伴う悪魔の作りだした秘密教義であり、フリーメーソンとはキリスト教の転覆とユダヤ人――一人のユダヤ人の王――による世界支配樹立をめざす秘密結社であるとする、近代反ユダヤ主義の一つの原形となる陰謀論を展開した。[15]グジュノー・デ・ムソーに続いて、イエズス会士ニコラ・デシャン（一七九八－一八七二）『秘密結社と社会、すなわち現代史の哲学』[16]（一八七四／七六）、ボワトゥーの司教座聖堂参事会員《シャノワータ》エマニュエル・シャボティ（一八二七－一九一四）の『フリーメーソン団員とユダヤ人、ヨハネ黙示録による教会の第六年』（一八八〇、C・C・ド・サン＝タンドレの筆名による）、『われわれの主人ユダヤ人』[17]（一八八二）などを経て、エドゥワール・ドリュモン（一八四四－一九一七）の

『ユダヤ人のフランス』[18]（一八八六）に至って、ユダヤ陰謀論は一つの頂点を迎える。上下二冊、千二百ページに及ぶ大冊でありながら、センセーションを煽るジャーナリズム勃興の波に乗って、出版された年の終わりまでに六万二千部、たちまちのうちに百五十版を達成し、十九世紀フランスを通じてのベストセラーになる。

資本主義社会のあらゆる矛盾をセム対アーリア（キリスト教徒のフランス人）という単純な構図にはめ込み、当時の社会を賑わす様々な社会問題の背後にユダヤ人の策動を記す論法で、扱う事件・挿話の数だけユダヤ人の陰謀も増していく。伝統的なキリスト教社会の反ユダヤ感情を、反資本主義と最新の人種論・社会ダーウィニズムとを結びつけることにより、大衆――教育の普及によって「知識」化しつつあった大衆――が、自らの生きる「現代」に対して抱いていた漠然とした不安に対し、ユダヤ人を彼らの「敵」あるいは諸悪の源泉として焦点化することに成功するのだ。もちろんフリーメーソンはこの文脈の中で、ユダヤ人が彼らの陰謀を実現する特権的な「機関」として名指しされることになる。

『シオン賢者の議定書』の出現とオカルティズム

そして最後に、ドリュモンの『ユダヤ人のフランス』に比べればずっと規模は小さいが、その及ぼした効果――ユダヤ人に対するナチスのホロコーストに大きな役割を果たしたという意味で、その殺戮の効果――という意味でははるかに有害な『シオン賢者の議定書』が出現する。

『議定書』が陽の目をみたのは一九〇三年八月二十六日から九月七日（ユリウス暦）、キシネフのポグロムの煽動者で反ユダヤ主義者パーヴェル・クルーシュヴァンが編集人をつとめるロシア、サンクトペテルブルクの新聞『ルースコエ・ヅナーミャ』（軍旗）にその短縮版が連載されたのが最初だ。この連載は一九〇五年十二月、クルーシュヴァンに近いベッサラビア出身の退役士官Ｇ・Ｖ・ブトミによって小冊子に纏められ、『諸悪の根源』（後に出た新版では『人類の敵』）という題で出版された。[19] しかし、『議定書』が世に知られるきっかけになったのは、ブトミ版ではなく、「オカルティスト」セルゲイ・アレクサンドロヴィッチ・ニルスの版である。

ニルスは、没落した地主で、無神論からロシア正教・神秘主義に回心した。一時、サン＝マルタン主義者でニコライ二世の宮廷で勢力を持っていたフランス人「催眠術師」フィリップこと、フィリップ・ニジェ・アンセルム・ヴァショー（一八四九—一九〇五）の宮廷に招かれたが、まもなく失寵し、妻となった元宮廷侍女エレナ・アレクサンドロヴナ・オゼロヴァ、離婚した前妻、「霊媒」の能力を持った前妻の娘と、各地を転々としていた。ニルスは、ユダヤ陰謀論を心から信じ、一九〇五年、自著『卑小なもののうちの偉大』第三版の最終章である第七章として、自らが手に入れた『議定書』を収録する。そして、一九一七年にこのニルス版が増補改訂され『それは間近に来ている……反キリストが来る。悪魔の地上支配が迫っている』と改題されてから全世界に広まった。[20]

この小冊子が「秘密警察とオカルティスト（帝政末期の反革命エージェントと偽神秘家）」の交わる世界に誕生した」（コーン）偽書であることは、すでに先行研究が明らかにしている。

すなわち、この書は、一八九七年、バーゼルでシオニスト代表者会議が開催されたことを背景に、ニコライ二世に仕えるロシア秘密警察「ロシア帝国内務省警察部警備局（オフラーナ）」の海外長官としてパリに滞在していたピョートル・ラチコフスキー（一八五一—一九一〇）の指令でマトヴェイ（マチュー)・ヴァシリエヴッチ・ゴロヴィンスキー(一八六五－一九二〇)により一九〇〇－〇一年に偽造されたものだ。[21]

しかも、この「偽書」は幾つかの異なる種本から大幅な盗用を行った上、再編集された「剽窃本」でもある。一つは、一八六四年ブリュッセルで出版された弁護士・作家モーリス・ジョリ(一八二九－一八七八)が第二帝政を風刺する目的で書いた『モンテスキューとマキャヴェリの地獄の対話』[22]、もう一つはすでに名前を挙げたヘルマン・ゲトシェの小説『ビアリッツ』の一章、そして最後の最も主要で直接的な原資料は、シオニスト、テオドール・ヘルツルがライプツィヒとウィーンでドイツ語で出版した『ユダヤ(人)国家』である。[23]

ノーマン・コーンは、当時の研究の水準から、剽窃の原資料としては、第一のモーリス・ジョリしか挙げていないが、これをラチコフスキーの上司セルゲイ・ウィッテの政敵の一人で生理学者・ジャーナリストのイリヤ・ツィオン(エリ・ド・シオン)が、ウィッテ攻撃文書として書き改めたものを、さらに、ラチコフスキーが部下に命じて、『議定書』に書き換えさせたと推定している。ラチコフスキーが『議定書』の作成を命じたその「部下」こそ、先にあげたマトヴェイ・ヴァシリエヴッチ・ゴロヴィンスキーだというわけだ。

ノーマン・コーンの「推定」を最近の研究によって補正すると、ロシア国内の保守派・超反動派にとって、ニコライ二世がとっていた対外開放政策・近代化政策は、許しがたいロシアへの裏切りだった。彼らはニコライ二世に対し、彼の政策は国際ユダヤ人陰謀にまんまとのせられることであり、蔵相セルゲイ・ウィッテこそ国際ユダヤ人組織の手先であることを理解させ、彼を失脚させようと目論んでいた。彼らはニルスをニコライ二世の「告解者」として送り込み、ニルスが皇帝に『議定書』を手渡すことによって、ニコライ二世に国際ユダヤ人組織の世界支配の陰謀の証拠を突きつけることを期待していたのだ。ところが、これら保守派・超反動派の願望とは裏腹に、ニルスはニコライ二世の宮廷に入り込むことには成功したものの、すぐにニコライ二世の信頼を失い、ニコライ二世付きの「告解者」にはなることができないまま宮廷を追われ、自分が手にいれた『議定書』を自著『卑小なもののうちの偉大』の一章として挿入したわけだ。

ただ、コーンはオカルトとの関係で興味深い以下の事実を記している。フィリップ・ペトロヴィッチ・ステパノフの回想によれば、ニルスに『議定書』の草稿を提供したのは、退役軍人アレクシス・スーホチンなる人物であり、スーホチンの「旧知のある婦人（…）がパリ滞在中あるユダヤ人の家で入手したものであり、パリを発つ前にひそかにロシア語に訳させ、ロシアに持ち帰ってスーホチンの手に」渡したものだと記述している。しかも、「白系ロシア人の伝説」では、この女性は、ユリアナ（ジュスティーヌ）・グリンカ（一八四四－一九一八）といい、「彼女自身は皇后マリア・アレクサンドロヴナの女官となってサンクトペテルブルクでかなり豪奢な生活を送り、ブラヴァツキー夫人の取り巻きの交霊術師と親交を深め、彼らの生計を支えるために自分の財産を食いつぶしたという経歴の持ち主」だというのだ。[24]

ともあれ、ブラヴァツキー夫人がアーリア人種を頂点とする差別的人種理論を含む『シークレット・ドクトリン』を残して死んだのは一八九一年、彼女の残した遺稿をもとにアニー・ベサント編による『シークレット・ドクトリン』の第三巻が出版されたのは一八九七年。ほぼ時代が重なる。また、『議定書』とオカルティズムの関係でいえば、オカルティスト、パピュスの関与も取り沙汰されている。パピュスは長らくロシア宮廷に仕えた信仰療法師「リヨンのフィリップ師」こと、ニジエ・

アンセルム・ヴァショーの弟子をもって任じており、フィリップの死後『議定書』作成の焦点となる一九〇一年、〇三年、〇五年とロシア宮廷を訪れ、皇帝ニコライ二世、皇后アレクサンドラ・フョードロヴナに本職の医師としてだけでなく、オカルト顧問として厚遇されている。パピュスはドリュモンの反ユダヤ雑誌『ラ・リーブル・パロル（自由な声）』にも関係した筋金入りの反ユダヤ主義者であり、一部にはパピュスこそが『議定書』の作者だという説すらあるが、どうやらありそうにない仮定のようだ。[25] ただし、この挿話からも当時のロシア宮廷が浸っていたオカルト神秘主義に対する嗜好のほどが理解できよう。

こうして成立した『議定書』は、コーンによれば「文体は大仰で冗長、論議は支離滅裂で非論理的で、とても要約に耐えない」が、「三つの大きなテーマ」からなる。「一つは自由主義思想批判、一つは世界支配のために採るべき方法の記述、一つは最終的に確立されるべき世界政府のヴィジョンである」。[26] この書がナチス・ドイツの公式な反ユダヤパンフレットに採用され、ホロコーストの理論的支柱になったことはすでに多くの類書で明らかにされているので多言は無用であろう。『議定書』は第二次世界大戦後の冷戦期には、ボルシェヴィキ＝ユダヤ陰謀論の根拠とされ、「九・一一」以後はイスラム原理主義者によって、シオニスト＝イスラエルの世界征服陰謀論を宣伝する文書として未だに命脈を保ちつづけているという。

しかし、近代オカルティズムという観点から我々が最後に注目したいのはこうした歴史の中心から外れたところで発生した目立たない、あるいは歴史から忘却された二つの「事件」だ。

レオ・タクシルと『十九世紀の悪魔』

対ドイツ敗戦の屈辱、敗戦を受けて成立した第三共和政下で発生した相次いだ政権がらみの不祥事、クーデター未遂、アナーキストによるテロ、昂揚する反ユダヤ主義など、この時代のフランス国民の不安と動揺が背景となり、フランス全土を揺るがす大政治事件となったのがいわゆるドレフュス事件（一八九四－一九〇六）だ。フランスにおける最大の反ユダヤ主義事件であったドレフュス事件の背景には、軍の権威失墜を恐れる陸軍の官僚主義と共に、一八八〇年代以降連続して政権の座にあった共和派・反カトリック陣営の政教分離政策、カトリック抑圧政策に対する、カトリック側の怨恨があると言われる。

　ところで、このドレフュス事件と同じ頃、カトリック、フリーメーソン両陣営を手玉にとって、フリーメーソンの背後に、悪魔主義を掲げ、キリスト教を滅ぼすことを目的とする更なる秘密結社＝秘儀伝授者の世界的なシンジケートがあるとする陰謀説をネタに、一大詐欺事件を起こした人間がいる。レオ・タクシルこと、アントワーヌ・ジョガン＝パジェス（一八五四－一九〇七）だ。彼は、一八九二年から九七年まで、イギリス人チャールズ・ハックスと共にバタイユ博士の筆名で『十九世紀の悪魔[27]』（一八九二－九五）に始まる一連の反フリーメーソン・キャンペーンを行い、最後にこのキャンペーン全てが、彼がでっち上げた一種の「詐欺」「冗談」だったと告白した。世に「レオ・タクシルの詐欺的政治煽動《カニュラール》」と呼ばれる事件だ。

　フリーメーソンを悪魔主義と結びつける傾向は、すでに名前をあげたサン＝タンドレこと、エマニユエル・シャボティ（『フリーメーソン団員とユダヤ人、ヨハネ黙示録による教会の第六期』（一八八〇））や、サミュエル・ポール・ローゼン（一八四〇－一九〇七）の『実践的フリーメーソン、古式および公認スコットランド儀礼[28]』（一八七五）、あるいはレオ・タクシルと同時代のレオン・ムーラン（一八二五

――一八九五）の『フリーメーソン、サタンのシナゴーグ』[29]（一八九三）などによって形成されていた。いやそれだけでなく、ローマ教会の首長である教皇レオ十三世自身が一八八四年四月二十日に発した教皇勅書「フーマーヌス・ゲーヌス（人類という種族）」において、フリーメーソンの危険性、悪魔主義との結びつきを厳しく批判していたのだ。[30]

ただし、タクシルに「十九世紀の悪魔」の煽動キャンペーンをはじめさせるきっかけになったのは、一八九一年、J＝K・ユイスマンスの悪魔主義を主題にした小説『彼方』が出版され読書界にセンセーションを巻き起こしたことだった。[31]「悪魔」はこの時期、一種の社会的流行となっていたのだ。

レオ・タクシルはマルセイユにカトリック系の商家の息子として生まれたが、若くからフリーメーソン思想に親しみ、自由思想、反教権主義、政治的には急進主義・社会主義の書籍を読みあさっていた。彼はある種の早熟性を発揮し、十代後半になると自ら新聞・雑誌を次々に立ち上げ、反教権主義の論陣を張っていた。論禍がもとで投獄の憂き目にもあっている。[32]早くに結婚し二子を儲けたタクシルは、一八七八年には家族とパリに移住し、矢継ぎ早に反カトリック的著作を発表する。彼のこの分野での成功は、反教権主義とポルノグラフィーを結びつけたことにあるという。一八八一年には正式にフリーメーソンに加入している。

しかしタクシルとフリーメーソンとの良好な関係はわずかな間しか続かなかった。彼の著作は「剽窃」の疑いがかけられた上、立候補したナルボンヌの選挙で、フリーメーソン主流の大東会《グラン・トリオン》推薦の候補と競合したことがもとで、フリーメーソンからの退会を余儀なくされたのだ。反教権主義関連の出版活動も行き詰まり、破産の危機を迎えていた。

タクシルは、一八八五年四月、修道女をしていた叔母の働きかけもあって、突然、カトリックに回心したことを発表し、今度は、カトリックの立場からフリーメーソンを攻撃する著作や記事を次々に発表しはじめる。

そして、一八九一年、『彼方』が多くの読者を摑んだことを知るや、タクシルは、「フリーメーソン内部にパラディウムないし、再生＝交霊術教会《レ＝テュルジスト＝オプティマット》と称するリュシフェル（悪魔）を究極の善神として崇拝する秘密の第二会が存在し、この組織がこの世を創造した悪神アドナイ＝ヤハウェ（ユダヤ＝キリスト教の神）とその子イエスを崇拝するカトリック教会を転覆する陰謀の本拠になっている」とする反フリーメーソン・キャンペーンを開始する。タクシルが協力者に仰いだのは、イギリス人の船医で自由思想家・フリーメーソン団員だったチャールズ・ハックスという男だった。タクシルはチャールズ・ハックスに自分の作品への協力を要請すると共に、カトリック界に向かっては、ハックスという名うての自由思想家が「奇蹟」によって回心したと触れ回った。こうして、一八九二年十一月二十日から九五年三月二十日まで、『十九世紀の悪魔』は十回に分けて連載され、目覚ましい反響を得た。この連載は後に上下巻に纏められるが、合計二千ページの大冊である。更に、まだ本編が完成しない一八九四年三月からタクシルとハックスは、『十九世紀の悪魔』の主要登場人物の一人ダイアナ・ヴォーン（ディアナ・ヴォーガン／仏）を筆者とする雑誌を刊行するなど、さまざまな雑誌にさまざまな筆名でその続編やスピン・オフともいうべき記事や手記等を書き続け、その総量は一万ページにも達した。

『十九世紀の悪魔』本体は今からみれば劇画風のタッチの挿絵がふんだんに入ったファンタジックな幻想小説という体裁だ。語り手は自由思想家でアナディールという船に乗り込み世界中を旅する船医のバタイユ博士。つまり、タクシルの協力者、チャールズ・ハックスの分身的作中人物である。バタイユ博士は、一八八八年、日本に向かう船中でカルブッツィアという名のイタリア人と知り合いになる。カルブッツィアは世の中に幻滅してフリーメーソンになるのだが、ある時ナポリの「サン・ビアゴ・デ・リヴラエ二五番地」でジョヴァンニ＝バッティスタ・パエジーナなる人物に出会う。パエジーナは「メンフィスおよびミスラエル古式・始源東方儀礼の至高神殿の極めて著名な至高者、大騎士分団長、大総長、大祭司」といういかめしい肩書きの持ち主だった。この男は、したたかな小悪党で、二百フランを出せば、入信者に課される苛酷な試練を経ることなく、メンフィス儀礼の高位資格を譲ることができるとカルブッツィアにもちかけ、実際、カルブッツィアはメンフィス儀礼の高位資格を手に入れた。[33]

バタイユ博士は、航海途中、カルブッツィアからパラディウムに関する情報を集め、船がナポリに寄港した時、自分自身パエジーナの元を訪れ、五百フランを支払って、メンフィス儀礼九十位階「終身至高大総長」の資格を手に入れる。[34] この資格によってバタイユ博士はその後の航海で世界各地に存在するリュシフェル崇拝の秘密結社に自由に出入りすることができるようになる。そして彼が実地に参加した様々な悪魔召喚の儀式や、オカルト界に関する詳細を究めたルポルタージュが『十九世紀の悪魔』の内容を構成していくわけだ。

バタイユ博士の手に入れたフリーメーソンの秘密の第二会でありリュシフェル崇拝の悪魔結社「新修正パラディウム兄弟会」ないし、「再生＝交霊術教会《レ＝テユルジスト＝オプテイマット》」の本拠である「リュシフェルのヴァチカン」はアメリカ南部のチャールストンの「キング通りとウェントウォース通り」にあり、改正スコットランド儀礼第三十三位階アルバート・パイク（一八〇九―一八九一）が一八七〇年九月二十日に創立し、以来、その死までその総帥を務めていた。[35] パイクはアメリカ先住民の権利擁護を訴えた弁護士で、アメリカ南北戦争時には南部連合の将軍としてアメリカ先住民部隊を組織して北軍と闘った実在の人物だ。南北戦争においては、彼率いるアメリカ先住民が戦闘で殺害した北軍兵士の頭皮を剥いだことで、悪名を馳せたという。実際、若い時からフリーメーソンの熱心な活動家であり一八七一年には、『古代公認スコットランド儀礼の寓意と教理』なる大冊の書籍も書いているが、[36] 彼がリュシフェル崇拝を行う秘密結社の頭目だったという証拠はどこにもない。バタイユ博士によれば、リュシフェルを崇拝する秘密結社はパリ、ロンドン、などヨーロッパばかりではなく、インド＝カルカッタ、セイロン、エジプト、中国＝上海など世界各地に散在しており、後に述べるようにそれぞれの地域の悪魔と習合した崇拝が行われている。また、普遍的高等フリーメーソンの本拠たるチャールストン傘下には、熟練者連合神殿《メゾン・ヴェテラン・アソシアション》、レッシング連盟、メンフィス・ミスライム東洋会、テンプル騎士団、守護騎士団、ドルイド教団、完全なる沈黙のパグ友愛団、神秘の薔薇教団、モアブ人友愛会、旧友友愛会、イシス・オシリス教団、義務の騎士・女騎士団、聖ヨハネ・聖アンドレ修道会等々、さまざまなフリーメーソン・ロッジが加入し、パイクの指導下にさまざまな降霊の儀式や、カトリック教会撲滅の陰謀をめぐらしており、降霊の儀式の場には、しばしば、エリファス・レヴィの挿画で有名になった、テンプル騎士団が崇拝していたメンデスの山羊、悪魔像バフォメ（ット）の像が飾られていたという。（「（カルカッタにおける）テンプル騎士団の女祭司の秘儀伝授[37]」）

　バタイユ博士の幻想的紀行譚は十九世紀の悪魔主義についての様々な逸話や情報が錯綜していてとても要約は不可能であるが、その中でも、全体の枠組みを提供しているのが二人の女祭司の対立である。

　一人はソフィー・ワルダー。すでに一八九一年にタクシルが書いた『フリーメーソンに女性はいるか？』[38]という書物にソフィア・サッフォーという「秘教名」で登場している。スイス出身の牧師で、再洗礼派、さらにはモルモン教に改宗したフェレアス・ワルダーの娘とされるが、実の父はリュシフェルで、フェレアス・ワルダーの妻、あるいは愛人イダ・ジャコブセンの間に生まれた悪魔の娘である。三十歳前後の美貌を誇る女だが、幼児期にアルバート・パイクの手で純粋に悪魔主義の秘儀伝授を受け、エリファス・レヴィ亡き後、「どの悪魔に頼ったらよいか、よるべを失った」悪魔主義者たちを導くためヨーロッパに送り出された。女性同性愛者で、あらゆる悪魔的所業に長けた彼女は、美貌を武器に悪魔主義の祭儀を司式し、たちまちのうちにフランス、ベルギー、スイスの悪魔主義者たちの心を摑んだ。[39]

もう一人がダイアナ・ヴォーン。アメリカ人でプロテスタントの父と、フランス人でやはりプロテスタントの母との間にパリで生まれ、「正統」カトリックの教義とは無縁に育った。ソフィー・ワルダーより一つ年下である。母親はダイアナが十四歳の時に亡くなっている。父親はケンタッキー州の近郊ルイズヴィルで牧畜を営んでいたが、アルバート・パイクがパラディウムを設立した時からこの悪魔主義秘密結社に加わり、ルイズヴィルのメーソン秘密会「一一＝七《オンズ＝セット》」の創立者となった。[40]ダイアナは一八八三年に「見習い」になり、翌八四年に「職人」「親方」の位階を受けるが、この二つの秘儀伝授の合間、一八八二年二月二十八日に「一一＝七」が行ったカバラーの儀式の際、悪魔アスモデが現れ、ダイアナに庇護を与える印として、かつて悪魔が聖マルコと争った際、聖マルコのライオンからもぎ取ったという「獅子の尾」を与えたという。父が亡くなった翌一八八五年三月二十五日、ダイアナは、パリのサン＝ジャック秘密会でテンプル騎士団導師の位階を授けられるが、その時、司式者を務めていたソフィー・ワルダーは、ダイアナに聖別された聖餅に唾を吐きかける瀆聖行為を命じた。しかし、ダイアナがこれを拒んだことから両者の間に抜きがたい確執が生まれた。[41]

ダイアナ・ヴォーンとソフィー・ワルダーの関係は、アルバート・パイクの生前は目立った変化がなかった。ところが、パイクが一八九一年に亡くなり、パイクの死後、パラディウムの指導権がイタリア・フリーメーソンの大立者第三十三位階アドリアノ・レンミに移ると、両者は異なった道を辿る。『十九世紀の悪魔』は、ダイアナ・ヴォーンがアドリアノ・レンミのパラディウム最高幹部選出に反対し、パラディウムに対して距離を置き始めたことを示唆して終結するのだ。

レオ・タクシルの告白とその後

『十九世紀の悪魔』の連載が始まった後、カトリック界、反フリーメーソン界の反響はものすごかった。ジャーナリスト、アベル・クララン・ド・ラ・リーヴ（一八五五―一九一四）も、タクシルを典拠としてフリーメーソンの悪魔主義的な堕落を主題にした書物を著した。[42]一方、カトリックやフリーメーソン内部から、このキャンペーンの真正性を疑う者も多数現れた。ドリュモンやローゼンなど反ユダヤ陣営や、フリーメーソン陣営の中でも、哲学的傾向の強いグループは最初からタクシルに懐疑的で、キャンペーンを彼の詐欺だと疑ってかかっていた。一八九六年、心霊主義に近いエゾテリストで自身もフリーメーソンだったイギリス人、アーサー・エドワード・ウエートは『フランスの悪魔崇拝あるいはルシファーの問題』を著し『十九世紀の悪魔』を徹底的に糾弾した。[43]また、アメリカでは、チャールストンのカトリック司教がアルバート・パイクは確かにスコットランド儀礼の組織に貢献したフリーメーソンではあるが、悪魔主義とは無関係であると証言した。[44]

またタクシルのグループも完全な統制が取れているわけではなかった。一八八四年、カラブリア出身のドメニコ・マルジョッタなる人物が、『フリーメーソン最高大総監第三十三位階アドリアノ・レンミの回想録』[45]を発表し、『十九世紀の悪魔』に倣ってレンミの悪魔主義を暴露するだけにとどまらず、レンミがフランスに対する敵意を抱いており、イタリア議会を制圧し、左翼のフランチェスコ・クリスピ政権倒閣を企てているなどと攻撃した。タクシルの反フリーメーソン・キャンペーンをイタリアの政局に利用しようとしたのだ。

さて、ダイアナ・ヴォーンとソフィー・ワルダーの闘争は前者の敗北に終わった。ダイアナはそれを機にロンドンの「修道院」に逃げ込み、フリーメーソン＝パラディウムの枠を離れてリュシフェル崇拝に特化した「独立・再生リュシフェル教団」を設立し、新教団の宣伝を開始する。一八九五年三月二十一日、タクシルは、ダイアナ・ヴォーンを編集長として『再生自由パラディウム』なる雑誌を立ち上げ、一種、グノーシス的二元論にたった教理の宣教を始める。リュシフェルこそが理性と光の真の創造主であり、アドナイ、すなわちヤハウェは物質と死をこの世にもたらした悪の根源だ。死後リュシフェルの加護を受けた聖者は永遠の王国に招じ入れられるが、不完全な者は再び物質界に戻される。リュシフェルの天使はデーモンとよばれ性別をもち、主だった者はモロック、ベルゼブート、バール、アスモデ、アスタルテ等々と呼ばれる。アドナイの天使は、性別を持たず、ミカエル、ガブリエル、ウリエル、ラファエルなどと呼ばれる。これらアドナイの天使の中で最悪の者は、「聖母マリア」であり、人間としての名前はミルザム、霊的な真名《まな》はリリスであり、暗黒の穢れの悪魔である。ヨセフとミルザムの息子イエスは、祖先ベルゼブートの性質を引き継ぎ善良な者であったが、「傲慢」が災いして堕落したのだという。カトリックにとっては最悪の侮辱的なパロディだ。

こうした情勢の中で一八九五年六月十二日、カトリックの雑誌としては最も有力なパリの『ラ・クロワ』誌に衝撃的な記事が発表される。[46]ダイアナ・ヴォーンが「ジャンヌ・ダルク」の特別の取りなしにより、カトリックに回心し、パラディウムの悪魔主義と手を切ったことが明らかにされたのだ。この後一八九五年七月から『完全な秘儀伝授者にして、悪魔主義と袂を分かった元パラディウム女性の回想』なる月刊誌がダイアナ・ヴォーン監修のもとに創刊される。その中で、ダイアナ・ヴォーンは、十七世紀のイギリスの秘教主義者トーマス・ヴォーンが、カトリック教徒迫害の恩賞として女悪魔ヴェヌス・アスタルテを妻に与えられ、アメリカの先住民部族「レンニ・レナップス」族のもとに赴き生ませた娘、その名もダイアナ・ヴォーンが先祖であり、自分はダイアナを名乗る悪魔の子孫の十代目に当たることを告白する。[47]

『回想』においても、主要なテーマとなるのは、ダイアナ・ヴォーンとその仇敵ソフィー・ワルダーの対立だ。ただし、ソフィー・ワルダーの場合、悪魔との関係は未来に関わっている。『回想』で語られる「預言」によれば、この後、ソフィー・ワルダーは一八九六年にエルサレムに赴き、九月二十九日に悪魔ビトルーと交わり娘を産む。その娘が三十三歳に達した時、悪魔デカラビアと交わりやはり娘を生む。そしてその娘がやはり三十三歳に達した時、すなわち一九六二年に黙示録に預言された反キリストを生むことになる。すなわちソフィー・ワルダーは反キリストの曾祖母となることに定められているのだ。[48]

ダイアナ・ヴォーンが聖女ジャンヌ・ダルクの取りなしにより「奇蹟的に」カトリックに回心したという知らせに、カトリック内部はさらに沸き立ち、教皇レオ十三世（一八一〇－一九〇三）をはじめ、グルノーブル司教アマンド＝ジョゼフ・ファヴァ（一八二六－一八九九）などカトリックの重要人物も、ダイアナ・ヴォーンに対し熱烈な支持を与えた。後には、『幼いイエスの聖テレーズ自叙伝』で知られ、死後列聖された、テレーズ・ド・リジュー（一八七三－一八九七）も、ダイアナ・ヴォーンに熱烈な関心を寄せ、カルメル会の上長者の許可を得て、ダイアナ・ヴォーンと手紙のやりとりをしている。[49]

この間、タクシルはダイアナ・ヴォーンの誠実な代理人として振る舞い続けるが、ドリュモンの雑誌『ラ・リーブル・パロル』誌に拠ったガストン・メリー、『ラ・スメーヌ・ルリジューズ・ド・カンブレー』誌のドラシュ師、ドイツのイエズス会士ヘルマン・グリューバー師などを急先鋒として、次第にダイアナ・ヴォーンの実在を疑う声が大きくなった。[50]

そして、とうとうその日が訪れる。

タクシルは、一八九七年四月十九日の夕べ、パリの地理学協会で講演を開き、ダイアナ・ヴォーンを公衆の前に紹介すると約束した。しかし当日地理学協会の壇上に現れたのはレオ・タクシルだけで、彼は、これまでの反フリーメーソン・キャンペーンそのものが「微笑ましい冗談」だと暴露したのだ。

どうかお怒りになられませんように、神父さま方。起こったことは、皆様がお信じになっていられたこととは全く逆のことだとご理解いただいて、腹の底からお笑いになってください。パラディウムなどという高等フリーメーソン結社に身を捧げたり、名を偽って探索するカトリック信徒などただの一人もいないのです。逆に、いるのは、決して敵意などではなく、個人的な興味のために、十一年間ではなく、十二年間というわけですが、あなた方カトリックの領分にふらりと迷い込んだ不信心者がいるだけです。つまり私めということになりますが……。[51]

タクシルによればダイアナ・ヴォーンとは、彼がパリの事務所で雇っていたタイピストの女性のことだという。詰めかけていた聴衆はカトリックもそうでない者も呆気に取られると同時に怒りだし、演説会場は暴動さながらの騒ぎとなった。タクシルは駆けつけた警官に守られてようやく会場の外に出られた。カトリック教会、フリーメーソンを問わず、タクシルを支持した者は面目を失い、グルノーブル司教ファヴァは失意のうちに死を迎えた。テレーズ・ド・リジューはこの出来事を神が自らに与えた「服従」の試練と解し、二十四歳で亡くなるまで沈黙を守った。

だが、タクシルの告白の後にも、実はタクシルのこの暴露こそが悪魔主義者からの報復を恐れた欺瞞であり、従来のタクシルの「報道」には真実が含まれており、ダイアナ・ヴォーンは実在しているとする頑強な保守派の勢力は衰えず、同様の陰謀論は引き続き勢力を確保しつづけた。

アベル・クララン・ド・ラ・リーヴは当初ダイアナ・ヴォーンに対するタクシルの弁明を受け入れず、独自の調査を続けていたが、悪魔主義的なフリーメーソンとは一線を画した上で、理性的・政治的な立場から悪魔的フリーメーソンと闘う覚悟のもとに『反フリーメーソン・キリスト教フランス』なる雑誌を立ち上げる。フリーメーソン団員で、後にエゾテリストとして一家をなすルネ・ゲノンがこの雑誌の主筆となった。[52]

タクシルの告白を虚偽と考える者たちの検証は、二〇〇二年アティルサタ（Athirsata）と称する匿名の学者グループによる『ダイアナ・ヴォーン＝レオ・タクシル事件をスキャンする――十九世紀最大の詐欺事件、信じられている事実とは異なる真理』[53]など、現在に至るまで延々と続いている。一八九六年九月二十六日から三十日にかけて、トレントで開催された第一回反フリーメーソン国際会議後、十月九日に修道院に身を隠していたダイアナ・ヴォーンがジェノヴァの『イタリアの声』誌の責任者パローディに宛てた手紙[54]など、彼らが集めた「新証拠」をあらん限り列挙して、レオ・タクシルの「告白」は、悪魔主義者の報復を恐れた彼の虚偽だったとした。ダイアナ・ヴォーンもバタイユ博士も実在の人物であり、彼らが暴露したフリーメーソンに関する情報こそが実は「真実」であったことが証明されたと主張しているのだ。それならば、なぜ、匿名で出版するのかという疑問は残るが、「身元を明かせば、自分達の身にも危険が及ぶから」というのが、格好の逃げ口上となるだろう。

さらに、レオ・タクシルの反フリーメーソン・キャンペーンの影響は第二次世界大戦後にも脈々と生きつづけている。カナダ人海軍士官ウィリアム・ギー・カー（一八九五－一九五九）が『ゲームの駒』の冒頭で紹介しているアルバート・パイク書簡だ。[55] 一八七一年八月、アルバート・パイクが同じくフリーメーソン最高位第三十三位階ジュゼッペ・マッツィーニにあてたとされる手紙である。そこには悪魔崇拝結社イリュミナティによる「世界統一秩序」の必要が説かれ、それが実現されるために三次にわたる「世界大戦」が起こることが予言されている。いや、むしろ、三次にわたる世界大戦を煽動することが計画されていたというのだ。著者自身が大英博物館で写したものとされているが、大英博物館側はこの書簡がカタログに記載されていないと言明しているという。カーは第二次大戦終結以前から、陰謀史観を奉じていた人物で、レオ・タクシルの陰謀論をそのまま下敷きにしている以上、その信憑性はゼロというしかない。しかしながらタクシルの政治煽動の余波はこんなところにも続いているのだ。[56]

やや角度を変えてタクシル事件を総括してみよう。ミッシェル・ベルシャマンは、『十九世紀の悪魔』を紹介した小著の中で、タクシルと二十世紀の作家H・P・ラヴクラフト（一八九〇－一九三七）

の「クトゥルー神話」との共通点を強調している。[57] もちろん才能の違いは明かだ。十九世紀末のようやく成立しはじめた読者大衆、しかも可能な限り広範な大衆を意識したタクシルの冗漫この上ない文体は、抑制とは真逆の「仰々しい誇張」に満ち、それゆえに「宇宙的な恐怖」をかき立てる[58]ラヴクラフトの文体とは似ても似つかない。しかし、インド、エジプト、中国――互いにほとんど交渉のない世界の各地に悪魔（邪神）を崇拝する秘密教団があり、それぞれ異なった悪魔（邪神）を崇めていると見えながら、実はそれらは根底の部分でリュシフェル（ヨグ・ソトース）という共通の悪魔（邪神）崇拝に繋がっているという部分では両者は共通している。インドにおいてパゴダのある寺院は、ブラーマが古い伝統に従って崇められている正統派の寺院だ。そこにはヴィシュヌ、シヴァも祭られ、インドの三位一体を構成している。しかし、パゴダのない寺院では、シヴァは追放され、ヴィシュヌの名で崇拝されているのは実は、リュシフ、すなわち悪魔リュシフェルであり、ヴィシュヌとは実はもう一人の悪魔バール＝ゼブブなのだ。しかも、それら悪魔はちょうどヨグ・ソトースがナイアルラトホテップなど他の邪神（群）を伴って現れるのと同じように、他の悪魔と共に喚起され、信者によって唱えられる。「モロック、アスタルト、バール＝ゼブブ、リュシフェルの名にかけて」。さらに意味不明な異言《グロソラリア》によって呼びかけられる悪魔（邪神）。「マル、アヴィヤーネイダルヴォルガーヴァラガディッカアルツェールヴァ、ルシフ」！　リュシフェルは現れるのか、現れないのか？　現実と虚構が渾然となった世界の中で、永遠に続くかに思われる「心理的宙づり」に耐えつつ、反ユダヤ主義者レオン・ムラン師は恐怖の主《あるじ》たるリュシフェルの到来を待ち続けなければならない。そして悪魔（邪神）はラヴクラフトの小説におけるのと同様、しばしば強烈な「悪臭」を伴って現れるのだ。

　さらに言えば、『十九世紀の悪魔』において、ソフィー・ワルダーとダイアナ・ヴォーンの対立という「主筋」に関連する部分はそれほど多くない。表紙に描かれた悪魔リュシフェルを取り囲むように配置された二つの吹き流しに記された「目次」や章題を見てもその内容が窺われよう。「心霊主義の始まり」「交霊（降神）術《テユルジー》」「悪霊を呼ぶ呪文《ゴエシー》」「オカルト的動物磁気」「十九世紀末のカバラー」「薔薇十字の魔術」「憑依」「反キリストの先駆」「オカルティズムの二大巨頭」「インドにおけるパラディウムの魔宴」「サタン出現の証拠」「強迫観念」等々、要するに、「小説」という体裁は採っているが、十九世紀、タクシルが手にすることができたあらゆる出典、情報源から入手しえたオカルティズム・悪魔主義の総括＝オカルト事典であり、地域別に掲載された虚実取り混ぜた詳細な悪魔主義者の人名録であり、また挿絵付きで示される委曲を尽くした「悪魔図鑑」「幻想動物事典」「超常現象事典」でもある。

つまり「小説」と「論文」「政治パンフレット」と「形式」こそ違うが、ここに書かれている内容は、エリファス・レヴィ、ブラヴァツキー夫人、『シオン賢者の議定書』の内容と極めて近い関係にあり、場合によっては重複してさえいるのだ。例えば魔術の原理に関わる次の一節……

このシステムを私に説明してくれたホッブスによれば、あらゆるカバラーの教師が肯《うべな》うことであるが、「アストラル光」と呼ばれる魔法の大作因が存在している。これは、いにしえの錬金術師がアゾトとかマグネシアという名で呼んでいたもので、このアストラル光は、リュシフェルの神性から流出するものであり、心霊の帝国の鍵、あらゆる超自然的な力の秘密をなす唯一無二のオカルト的な力である。[59]

従って、ソフィー・ワルダーのようにリュシフェルに運命を約束された者たちは、生まれた時から、このアストラル光に満たされており、いかなる努力も払わず、意志の力だけで様々な「奇蹟」を成就できるのだ。[60]

タクシルの場合、最後の最後で、『十九世紀の悪魔』自体が単なる「冗談」「詐欺」だと種明かしを行った。しかし、エリファス・レヴィ、あるいは特にブラヴァツキー夫人の場合には、――「詐欺」が暴露された後ですら――自分の作り上げた「妄想」のシステムが「真実」であると強弁しつづけた。オカルト界だけではなく、知識階層も含めて、多くの人間が真面目に彼らの教説を信じ、さらに、そのシステムを発展させ続けた。時代はオカルティズムを求めていた。少なくともタクシルの「冗談」も、彼の「告白」以前には、時の教皇や大司教、聖女のみならず、多くの大衆の支持を集めたのである。

聖母マリア出現と反ユダヤ主義、陰謀論をつなぐもの

一八九一年、『彼方』を出版すると、ユイスマンスはブーランの勧めに従って、前作の悪魔主義に対してそれを浄化する「白い本」を書くことを計画する。[61] この書物は、一八九三年の五月まで執筆され、二部構成、「優に普通の本一冊」分の分量に達していたが、[62] 彼はこの本の内容に満足せず、全体を再構成する形で、一八九五年に『彼方』以来の再登場人物デュルタルのカトリック回心の物語である『出発』を出版する。未完に終わった元の原稿（『出発』の第一草稿）は『至高所ないしノートル・ダム・ド・ラ・サレット』（以下、『至高所』と略記）という題で、二度にわたって刊行されているが、邦訳はない。[63]『至高所』は第一部において、ジェヴルサン神父という神秘主義を奉ずる神父との交流

の中でパリの教会をめぐってカトリック回心への糸口を探ろうとしながら、悪魔的娼婦フロランスの誘惑に打ち勝てず、回心に踏み切れない主人公デュルタルの逡巡を、第二部においては、彼がジェヴルサン神父とその聖なる家政婦バヴォワル夫人と共に、ラ・サレットに巡礼に赴く様を描いている。

このラ・サレット巡礼は、ユイスマンスが一八九一年七月に実際に行ったイゼール県ラ・サレット、つまり、一八四六年九月十九日に起こった聖母出現の聖地への巡礼を下敷きにしている。この時、ラ・サレットに赴いたのは、マリア派異端の教祖ブーラン元神父と、彼の家政婦で教団の女祭司であるジュリー・ティボー、ブーランとティボーに寄宿先を提供していた教団信者で大工のパスカル・ミスムそして当のユイスマンスの四人であったと言われている。

ラ・サレットへは、フランス東部の主要都市グルノーブルから列車でサン＝ジェルマン＝ド＝コミエ、ラ・ミュールを経由して、コールで一泊し、険しい山路を登ってラ・サレットの聖母教会に達する。現在ではすでに鉄道は廃止され、コールまでは自動車道路があるだけだ。

『至高所』第二部は、第一章が聖母出現に向けられた聖職者や政権からの懐疑に対する反論に、第二章が聖母出現の証人メラニー・カルヴァの預言、特に第二の預言に対する信憑性に関する議論にあてられている。鉄道でコールに向かう途上の車内で、質問を発するのはデュルタル、それに答えるのはジェヴルサン神父である。「預言」をめぐる第一の疑問は、メラニー・カルヴァが出現当日、彼女の雇い主に伝えた第一の預言に向けられる。聖母が「ジャガイモやクルミの不作」（聖母の第一の預言に「クルミ」への言及はない）や「人々が安息日を守らないことを非難する」などという稚拙な預言をするのは「滑稽だ」という訳だ。[64]

第二の預言のほうはどうか。ジェヴルサンの説明によればこうだ。聖母は子供たちに「我が人民全てにこれを伝えよ」と命じたにもかかわらず、聖職者の堕落を激しく攻撃する内容だったため、ピウス九世の周辺はこの預言が世に広まるのを怖れ、長らく公表を躊躇《ためら》った。しかし、一八七三年、メラニーの第二の預言で帝位からの失墜を預言されていたナポレオン三世が死去し、ローマ教会にも、公表を渋る口実がなくなったため、ナポリの大司教ツィステ・リアーリオ・スフォルツァが「預言」の公表に踏み切るが、この版は、重要な部分が削除され、歪曲されていた。

ピウス九世の死後、一八七九年九月になって、預言はレッチェのサルヴァトーレ・ルイジ・ゾラ伯爵・司教の許可によりフランス語全文が小冊子として出版された。

ジェヴルサンによれば、この小冊子出版に対するフランス聖職者の反発はものすごく、この小冊子そのものが聖母マリアの「出現」が虚偽であったことを示す証拠だとして、トロワ司教をはじめ教皇に出版の取り消しを求める嘆願書を認《したた》める者もあったという。[65]

『至高所』第二章においてジェヴルサンはデュルタルに、議論の前提としてメラニーの第二の預言全文を彼に示すのだ。我々がすでに訳と梗概を示した、「一八六四年リュシフェルが悪魔の大群を率いてヨーロッパに襲いかかる」「フランス、イタリア、スペイン、イギリスが戦争に見舞われる」「ユダヤ人出身の偽りの乙女が反キリストとなる悪魔の息子を生む」等々、レオ・タクシルの反フリーメーソン・キャンペーン、『シオン賢者の議定書』、アルバート・パイク書簡などとも通底する悪魔＝反キリストによる「黙示録的」災厄と、反ユダヤ主義を歴然と示す内容の「預言」（本書一六〇－一六三頁参照）である。

デュルタルはジェヴルサン神父に疑問を呈する。「私としては少々当惑したとは申しませんが、この預言全てをそのまま信じろと言われてもという感じはいたします。第一、これらの預言は実現していません。それに、もし一つでもここに述べられたことが起こらなければ、聖母様に発するという聖なる起源そのものが否定されることになってしまうではありませんか[66]」。これに対し、ジェヴルサン神父は、「その通りです。しかし、預言の一部はすでに実現していますし、貴方にお示しするような出来事が現実に起こった以上、将来他の出来事も起こりうると、なぜお考えにならないのですか？」と反駁し、ナポレオン三世の帝位失墜や、パリ・コミューン、イタリアの騒乱等々を例に挙げながら、聖母の預言の確実性を諄々《じゅんじゅん》と解き明かすのだ。

聖母マリア様が怖しい地震を告げられたことを、あなたは嘘だとおっしゃるのでしょうか？一つの町の例をあげるだけでも、一八八七年、ニースで怖しい震動が大地を揺り動かさなかったでしょうか？　また、唯物主義、無神論、心霊術の爆発的流行が起こると預言された時、聖母様はお間違いになっていたでしょうか？　この二十年来、身の毛もよだつ黒魔術や罪深い罪業にほかならない心霊術がこれほど猖獗《しょうけつ》を極めたことはありません。唯物論や無神論が猛り狂ったのは、聖母様のお告げがあってからだということも、よもや否定はなさらないでしょう。

それに、これまであらゆるキリスト教の預言者が告知していた反キリストの到来はさておいても、後、実現していないのは、世界全面戦争と、イギリスとスペインが巻き込まれる個別の戦争ですが、世界戦争勃発の可能性は極めて高いと言わねばなりません。とすると聖母様の預言で最後に残るのはマルセイユが海に沈むということぐらいでしょうか？[67]

これに対してデュルタルは、ユイスマンス独特の撞着語法《オクシモロン》を用いて、自らの逡巡を語るだけだ。

> 私は奇蹟を自由思想家のような論理で説明しようとは思いません。彼らの論理は脆弱で、メラニーの謎も、彼女の神秘的な秘密を解き明かすこともできないままだというのは確かですから。しかし、しかし、率直に言って私にはラ・サレットにおける聖母マリアの出現は理解不能ですが、だからといって、その説明として神の介入があったと認めるわけにはいかないのも事実です。[68]

しかしながら、ユイスマンスは、この後、ドレフュス事件において、かつての師ゾラや、同じメラニー信奉者のレオン・ブロワとは対照的に、はっきりと反ドレフュス派の立場を明確にし、ユダヤ人やフリーメーソン、自由思想家《リーブル・パンサー》を、神の浄配《じょうはい》たる教会を「十字架刑」にかけるべく陰謀をめぐらす「悪魔」の手先と見なす陰謀史観をはっきりと打ち出すようになる。

ユイスマンスは一九〇七年五月十二日に喉頭癌で亡くなり、その後のフランス政局に関わることはなかった。おそらくそれ以上生きながらえたとしても、生来、政治嫌いで知られた彼が、政治に積極的に関わっていたとは思えない。しかし、一八九五年の『出発』発表以来、厳格かつ極めて保守的なカトリシズムに回心した彼は、死後もカトリック＝保守派、それも反ユダヤ、反フリーメーソンの立場を取る頑迷なる保守の青年たちの師表であり続けた。ユイスマンスの反ユダヤ主義、反フリーメーソン、加えて、フランドルに先祖を持つがゆえの北方びいきからくる親ドイツ的立場は、モーリス・ヴァレスの「大地と血」賛仰などを経て、シャルル・モーラスの「アクション・フランセーズ」（設立は一九〇五年）、ペタン政権、セリーヌの対独協力などに至る、一連のフランス・ファシズムの暗部へと繋がっていくのだ。[69]

一八九一年、レオ・タクシルの反フリーメーソン・キャンペーンが始まる直前、ブラヴァツキー夫人が『シークレット・ドクトリン』を未完のまま残してロンドンで亡くなるその年、ドレフュス事件が勃発する直前、さらに、『シオン賢者の議定書』が作成される政治情勢がフランスとロシアで醸成されつつあったまさにその時期に、もう一つの「陰謀論」が聖母マリアの預言として一人の「カトリック」作家の未完の小説『至高所』の中に書きつけられていたことの意味は小さくないだろう。

ある意味、ホロコーストを準備したのはオカルト的十九世紀性《ディズヌヴィエミテ》そのものなのだ。

終章　神なき時代のオカルティズム

オカルティズムの可能性をめぐって

オカルティズムという問題を考える上で、フーコーに由来するエピステーメー＝認識論的な断絶という観点は重要だ。現代につながる十九世紀以降のオカルティズムとは、「墓地」と「子ども」とが同じ語句の中に共存できなくせしめた（フィリップ・ミュレー）認識論的断絶によって「神の死」が必然となり、それと共に「悪魔」や「魔術」すらあり得なくなった後も、なおも「神」や「霊魂の不滅」を信じたいとする欲求が生み出した、それ自体洞窟に映った影のようなものかもしれない。工藤庸子は『近代ヨーロッパ宗教文化論』の中で、十九世紀においてカトリック宗教教育が学校など様々な場面でいかに真剣に実践されていたかを精密に跡づけている。[1]その一方で、第二帝政下の「進歩派」であった昆虫学者ジャン＝アンリ・ファーブルは、帝政の終わる二年前の一八六八年、アヴィニヨンのサンマルシャル礼拝堂附属学校で女子生徒を主な聴衆に「植物が雄しべと雌しべで受粉する」ことを教えたことがもとで、職を奪われている。[2]

ニーチェの「神は死んだ」には二つの系がある。「神は死んだ」と告げるのは早く来すぎた「狂人」なのであり、「仏陀」の死んだ後も、なお幾千年の久しきにわたり、神の影の示されるもろもろの洞窟が存在する。神は死んだが、しかし誰も神が死んだことを信じない。しかも、その「神」は「仏陀」に入れ替わることが可能なのだ。[3]いや「神」の位置に座るのは、「仏陀」に限らない。「聖母マリア」や「聖霊」などキリスト教の「パンテオン」に連なる他の「聖なる存在」でも、デミウルゴスでもヤルダバオートでも、それどころか悪魔リュシフェルでも「空飛ぶ円盤」でも、さらにはニューエイジ、新興宗教までを視野に含めるなら「マハトマ」でも「至高神エル・エルヨン」でも構わない。カトリック、プロテスタント内部、あるいはその周縁において、十八世紀後半からいかに多くの「異端」が存在したか。スウェーデンボルグも、サン＝マルタンも、ヤコブ・ベーメも、ジョゼフ・ド・メーストルでさえも、さらには彼らの影響を受けたバルザックやボードレールなども含めて、新旧それぞれの「正統」信仰からすれば、「異端」との間で、いかに危うい均衡を保っていたかは留意しておいた方がいい。

　そしてそのすでに他のどの神とも取替え可能になった「神」は、時には「フリーメーソン＝ユダヤ資本による国際陰謀」を説いて「ユダヤ人問題の最終解決」を勧め、「反キリストの襲来による世界戦争」を予言し、さらには「シヴァ神にポアされてよかったね」[4]などと、とんでもないことを宣《のたま》うかもしれない危険な存在となった。

　十九世紀以降のオカルティズムに顕著な「動物磁気」「流体」「超常現象」についても同じ事がいえるかもしれない。メスマー、ピュイセギュール以来、近代オカルティズムにつきまとうこうした「異質な要素」「異能への憧憬」もやはり「神の不在」と密接な関係にある。神の座が安定していれば、自然現象としては理解できないあらゆる異常な心理現象・物理現象は、奇蹟か悪魔の介入のいずれかとして理解される。霊魂の不滅それ自体は自明なのだ。しかし、科学の世紀、臨床医学誕生の世紀、実証主義の世紀である十九世紀において、それは、実験と検証の末にその「実在」を「証明」しなければならないものとなる。ここで、科学と、ともすれば「擬似科学」の側に押しやられかねない魔術＝オカルティズムとの間の長い、執拗な対立の歴史が始まる。現在「査読」を通じて「通説」となったとされる科学論文のうち、百年後にその何パーセントが科学的に証明された「真理」の位置を占めていられるだろうか？

超常現象そのものの「実在性」について、それがあるとも、ないとも筆者の能力の範囲では確定できない。人間の身体から出る微弱な電気信号に反応してパソコンやスマホのパネルが反応する時代なのだ。たまたま個体差で他の人間よりも強い電気を発信することのできる人間がいないとも限らないではないか。しかし十九世紀初頭の世界人口約十億に比して七倍の七十億に増えた現在に至っても、D・D・ホームが示したという二階の窓から一階の窓まで空中移動できるとか、エウサピア・パラディーノのようにテーブルを空中浮遊させることができるといった「傑出霊媒」が現れたという話は聞かない。そういう人物がいれば忽ちメディアの寵児になっているだろう。

動物磁気の「夢中遊行状態」で開花するというさまざまな超能力についても、もう一度、医学・生理学の関心がこうした特殊分野に対峙し、現在の科学水準での検証が行われない限り、ベルトラン・メウストらの主張が確実な裏付けを得られる見込みはないだろう。

それにしても、十九世紀オカルティズムの行き着いた先に出現する「全体主義的」「差別主義的」「抑圧的」社会、「陰謀論」渦巻く不吉な未来の予示を目にした後で、改めてこう問うことは可能かもしれない。

「オカルティズム」とは、結局、単に非科学的で、政治的に反動的な意味しか持ち得ないのであろうか。神なき現代において、それでもなお自分が万能だと信じさせてくれる何か、万人に予想される「死」への代替装置に過ぎないのだろうか、と。

前年の東日本大震災および、「三・一一」福島第一原発事故の衝撃冷めやらぬ二〇一二年、一種のカタストロフィーに直面した人間の絶望と、妙な開放感がない交ぜになった興奮の中で出版された『反 - 装置論』（以文社）という著書がある。『来たるべき蜂起』翻訳委員会+ティクーン」という複数の匿名の作者による論考に、廣瀬純、白石嘉治の対話による「解説」によって形づくられた小著だが、その中で、彼ら「匿名作者たち」は、ランボーやマラルメといったパリ・コミューン、すなわち最初の共産主義革命を闘った象徴派詩人たち、マルクス、フロイトという二人の革命家に自らを重ね合わせたシュルレアリスト＝アンドレ・ブルトン、泥棒にして作家・同性愛者という二重、三重に時代の体制に肩すかしを食わせたジャン・ジュネといった人々が「事件」として提起し続けた、「唯物論的な神秘的幻想・呪術」に、現代資本主義を含む世界の閉塞を突き破る「テロリストの覚醒を生きる歓び」を見出している。

ひるがえって、我々を取り巻く日常に回帰してみれば、現代日本のジャーナリズムもテレビも、総じてマスメディアは、一頃ほどではないにせよ、「怪奇」「オカルト」現象、占い、予言の類いを、ニュースや報道特集、スポーツ番組などの狭間を曖昧かつ安価に繋ぐ「埋め草」のように使っている。果たして「真面目な」新聞社、雑誌社、テレビ局は、これら超常現象やオカルト、霊界等を、どれだけ「真正」なものとして認める覚悟があるのだろうか？

その事実はひとまず措くにしても、小説、映画、テレビ番組、幻想小説、ライト・ノベル、マンガ、アニメ、ゲームなどを含めたサブカル・シーン全体を含め、現代はオカルトや魔術、超能力、怪奇現象、物の怪、怪異のオンパレードではないか？

日本においてオカルトや魔術がフィクションとして我々の日常的な環境に広がり出すのは、一九七〇年代の前半、ちょうど連合赤軍事件における左翼の全面的な敗北と同時期にあたる。

前田亮一『今を生き抜くための70年代オカルト』[5]が指摘しているように、七〇年代のオカルト・ブーム、魔術ブームの背景には、ユリ・ゲラーの来日などをきっかけにおこった心霊術（スピリチュアリズム）や心霊研究・超心理学への関心の深まりがある。これが、明治以来の「近代化」の過程で日本の中に侵入した「西欧」からの「新知識」であったことはすでに述べた通りだ。

七〇年代のオカルト・ブーム自体、六〇年代末から七〇年代初頭にかけての全共闘運動の完全なる挫折という、日本人青少年の外傷体験に根ざしているとともに、そうした外傷体験を「なかったことにすべく」、西欧からの刺激に対して、すでにはるか戦前から用意されていた日本のオカルト受容器がある種自動的な反射作用を起こしていると言えば、言葉が過ぎると反論されるだろうか。

そして、オカルト・ブームの波は、一九九〇年代半ばの新自由主義的逸脱に乗って深まり、現在に続いている。しかも、いまや、オカルトを題材とした小説、ラノベ、映画、テレビ番組、マンガ、アニメ、ゲームなどを製作する側も、享受する側も、すでに一九九〇年代以降、すなわちバブルがはじけ、日本に新自由主義に基づく文字通りの「カルト資本主義」[6]（斎藤貴男）が成立して以降の生まれである。いきおい、その世界は、一部の特権階層や軍部などが独裁的な支配・監視体制を敷き、「生まれながら」の魔法の才能の「評価」によって「階層」「階級」が区分され、魔法を使えぬ者は「無能力者」とされるような絶望的なディストピアとして設定されることが多い。しかし、いずれにせよ、そうしたフィクションの世界を「構成」する力、あるいは、それらフィクションに「共感」する力こそ、創作という意味でも、またオカルティズム・エゾテリスムで使われる意味でも、創造的な「想像力」の真価ではないのか？

日本の場合、近代化＝西欧化の過程で、西欧的時空が移入され、それが一種の衝立となって過去の記憶を消し去っている。後に生まれた人間には、それ以前の過去が見えなくなる。あるいは仮に江戸時代以前に生まれ、往事の記憶をどこかに引きずっていても、彼らは、前近代と近代とを二重に生きることによって、近代化された「西欧」をそれ以前の記憶に「上書き」してしまう。こうして前の時代を曖昧に忘却した「近代日本人」にとって、魔術やオカルトを含む幻想の問題は一層複雑になる。

柄谷行人の『日本近代文学の起源』[7]（一九八〇）や前田愛『近代日本の文学空間』[8]（一九八三）を改めて参照するまでもなく、「文学」という制度そのものが、そこに現れるさまざまな近代的（あるいは近代化された）表象を伴って「捏造」され、さらにそれを形式的枠組みとして「近代的自我」をもった「主観的人間」が生みだされた。あり得ないはずの起源から、人工的につくり出された空間に逆投影される形で、幻想の空間に幻想の表象がちりばめられる。日本・中国を含む東洋には、怪異文学・仙境文学などの幻想の系譜があった[9]。しかし、それらの伝統が直接、現代の日本の幻想文学に接続しているわけではない。こういう言い方をすればさまざまな誤謬を含みこんでしまうが、それを承知で敢えて言えば、幻想文学すらも、近代西欧の「小説」の語りとテーマ、いやそもそも翻訳語として人工的に生成された「近代日本語」の空間が成立しない前には、成立しえないものだったのだ。

小説にせよ、映画にせよ、マンガやアニメ、ゲームにせよ、近代の幻想が働く空間はもともと人工的に作られた、本来ならあり得ない空間だ。それゆえ、そこには、本来の西洋の悪魔学・天使学、魔術の（ステレオタイプ化された）伝統からはあり得ないはずの、奇矯な借り入れや、接合など、あらゆる操作が可能になる。歴史的にはあり得ない宇宙観や神話があらゆるところからかき集められ、それが新たなジャンルを形成し、さらにそれが原形となって、あらためて脱構築が行われる。西欧のオカルティズム自体が、本書で見たように何かあるもののコピー、複製の複製となっている以上、そのごった煮ぶりは凄まじい。

神は混沌とした闇から宇宙の秩序を創造した。しかし、マンガやアニメも含めて現代の幻想作家は、作品毎に一挙に宇宙を作り上げる。そしてその宇宙は、時間も空間も、すくなくとも我々が過去に知っているいかなる秩序とも異なる宇宙だ。ヴァンパイヤはいつから薔薇の露を飲み、悪魔は林檎が好物となったのか？　聖書外典であるエノク書や、ユダヤのメルカーバー神秘主義の圏域に成立した「シウール・コーマー（身体の寸法）」書には、天上に挙げられ、神の栄光の玉座の隣の玉座を与えられたエノクが、「メータトローン」という最高の天使となったという事実が語られている。[10]ところが、そのメータトローンが、由貴香織里『天使禁猟区』[11]の中では、うささん（兎のぬいぐるみ）を抱いた少年として描かれ、また、メータトローンと対をなす高位の天使サンダルフォーンは、少年メータトローンの抱く、うささんの正体であり、透明な容器の中に閉じ込められた無数の目をもつ胎児の怪物として登場するのだ。

ちょうど東日本大震災の頃、テレビ・アニメとして放映されていた、『魔法少女まどか☆マギカ』という作品がある。「魔法少女もの」というジャンルの「お約束」を逆手に取る形で、「魔法少女もの」の筋、作画、コンセプトに革命的な革新をもたらした傑作というべき作品だ。すでに七年前の作品だが、映画などで続編やスピン・オフも作られているので、知っている読者も多いだろう。

作品の少女たちは、魔法少女もののお定まりにしたがって、外見はリスかイタチのような愛らしいマスコット的動物、しかし、役柄からすれば「悪魔」そのものというべき「キューベイ」の「僕と契約して魔法少女になってよ」という誘いに乗って「契約」を結ぶ。だが、彼女たちが闘う「魔女」とは実は、かつての魔法少女たちであり、現在の魔法少女たち自身も「魔法少女」たる身分を保障するブローチが曇ると、最後には自分達が魔女と化してしまう。正に新自由主義の論理「貸したものは返せ！」を地でいく闇金さながらの「悪魔の契約」だ。「ワルプルギスの夜」とは、ゲーテの戯曲『ファウスト』にでてくる魔女集会の開催される特異日のことだ。四月三十日から五月一日にかけての夜、ハルツ山中のブロッケンベルク（ブロッケン山）に、魔女や妖術師が集まり、サタンを崇拝するサバトを催すとの民間伝承をもとに、ヨハネス・プレトリウスの『ブロッケン山行事』[12]（一六六八）に着想を得て創案したとされる。ところが、『魔法少女まどか☆マギカ』の「聖ワルプルギスの夜」は、なんと、まどかたち魔法少女が立ち向かう最強の魔女の名前、あるいはその魔女との戦闘の行われる決戦の夜を指す言葉と化してしまう。主人公鹿目《かなめ》まどかの友人暁美ほむらは、まどかの最後の対戦相手、魔女「ワルプルギスの夜」との対戦を勝利に導くため、時空を行き来しつつ、ほとんど永遠ともいうべき「運命のやり直し」を試み、最後にはまどかたちばかりでなく、古今に生きた「魔女」全体の運命を変え、彼女たちの絶望を希望に変える。そういえば、二〇〇〇年代のもう一つの顕著なサブカル現象「涼宮ハルヒシリーズ」[13]でも、夏休みの最後の一日を満足いく結果に終わらせるため数百年にわたって一万五千回以上の時間の遡行（エンドレスエイト）が繰り返された。時間の無限遡行＝現実のやり直しという意味では、『STEINS;GATE《シュタインズ・ゲート》』[14]を加えてもいい。

　何か崇高な理念を実現するとか、理想化したイデオロギーを追求するために行うのではなく、ただ面白いものを提供したい、変わった趣向・幻想で読者の関心を惹きたいという一念（というと、身も蓋もないが）で量産される結果、図らずもその幻想が、その時代の欲望を構造化し、時には効果的な「ジャンルの脱構築」を果たすというわけだろうか。

何も変わらないが、何もかもが一からつくり出され、つくり出されたものはまた必ず崩される。しかし、この正に綺想をつくり出す欲望の無限ループが隠しているのは、全体的な状況を閉塞させる究極的な「空虚」の隠蔽ではないのか？　まどかやほむらに「魔法少女」になるよう「契約」を持ちかける宇宙生物キューベイは、「悪魔」そのものというほかないが、シリーズの第八話で「この国では成長途中の女性のことを少女って呼ぶんだろう、だったらやがて魔女になるきみたちは魔法少女と呼ぶべきだよね」と言う。しかし、まさにその「少女」までもが、渡部周子『〈少女〉像の誕生』[15]が証明したように、我々の「近代」によって捏造されたものであるならば、その近代の壁を越えてさらに時間の遡行は許されるのか？

アニメやラノベ、ゲームの主人公が繰り返す無限ループは、我々が予め囚われている起源を暴き、それからの脱出の道を探りたいという我々の欲望を解放するものなのか、それとも、さらに我々の閉塞の隠蔽をはかるものなのか。

世界の歴史を書き換えんとする現代の魔法少女や、ゴスロリという鎧に身を包んだ少女たち、オカルト・魔術を追い求めるオタクたち、自らの身体を自傷することで自らの実存の意味を追い求めようとする永遠の中二病患者たち。彼ら、彼女らこそが薔薇十字友愛団よろしく、新自由主義のディストピアを一瞬にしてユートピアに変じることを夢見る現代の魔女、魔導師かもしれない。いやそれどころか、彼ら、彼女らこそが、世を統べる「現前」の形而上学を「揺らぎ」のうちに解消すべく「来たるべき蜂起」を企む邪眼を帯びたテロリストかもしれないのだ。

＊

本書の執筆は、二〇一〇年、前著『ユイスマンスとオカルティズム』（新評論）発行の直後に「選書メチエ」の山崎比呂志氏（当時）より、同書のオカルティズムの部分を独立させて、近代オカルティズムについての書籍を書いて欲しいと依頼を受けたのがきっかけだった。

当初は同氏の依頼通り、右派オカルティズム、左派オカルティズム、動物磁気、心霊術を軸に、十九世紀オカルティスト列伝的な書物を考えた。しかし、準備を進めていくにつれ、これら近代オカルティズムが古代から近代に至るまで、二千年を超える歳月の間に起こった様々な「認識論的切断」の中で、それに呼応する形で様々な変貌を遂げつつ現代に生き残ってきている事実を改めて著者自身、再確認した。従って、それぞれのエピステーメー転換の中でオカルティズムが占めた位置を各時代の社会的な背景も含めて描かなければならないという結論に至った。本書の題名をその名もずばり『オカルティズム』とした所以《ゆえん》である。本書が記述しようとしたのは、そういう意味で、古代から近代に至るオカルティズムの一つの鳥瞰図であり、「断絶」を超えてオカルティズムの「歴史」を読解しようというある種無謀ともいえる試みである。

当初、本書に書きたいと思いながら、準備不足や紙数の関係で割愛した論題も多い。特にオカルティズムをめぐるフロイトとユングの関係については、最後まで、言及しようか迷ったが、おそらく、それを書くだけで、優にもう一冊分位は本の厚みが増すことを思い断念した。また、ネルヴァル、バルザック、ボードレール、ランボー、マラルメ、シュルレアリストなど近代文学者のオカルティズムに対する態度なども、是非扱いたいところであったが、これはそれぞれの分野の専門研究者の手で行われるべきであろう。

本来本書は、どんなに遅くとも二〇一四年位までには刊行するつもりだったが、筆者の周囲に起こった様々な事件、特に、父母を含む近親者の相次ぐ死などもあり、遅れに遅れ、とうとう二〇一八年、平成最後の年にまでずれ込むことになった。その間、辛抱強く原稿完成をお待ちくださった講談社の寛大さに感謝したい。また特に、途中から編集をご担当いただくことになった今岡雅依子さんには、暖かい激励、細心の編集作業をいただき特にお世話になった。心からお礼を申し上げたい。

二〇一八年十月

大野　英士

注

＊執筆段階で原著（欧文）を参照した場合も、邦訳があるものは、例外を除いて邦訳書のみを挙げた。
＊既訳の引用においては、文脈に応じて一部を改変させていただいた場合がある。
＊既訳の著者名表記に不統一がある場合も、同一人物の場合は「同」として列記した。

序章

1 Frantz Funck-Brentano, *Princes and Poisoners, Studies of the Court of Louis XIV*, tr. by George Maidment, Duckworth and Co., 1901. ; Jeanine Huas, *Madame de Brinvilliers, la marquise empoisonneuse*, Fayard, 2004. ; Arlette Lebigre, *1679-1682, L'Affaire des Poisons*, Editions Complexe, 2006. ; Claude Quétel, *Une ombre sur le Roi-Soleil, L'affaire des Poisons*, Larousse, 2007. ; Agnès Walch, *La Marquise de Brinvilliers*, Perrin, 2010.
2 Catherine Hermary-Vieille, *La Marquise des ombres*, Olivier Orban, 1984.
3 蔵持不三也『シャルラタン』新評論、二〇〇三。
4 Quétel, *Une ombre sur le Roi-Soleil, L'affaire des Poisons, op.cit.*
5 ミシュレ『フランス史Ⅳ　17世紀　ルイ14世の世紀』大野一道、立川孝一監修、藤原書店、二〇一〇。
6 Quétel, *Une ombre sur le Roi-Soleil, L'affaire des Poisons, op.cit.*
7 François Ravaisson éd., *Archives de la Bastille VI*, A. Durand et Pedone-Lauriel, 1873.
8 *Ibid.*
9 J＝K・ユイスマンス『彼方』田辺貞之助訳、創元推理文庫、一九七五。
10 *Archives de la Bastille VI, op.cit.*
11 ロベール・ミュッシャンブレ『悪魔の歴史　12〜20世紀』平野隆文訳、大修館書店、二〇〇三。
12 同上書、二七九頁。「西洋の想像界《イマジネール》は、十七世紀中葉に突如として悪魔を放逐したわけではない。ただしこの時期に、合理主義者たちと、思想界に於ける神学の支配的な地位を保持しようと努めた伝統的な知識人たちとの間に、知的断絶が生じたのは明確に見て取れる。その深部で変貌を遂げつつあった当時のヨーロッパにあって、実のところサタンは緩やかにしかも少しずつその傲慢な輝きを失っていった。激しく対立していた新旧キリスト教間の闘いの言説の中で、悪魔はそのイメージを凝縮していき、それをあらゆる社会階層へと浸透せしめていったわけだが、今やそのイメージが多種多様な破片となって弾け散ってしまったのである」同、二四五頁。

第一章

1　但し、明治大学情報コミュニケーション学部教授石川幹人氏を中心に「超心理学研究」を研究する「メタ超心理学研究室」が存在する。石川幹人著『「超常現象」を本気で科学する』新潮新書、二〇一四、参照。

2　Phil Zucherman, “Atheism: Contemporary Rates and Patterns” in *Cambridge Companion to Atheism*, 2007.

3　深作欣二監督『バトル・ロワイアル』二〇〇〇。原作は高見広春『バトル・ロワイアル』太田出版、一九九九。

4　斎藤環『戦闘美少女の精神分析』ちくま文庫、二〇〇六。

5　Alain Rey, *Le Grand Robert de la Langue française*, le Robert, 2001.

6　Jean-Pierre Laurant, *L'Ésotérisme chrétien en France au XIXe siècle*, L'Age d'Homme, 1992.

7　Jacques Matter, *Histoire critique du gnosticisme*, Paris, F. G. Levrault, 1828, 2 vols.

8　アントワーヌ・フェーヴル『エゾテリスム思想』田中義廣訳、白水社、文庫クセジュ、一九九五、一七－三二頁。Antoine Faivre, *Accès de l'ésotérisme occidental*, Gallimard, Coll. « Bibliothèque des sciences humaines », 2 vols. (1986) 2e éd, 1996. エゾテリスムを包括的に取り扱った代表的著作（アンソロジー含む）として、Pierre A. Riffard, *L'Ésotérisme*, Robert Laffont, « Bouquins », 1990も参照。

9　フェーヴルの定義をそのままに書き記すと以下のようになる。

①コレスポンダンス（照応）　「可視世界、不可視世界のあらゆる部分のあいだにコレスポンダンスが存在」し、マクロコスモス（宇宙）とミクロコスモス（人間）のように、あるいは、聖書と自然・宇宙・歴史の間に照応がみられるように、世界は解読すべき記号体系＝神秘的言語として理解される。

②生きている自然　あらゆる種類の潜在的啓示に満ちている自然を縫いてそこに働いている共感と反感のネットワークを書物として読み取り（魔術・動物磁気・同種療法《ホメオパシー》・神智学《テオソフィー》）、そこに救済論的要素を含んだグノーシス「神－人－自然」を結ぶトライアングルを研究する（神智学）。

③想像力と媒体　儀礼・象徴的イメージ・曼荼羅・仲介霊・天使等、神的世界と自然を仲介するあらゆる種類の媒体、あるいは霊的存在を「一種の魂の器官」としての「創造的想像の力」によって知覚し、神と自然との間に介在する認識論的・視覚的関係を確立する。

④変成の体験　知的活動（グノーシス）と活動的想像力を分離せず、秘儀参入《イニシエーション》的契機を介して、主体が存在性格を変容させる。

⑤和協《コンコルダンス》の実践　異なった伝統の間で共通の分母を確立しようとする動き。

⑥伝授　正統性に疑いの余地のない「伝統」の重要性を強調する。「秘儀伝授《イニシエーション》」を通じて、その伝統を受け継いだ「秘儀伝授者《イニシアトゥール》」や「導師《グル》」の助けを借りて受け継がれなければならない。

10　Faivre, *Accès*, *op.cit.*, I, pp. 28-29.

11 *Ibid., p. 25.*
12 *Ibid.*
13 フェーヴル『エゾテリスム思想』前掲書、二一頁。Faivre, *Accès, op.cit.*, II, p. 338.
14 ミシェル・フーコー『言葉と物』渡辺一民、佐々木明訳、新潮社、一九七四。
15 ハンス・ブルーメンベルク『近代の正統性』（Ⅰ・Ⅱ・Ⅲ）斎藤義彦、忽那敬三、村井則夫訳、法政大学出版局、叢書ウニベルシタス、一九九八、二〇〇一、二〇〇二。

第二章

1 ブルーノ・チェントローネ『ピュタゴラス派』斎藤憲訳、岩波書店、二〇〇〇。
2 『ヘルメス文書』荒井献、柴田有訳、朝日出版社、一九八〇。Hermès Trismégiste, *Corpus Hermeticum*, t.1-4. Les Belles Lettres, 2002-03. ; Brian P. Copenhaver, *Hermetica*, Cambridge University Press, 2002.
3 古代の宇宙論とヘレニズム期の思想に関しては、柴田有『グノーシスと古代宇宙論』勁草書房、一九八二。他にS. K. Heninger, Jr., *The Cosmographical Glass, Renaissance Diagrams of the Universe*, The Huntington Library Press, (1977) 2004.
4 魔術総体の歴史を扱ったものとしてはK・セリグマン『魔法　その歴史と正体』平田寛訳、人文書院、一九九一。
5 S・J・テスター『西洋占星術の歴史』山本啓二訳、恒星社厚生閣、一九九七。タムシン・バートン『古代占星術　その歴史と社会機能』豊田彰訳、法政大学出版局、二〇〇四。
6 F・S・テイラー『錬金術師』平田寛、大槻真一郎訳、人文書院、一九七八。Stanislas Klossowski de Rola, *Alchemy, The Secret Art*, Thames and Hudson, 1973. ; E. J. Holmyard, *Alchemy*, Dover, 1990. ; Titus Burckhardt, *Alchemy*, Fons Vitae (1971) New ed., 1997. ; Bernard Joly, *Histoire de l'Alchimie*, Vuivert-ADAPT, 2013. なお、錬金術については一二世紀以来「アラビア語」からラテン語訳されたヘルメス・トリスメギストスの書とされる『エメラルド板』と呼ばれる文書が伝わっており、錬金術思想に大きな影響を与えた。Cf. Hermès Trismégiste, *La Table d'Émeraude*, Les Belles Lettres, (1995) 2012.
7 フランセス・イエイツ『ジョルダーノ・ブルーノとヘルメス教の伝統』前野佳彦訳、工作舎、二〇一〇、四一頁。
8 ブルクハルト『イタリア・ルネサンスの文化』（上・下）柴田治三郎訳、中公文庫、一九七四。
9 『ヴァールブルク著作集』（全七巻）伊藤博明、岡田温司、上村清雄ほか訳、ありな書房、二〇〇三–〇六。『著作集　別巻1　ムネモシュネ・アトラス』田中純、加藤哲弘、伊藤博明・訳注、石井朗・企画構成、ありな書房、二〇一二。『著作集　別巻2　怪物から天球へ　講演・書簡・エッセイ』伊藤博明、加藤哲弘・訳注、石井朗・企画構成、ありな書房、二〇一四。
10 この章を書くためにここ数年読みあさった本を挙げたらきりがなかろう。とりあえず思いつくままに挙げておく。なお、煩雑を避けるため、引用や情報の出所は例外を除いて割愛させていただいた。P・O・クリステラー『ルネサンスの思想』渡辺守道訳、東京大学出版会、一九七七、同『イタリア・ルネサンスの哲学者』佐藤三夫監訳、みすず書房、二〇〇六。グリヨ・ド・ジヴリ『妖術師・秘術師・錬金術師の博物館』林瑞江訳、法政大学出版局、一九八六（新装版二〇一五）。エドガー・ウィント『ルネサンスの異教秘儀』田中英道、藤田博、加藤雅之訳、晶文社、一九八六。ウェイン・シューメイカー『ルネサンスのオカルト学』田口清一訳、平凡社、一九八七。ヨアン・P・クリアーノ『ルネサンスのエロスと魔術』桂芳樹訳、工作舎、一九九一。伊藤博明『ルネサンスの神秘思想』講談社学術文庫、二〇一二。ヒロ・ヒライ、小澤実編集『知のミクロコスモス』中央公論新社、二〇一四年。菊地原洋平著、ヒロ・ヒライ編『パラケルススと魔術的ルネサンス』勁草書房、二〇一三。エウジェニオ・ガレン『ルネサンス文化史』澤井繁男訳、平凡社ライブラリー、二〇一一。根占献一ほか『イタリア・ルネサンスの霊魂論』（新装版）三元社、二〇一三。アンソニー・グラフトン『テクストの擁護者たち』ヒロ・ヒライ監訳、福西亮輔訳、勁草書房、二〇一五。Hélène Tuzet, *Le Cosmos et l'Imagination*, José Corti, 1988. ; Antoine Faivre & Jacob Needleman eds., *Modern Esoteric Spirituality*, Crossroad, 1992. ; Antoine Faivre & Wouter J. Hanegraaff eds., *Western Esotericism and the Science of Religion*, Peeters, 1998. ; D. P. Walker, *Spiritual & Demonic Magic, from Ficino to Campanella*, The Pennsylvania State University Press, 2000. なおこの章に関する諸問題についてはルネサンス研究者ヒロ・ヒライ氏のサイト、Bibliotheca Hermetica (http://www.geocities.co.jp/bhermes001/bh.html) に詳しい書誌あり。

11 小岸昭『スペインを追われたユダヤ人』ちくま学芸文庫、一九九六。

12 Garth Fowden, *The Egyptian Hermes*, Princeton University Press, (1986) 1993. ; Antoine Faivre, *The Eternal Hermes, From Greek God to Alchemical Magus*, Phanes Press, 1995. 同書一八一－二一〇頁に、この問題に関する詳しい書誌あり。Antoine Faivre, dir., *Présence d'Hermès Trismégiste*, Albin Michel, coll. « Cahiers de l'Hermétisme », 1988. ; Clement Salaman and alii, *The Way of Hermes, Inner Traditions*, Rochester, 1999.

13 なお、本書で「ヘルメス選集」という場合はこのコルプス・ヘルメティクムを指す。ヘルメス・トリスメギストスの作に擬せられる文書群を指す場合には「ヘルメス文書」と呼ぶことにする。

14 「クラテュロス」四〇八A－B『プラトン全集2　クラテュロス　テアイテトス』水地宗明訳、岩波書店、一九七四、七九頁。

15 「ピレボス」一八B－D『プラトン全集4　パルメニデス　ピレボス』田中美知太郎訳、一九七五、一八七－一八八頁。

16 マルクス・トゥリウス・キケロー「神々の本性について」『キケロー選集11　哲学Ⅳ』山下太郎訳、岩波書店、二〇〇〇、二三六－二三七頁。なお、同書の本文は次の通り。「第五のメルクリウスは、ペネオス人の崇める神で、アルゴスを殺したためにエジプトに逃れ、この国の人々に法律と文字を教えたと言われる。エジプト人はトトと呼ぶが、これはエジプト語で一年の最初の月を意味している」。これによれば「トト」は月の名前のように解せるが、同書の訳注（14）は、プルータルコス『エジプト神　イーシスとオシーリスの伝説について』三七八Bを参照するように促している。同書の和訳の該当箇所を繙くと、「例えば、年のはじめの月の一九日に、ヘルメスの祭がありますが、その時人々は、「真理は甘きもの」と唱えながら蜂蜜といちじくを食べます」（プルタルコス『エジプト神イシスとオシリスの伝説について』柳沼重剛訳、岩波文庫、一九九六、一一九頁）とあり、この月がトト（トート）と呼ばれるのは、まさしく、ヘルメス（メルクリウス）に因んだ祭りが催されることによるものであることがわかる。

17　Hermès Trismégiste, *Corpus Hermeticum*, t.2, *op.cit.*

18　エイレナイオス「異端反駁」『キリスト教教父著作集　エイレナイオス　第2巻I～第3巻III』小林稔、大貫隆訳、教文館、一九九九－二〇一七。

19　荒井献、大貫隆訳『ナグ・ハマディ文書』（I－IV）、岩波書店、一九九七－九八。同『ナグ・ハマディ文書　チャコス文書　グノーシスの変容』岩波書店、二〇一〇。

20　伊藤『ルネサンスの神秘思想』前掲書、九一頁。

21　マルシーリオ・フィチーノ『恋の形而上学』左近司祥子訳、国文社、アウロラ叢書、一九八五。

22　マルシリオ・フィチーノ『「ピレボス」注解』左近司祥子、木村茂訳、国文社、アウロラ叢書、一九九五。

23　フランセス・イエイツ『十六世紀フランスのアカデミー』高田勇訳、平凡社、ヴァールブルク・コレクション、一九九六。

24　フランシス・A・イエイツ『エリザベス女王　星の処女神』西澤龍生、正木晃訳、東海大学出版会、一九八二。同『星の処女神とガリアのヘラクレス』西澤龍生、正木晃訳、東海大学出版会、一九八三。同『魔術的ルネサンス　エリザベス朝のオカルト哲学』内藤健二訳、晶文社、一九八四（新版一九九三）。ピーター・J・フレンチ『ジョン・ディー』高橋誠訳、平凡社、クリテリオン叢書、一九八九。横山茂雄『神の聖なる天使たち』研究社、二〇一六。

25　アレクサンドル・コイレ『パラケルススとその周辺』鶴岡賀雄訳、書肆風の薔薇、一九八七。

26　田中美知太郎編『プロティノス　ポルピュリオス　プロクロス』中公バックス「世界の名著　15」（一九八〇）一九九二。

27　Walter Scott, ed., *Hermetica*, 4vols., Oxford, 1924-36, p.31. イエイツ『ジョルダーノ・ブルーノとヘルメス教の伝統』前掲書、三九頁に引用。Pauliina Remes, *Neoplatonism*, University of California Press, 2008. 同書の書誌（pp. 214-234）参照。

28　「ティマイオス」二九D－三三C『プラトン全集　ティマイオス　クリティアス』種山恭子訳、岩波書店、一九七五、三一－三九頁。

29　Sara Sand, *Le Grand Livre du Cancer*, Tchou, 1996, pp. 316-317.

30　流出説とは、「世界（多）を根源的一者（一）からの流出と考える哲学的、神学的世界解釈。流出説の典型は新プラトン派やプロティノスの段階的流出説に見出される。第一者あるいは善から、この第一者に次ぐよきもの（第一者の模像）としての理性が流出し、次いでこの自己の内にイデアすなわち思惟対象としての多を有し思惟を本質的機能とする超越的理性と感覚的世界、すなわち自然の仲介者として働く世界霊魂が流出すると考える。無からは何も生じないという基本的前提をもち、無からの創造を説くキリスト教の神との間には本質的相違がある」。『ブリタニカ国際大百科事典 小項目版 プラス世界各国要覧 ２０１７』。プロティノス「エネアデス」『プロティノス全集』（一－四巻・別巻）水地宗明他訳、中央公論社、一九八六－八八、参照。

31 フーコー『言葉と物』前掲書、四二頁。

32 デュオニシオス・アレオパギテス「天上位階論」、上智大学中世思想研究所編『中世思想原典集成』三、平凡社、一九九四。

33 マルシリオ・フィチーノ『天界によってみちびかれるべき生について』Marsilio Ficino, "De vita coelitus comparanda", in *De vita libri tres, 1489*. (*Three Books on Life, 1489* tr. by Carol V. Kaske and John R. Clarke, The Renaissance Society of America, 2002. With notes, commentaries and Latin text on facing pages.) Walker, *Spirit & Demonic Magic, op. cit.*, pp. 50-51.

34 プロティノス『エンネアデス』前掲書。

35 Walker, *Spiritual & Demonic Magic, op. cit.*, P. 50.

36 *Ibid.*

37 *Ibid.*, p. 105.

38 九世紀、北アフリカないしスペインでアラビア人魔術師によって書かれた魔導書。一二五六年、カスティーリャのアルフォンソ十世の宮廷でスペイン語に訳され、十五世紀にはラテン語の写本も現れて、中世後期からルネサンスにかけて広く流通した。占星術・黒魔術に関する多くの呪術や呪文、儀式についての記述を含む。John Michael Greer & Christopher Warnock/tr., *The Complete Picatrix*, Adocentyn Press, 2010. 邦訳は『ピカトリクス　中世星辰魔術集成』大橋喜之訳、八坂書房、二〇一七。ただし、筆者は本書執筆時に同書を参照することはできていない。

39 柴田『グノーシスと古代宇宙論』前掲書。ハンス・ヨナス『グノーシスの宗教』秋山さと子、入江良平訳、人文書院、一九八六。大貫隆『グノーシス考』岩波書店、二〇〇〇。エレーヌ・ペイゲルス『禁じられた福音書』松田和也訳、青土社、二〇〇五。筒井賢治『グノーシス』講談社選書メチエ、二〇〇四。C・マルクシース『グノーシス』土井健司訳、教文館、二〇〇九。大貫隆訳・著『グノーシスの神話』講談社学術文庫、二〇一四。Dan Merkur, *Gnosis*, State University of New York Press, 1993. ; Roelf van den Broek, Wouter J. Hanegraaff eds., *Gnosis and Hermeticism*, State University of New York Press, (1998) 2011.

40 柴田『グノーシスと古代宇宙論』前掲書。

41 聖アウグスティヌス『告白』（上・下）服部英次郎訳、岩波文庫、一九七六。マニ教については前掲のグノーシス派に関する研究書のほか、青木健『マニ教』講談社選書メチエ、二〇一〇。

42 アルノ・ボルスト『中世の異端カタリ派』（一九五二）藤代幸一訳、新泉社、一九七五。フェルナン・ニール『異端カタリ派』渡邊昌美訳、白水社、文庫クセジュ、一九七九。渡邊昌美『異端者の群れ』八坂書房、一九六九（増補改定版、二〇〇八）。同

『異端カタリ派の研究』岩波書店、一九八九。原田武『異端カタリ派と転生』人文書院、一九九一。

43　ユーリー・ストヤノフ『ヨーロッパ異端の源流　カタリ派とボゴミール派』三浦清美訳、平凡社、二〇〇一。

44　カバラーを扱ったものとして入手しやすいものとしては、ゲルショム・ショーレム『ユダヤ神秘主義』山下肇、石丸昭二、井ノ川清、西脇征嘉訳、法政大学出版局、叢書ウニベルシタス、一九八五、二〇〇六。ほかに、同『カバラとその象徴的表現』小岸昭、岡部仁訳、法政大学出版局、叢書ウニベルシタス、一九八五。ダイアン・フォーチュン『神秘のカバラー』大沼忠弘訳、国書刊行会、一九九四。ピンカス・ギラー『カバラー』中村圭志訳、講談社選書メチエ、二〇一四。箱崎総一『カバラ』（新版）青土社、二〇〇七。山本伸一『総説カバラー』原書房、二〇一五。

45　エルンスト・ミュラー編訳『ゾーハル』石丸昭二訳、法政大学出版局、叢書ウニベルシタス、二〇一二。Léo Schaya, *L'Homme et l'Absolu selon la Kabbale*, Dervy, Coll. « l'Être et l'Esprit », 2009. ゾーハルに至る重要なカバラー文献として E. Collé and H. Collé, *Sefer Yetzirah, The Book of Formation*, CreateSpace Independent Publishing Platform, 2013.

46　ショーレム『ユダヤ神秘主義』前掲書、二七一頁。

47　同上書、二八〇頁。

48　同上書、二八二頁。

49　イエイツ『ジョルダーノ・ブルーノとヘルメス教の伝統』前掲書、一三四頁。強調傍点筆者。

50　E・ル＝ロワ＝ラデュリ『ジャスミンの魔女』杉山光信訳、新評論、一九八五。

51　カルロ・ギンズブルグ『ベナンダンティ』竹山博英、せりか書房、一九八六。

52　カルロ・ギンズブルグ『闇の歴史』竹山博英訳、せりか書房、一九九二。

53　魔女狩りを包括的に扱った書物としては、クルト・バッシュビッツ『魔女と魔女裁判　集団妄想の歴史』川端豊彦、坂井洲二訳、法政大学出版局、一九七〇。

54　中世の民俗魔術については、他に Richard Kieckhefer, *Magic in the Middle Ages*, Cambridge University Press, 1989, 2000.

55　ギー・テスタス、ジャン・テスタス『異端審問』白水社、文庫クセジュ、一九七四。渡邊昌美『異端審問』講談社現代新書、一九九六。

56　Silvia Federici, *Caliban and the Witch, Women, the Body and Primitive Accumulation*, Autonomedia, 2004.

57　クリアーノ『ルネサンスのエロスと魔術』前掲書。

58　Christopher S. Mackay ed./tr., *Malleus Maleficarum* (1669), 2 vols. Cambridge University Press, 2006. (Latin/English)

59　シュプレンガーが著者として書き加えられるのは、シュプレンガーの死後三十年以上が経過した一五一九年の版からで、現在では多くの歴史家はこの事実を疑っている。

60 Robert Muchembled, *Culture populaire et culture des élites dans la France moderne* (*XVe-XVIIIe siècles*), Flammarion (1978) 2011.
61 ギンズブルグ『闇の歴史』前掲書、七頁。
62 Jean Bodin, *De la démonomanie des sorciers,* Paris, 1580.
63 フランセス・A・イエイツ『薔薇十字の覚醒』山下知夫訳、工作舎、一九八六。
64 Cf. Paul Arnold, *Histoire des Rose-Croix et les origines de la Franc-Maçonnerie,* Mercure de France, 1955.
65 イエイツ『薔薇十字の覚醒』前掲書、二七八‐二七九頁。
66 スティーブン・ナイト『知られざるフリーメーソン』岸本完司訳、中公文庫（一九八七）一九九〇。リュック・ヌフォンテーヌ『フリーメーソン』吉村正和監修、村上伸子訳、創元社、一九九六。マイケル・ベイジェント、リチャード・リー『テンプル騎士団とフリーメーソン』林和彦訳、三交社、二〇〇六年。
67 ハンス・ブルーメンベルク『コペルニクス的宇宙の生成』（1〜3）小熊正久、座小田豊、後藤嘉也訳、法政大学出版局、叢書ウニベルシタス、二〇〇二‐一一。Gilbert Durand, *Science de l'Homme et Tradition,* Albin Michel, 1996. ; Thomas S. Kuhn, *The Copernican Revolution, Planetrary Astronomy in the Development of Western Thought,* Harvard University Press, (1985) 2003.
68 村上陽一郎『近代科学と聖俗革命』新曜社、一九七六（新版二〇〇二）。パオロ・ロッシ『魔術から科学へ』前田達郎訳、みすず書房、みすずライブラリー、一九九九。E. A. Burtt, *The Metaphysical Foundations of Modern Science,* Dover Publications, (1924) 2003. ; Richard S Westfall, *The Construction of Modern Science, Mechanisms and Mechanics,* Cambridge University Press, (1971) 2009.
69 Walker, *Spiritual & Demonic Magic, op. cit.,* p. 140.
70 *Ibid.*
71 イヴァシュキェヴィッチ『尼僧ヨアンナ』（一九四二）関口時正訳、岩波文庫、一九九四。
72 オルダス・ハックスリー『ルーダンの悪魔』（一九五二）中山容、丸山美智代訳、人文書院、一九八九。
73 ミシェル・ド・セルトー『ルーダンの憑依』矢崎透訳、みすず書房、二〇〇八。ほかに「魔女狩り」を含む西洋悪魔学のアンソロジーとしては、田中雅志編訳『魔女の誕生と衰退』三交社、二〇〇八。
74 Trésor de la Langue Fraçaise, informatisé. http://atilf.atilf.fr
75 ウィリアム・ベックフォード『ヴァテック』（一七八二）矢野目源一訳、学研M文庫『ゴシック名訳集成 暴夜（アラビア）幻想譚』所収、二〇〇五。
76 M・G・ルイス『マンク』（一七九六）（世界幻想文学大系 2A・2B）井上一夫訳、国書刊行会、一九七六。
77 ゲーテ『ファウスト』（一八〇八‐三二）相良守峯訳、岩波文庫、一九五八。

第三章

1 ミュッシャンブレ『悪魔の歴史』前掲書、二七九頁。但し、訳文はやや改変してある。

2 ポール・ベニシュー『作家の聖別　フランスロマン主義〈1〉』片岡大右、原大地、辻川慶子、古城毅訳、水声社、二〇一五。原著 Paul Bénichou, *Romantismes français I* (*Le Sacre de l'écrivain*, 1975 ; *Le Temps des prophètes*, 1977), Gallimard, « Quarto », 2004. ; — *Romantismes français II* (*Les Mages romantiques*, 1988 ; *L'École du désenchantement*, 1992), Gallimard, « Quarto », 2004. なお本書の訳文は拙訳による。ほかに、本章の主要参考書目としては、Auguste Viatte, *Les Sources occultes du Romantisme*, *I*, *II*, (1928), Slatkine Reprints, 2009. ; Jean Fabre, *Lumières et Romantisme*, 2e éd., revue et corrigée, Klincksieck, 1980.

3 神智学の歴史や各神智学派の特徴については、Arthur Versluis, *TheoSophia*, Lindisfarne Press, 1994. 等を参照。

4 ヤコブ・ベーメ「シグナトゥーラ・レールム」他、南原実訳『キリスト教神秘主義著作集　13』教文館、一九八九。同『無底と根底』四日谷敬子訳、哲学書房、一九九一。同『キリストへの道』福島正彦訳、松籟社、一九九一。南原実『ヤコブ・ベーメ開けゆく次元』哲学書房、一九九一。

5 ヤーコプ・ベーメ『アウローラ』薗田坦訳、創文社、ドイツ神秘主義叢書、二〇〇〇。

6 岡部雄三『ヤコブ・ベーメと神智学の展開』岩波書店、一一頁。

7 ジョージ・トロブリッジ『スェデンボルグ』（一九六一）柳瀬芳意訳、静思社、一九七五。鈴木大拙『スエデンボルグ』講談社文芸文庫、二〇一六。

8 イマヌエル・スエデンボルグ『天界の秘義』全二八巻、柳瀬芳意訳、静思社、一九七九－八九。

9 スエデンボルグ『天界と地獄』鈴木大拙訳、講談社文芸文庫、二〇一六。同『天界と地獄』高橋和夫編訳、一九九七。同『天界と地獄』長島達也訳、アルカナ出版、一九八五。

10 エマヌエル・スヴェーデンボルイ『真のキリスト教』（上・下）、スヴェーデンボルイ原典翻訳委員会、アルカナ出版、一九八八－八九。

11 イマヌエル・スエデンボルグ『黙示録講解』全一二巻、柳瀬芳意訳、静思社、一九八五－九〇。

12 イマヌエル・スエデンボルグ『霊界日記』全九巻、柳瀬芳意訳、静思社、一九八〇－八五。

13 イマヌエル・カント『カント「視霊者の夢」』金森誠也訳、講談社学術文庫、二〇一三、一〇五頁。

14 同上書、一二七－一二八頁。

15 Papus, *L'illuminisme en France 1767-1774, Martines de Pasqually*, Elibron Classics, (1895) 2005. ; —*Martinésisme Willermosisme, Martinisme et Franc-Maçonnerie*, (1899), Elibron Classics, 2001.

16 Robert Amadou, *Les Leçons de Lyon aux Élus Coëns, Un cours de martinisme au XVIIIe siècle par Louis-Claude de Saint-Martin, Jean-Jacques du Roy*

d'Hauterive, Jean-Baptiste Willermoz, Dervy,（1999）2011.

17　Martines de Pasqually, *Traité sur la réintégration des êtres,* Diffusion Rosicrucienne, 2000.

18　サン＝マルタン「タブロー・ナチュレル」村井文夫、今野喜和人訳『キリスト教神秘主義著作集 17』教文館、一九九二。Louis Claude de Saint-Martin, *Le Crocodile ou La Guerre du Bien et du Mal,* Éditions Maçonniques de France,（1798）Edimaf, *2013. ; —Le Nouvel Homme,* Diffusion Rosicrucienne, 4e éd., 2013. ; —*Ecce Homo, Le Cimetière d'Amboise, Stances sur l'Origine et la destination de l'Homme,* Éditions Télètes,（1901, 1902）, 2016. サン＝マルタンについては、ベニシューの外、今野喜和人『啓蒙の世紀の神秘思想　サン＝マルタンとその時代』東京大学出版会、二〇〇六。

19　ギュイヨン夫人については Marie-Louise Gondal, *Madame Guyon（1648-1717）, un nouveau visage,* Beauchesne, 1989. などを参照。

20　R. Le Forestier, *Les Illuminés de Bavière et la Franc-Maçonnerie Allemande,* Proelium Veritaitis, 1914.

21　Viatte, *Les sources occultes du Romantisme, I. op.cit.,* p.149.

22　ルソー『エミール』（上・中・下）今野一雄訳、岩波文庫、一九六二―六四。

第四章

1　Pascal Ory, *Les Expositions Universelles de Paris,* Ramsay, Coll. « image », 1982. ; 松浦寿輝『エッフェル塔試論』ちくま学芸文庫、（一九九五）二〇〇〇。なお、この章あるいはこの書物全体に関わる、日本における先行業績として、巖谷國士『幻視者たち』河出書房新社、一九七六（新版一九九一）を挙げておく。

2　Philippe Muray, *Le 19e siècle à travers les âges,* Denoël, Coll. « L'infini », 1984.

3　「マタイによる福音書」二章三―一七節『新約聖書Ⅰ』岩波書店、九九頁。

4　「十七世紀初頭、ことの当否はべつとしてバロックと呼ばれる時代に、思考は類似関係の領域で活動するのをやめる。相似はもはや知の形式ではなく、むしろ錯誤の機会であり、混同の生じる不分明な地域の検討を怠るとき人が身をさらす危険なのだ」フーコー『言葉と物』前掲書、七六頁。

5　「十八世紀の末葉は、十七世紀初頭にルネッサンスの思考を破壊したそれと対称的な、ひとつの不連続によって断ち切られている。十七世紀はじめには、相似を包みこんでいた大きな円環状の諸形象が分解して破れ、同一性の表《タブロー》が展開するのを可能にしたのだが、いまやこの表《タブロー》も解体し、知はさらに新たな空間に宿ろうとしているのだ」、同上書、二三七頁。

6　Muray, *Le 19e siècle à travers les âges, op.cit.,* p. 43.

7　この点については、後述のフロラ・トリスタンの項を参照。

8　J・ミシュレ『フランス革命史』（上・下）桑原武夫、多田道太郎、樋口謹一訳、中公文庫、（一九七六）二〇〇六。Jules

Michelet, *Histoire de la Révolution française*, I-II (4 vols), Gallimard, Coll. « Folio Histoire », 1952.

9　Pierre Larousse, *Grand Dictionnaire Universel du XIXe siècle*, t. VI, p. 494.

10　François A. Aulard, *Le Culte de la Raison et le Culte de l'Être suprême (1793-1794)*, Elibron Classics, (1892), 2006. ; Henri Guillemin, *Robespierre politique et mystique*, Seuil, 1987. ; *Auguste Comte et la religion positiviste, extrait de la Revue des Sciences Philosophiques et Théologiques 87*, Vrin, 2003.

11　Aulard, *Le Culte de la Raison et le Culte de l'Être suprême (1793-1794)*, *op.cit.*

12　*Le Moniteur universel*, no 66, le 6 frimaire. 傍点筆者。

13　Joachim Vilate, *Les mystères de la mère de Dieu dévoilés, 3e volume des Causes secrètes de la Révolution du 9 au 10 thermidor*, Paris, 1794. ; Albert Mathiez, « L'affaire Catherine Théot et le Mysticisme chrétien révolutionnaire », dans *Contribution à L'Histoire religieuse de la Révolution française*, Félix Alcan, 1907.（二〇世紀初頭の歴史学者による革命時の宗教情勢の総括）

14　Raquel Capurro, *Le positivisme est un culte des morts : Auguste Comte*, EPEL, 2001.

15　Auguste Comte, *Discours sur l'esprit positif*, Vrin, (1844), 2009. ; Cf. Auguste Comte, *Philosophie des sciences*, Gallimard, Coll. « Tel », pp. 52-53.

16　Comte, *Discours..., op.cit.*, p. 39 et suiv.

17　Annie Petit, « Introduction » à *Discours..., op.cit.*, p. 28.

18　コントの生涯、実証主義の歴史については以下を参照。Henri Gouhier, *La Vie d'Auguste Comte*, Vrin, 1998. ; Émile Littré, *Auguste Comte et La Philosophie Positive*, 2e éd., 1864, reproduction d'ULAN Press, Sansdate.

19　サン・シモン「産業者の教理問答」（坂本慶一訳）『世界の名著 42』中公バックス版、一九八〇。同「一九世紀科学研究序説（抜粋）」他教育論『空想的社会主義教育論』西出不二雄訳、明治図書出版、世界教育学選集、一九七〇。サン＝シモンについては、日本語で以下の著作集が刊行されているが、筆者は未見である。『サン－シモン著作集』全五巻、森博編訳、恒星社厚生閣、一九八七－八八。上述以外のサン＝シモン文献については、Henri Saint-Simon, *Œuvres complètes, édition critique*, 4 vol., PUF, Coll. « Quadrige », 2013. アンファンタンなどを含むサン＝シモン派の歴史については、セバスティアン・シャルレティ『サン＝シモン主義の歴史』沢崎浩平、小杉隆芳訳、法政大学出版局、叢書ウニベルシタス、一九八六。

20　サン＝シモン「産業者の教理問答」前掲書、三〇三頁。

21　Petit, « Introduction » à *Discours,... op.cit.*, pp. 16-17.

22　シャルレティ『サン＝シモン主義の歴史』前掲書。

23　André Thérive, *Clotilde de Vaux ou la Déesse morte*, Albin Michel, 1957. ; Pierre Arnaud, *Le "Nouveau Dieu", Préliminaire à la Politique positive*, Vrin, 1973.

24　フーリエの伝記的事実については、ジョナサン・ビーチャー『シャルル・フーリエ伝　幻視者とその世界』福島知己訳、作品社、二〇〇一。フーリエ思想全般については、ロラン・バルト『サド、フーリエ、ロヨラ』新装版、篠田浩一郎訳、みすず書房、（一九七〇）二〇〇二。シモーヌ・ドゥブー『フーリエのユートピア』今村仁司監訳、平凡社、一九九三。H・ベッカー『フーリエとブルトン』酒井昌美訳、啓文社、一九九三。石井洋二郎『科学から空想へ』藤原書店、二〇〇九。フーリエの作品については、フーリエ「調和教育の社会」『空想的社会主義教育論』西出不二雄訳、明治図書出版、世界教育学選集、一九七〇。同『四運動の理論』（上・下）、巖谷國士訳、現代思潮新社、一九七〇。同「産業的協同社会的新世界」田中正人訳『世界の名著42』中公バックス版、一九八〇。同『愛の新世界 増補新版』福島知己訳、作品社、二〇一三。Charles Fourier, *Œuvres complètes*, 12 vols., Anthropos, 1966-1968.

25　フーリエ『四運動の理論』上、前掲書、三〇頁。

26　同上書、一一頁ほか。

27　同上書、六六頁。

28　同上書、七一頁。

29　石井『科学から空想へ』前掲書、三一七頁。

30　ドゥブー『フーリエのユートピア』前掲書、一〇八頁。

31　エディプス・コンプレックスとは、精神分析の祖フロイトが唱えた概念で「子供が両親にたいして抱く愛および憎悪の欲望の組織的総体をいう。その陽性の形では（…）同性の親である競争者を殺そうとする欲望と異性の親への性的欲望とである」（ラプランシュ、ポンタリス著『精神分析用語辞典』みすず書房、〈一九七七〉一九八四）。エディプス体制とは、父親が子供の異性への欲望を去勢恐怖によって断念させることにより、父親の権威を確立する「家父長制的」な支配体制を指す。ジル・ドゥルーズ、フェリックス・ガタリは『アンチ・オイディプス』（上・下）（宇野邦一訳、河出文庫、一九七二、一九八六、二〇〇六）において、エディプス・コンプレックス概念を「資本主義」社会の根底にあり、ブルジョワジーの権力支配を支える「従属」の「倫理」を肯定するものとして徹底批判した。シャルル・フーリエの「愛の新世界」はこうした反権力論・資本主義産業論をドゥルーズ／ガタリを百五十年以上先取りして、資本主義権力のありように根本批判を加えていたことになる。

32　ドゥブー『フーリエのユートピア』前掲書、一三二頁。

33　フーリエ『四運動の理論』上、前掲書、八〇頁。

第五章

1　この項の執筆には以下の伝記や研究書を参考にした。このうち最も客観的で著者がその情報の多くを負っているのは最初に挙げたシャコルナックのものである。Paul Chacornac, *Éliphas Lévi, rénovateur de l'Occultisme en France* (1810-1875), Chacornac Frères (1926)

1989. ; Christiane Buisset, *Eliphas Lévi, sa vie, son œuvre, ses pensées*, Guy Trédaniel, 1984. ; Christopher McIntosh, *Eliphas Lévi and the French Occult Revival*, Suny Press, (1972) 2011. ; Thomas A. Williams, *Eliphas Lévi : Master of Occultism*, University of Alabama Press, 1975.

2　黒木義典『フロラ・トリスタン　１８０３－１８４４』付、フロラ・トリスタン『労働ユニオン』、青山社、一九八〇。

3　Flora Tristan, *Nécessité de faire un bon accueil aux femmes étrangères*, L'Harmattan, 1988.

4　フロラ・トリスタン『ペルー旅行記　１８３３－１８３４　ある女パリアの遍歴』小杉隆芳訳、法政大学出版会、叢書ウニベルシタス、二〇〇四。

5　フロラ・トリスタン『メフィス』加藤節子訳、水声社、二〇〇九。

6　フロラ・トリスタン『ロンドン散策　イギリスの貴族階級とプロレタリア』小杉隆芳／浜本正文訳、法政大学出版局、叢書ウニベルシタス、一九八七。

7　ロバアト・オウエン『新社会観』楊井克巳訳、岩波文庫、一九五四。同『オウエン自叙伝』五島茂訳、岩波文庫、一九六一。同「社会にかんする新見解」白井厚訳、「現下窮乏原因の一解明」五島茂訳、「社会制度論」永井義雄訳、「結婚・宗教・私有財産」田村光三訳『世界の名著　42』中公バックス、一九八〇。Robert Owen, *A New View of Society and Other Writings*, Penguin Classics, 1991.

8　Flora Tristan, *L'émancipation de la femme ou le testament de la paria*, ouvrage posthume de Mme Flora Tristan complété d'après ses notes et publié par A. Constant, Bureau de la Direction de La Vérité, 1846.

9　Alphonse Constant (Eliphas Lévi), *La Bible de la liberté* (*éd. 1841*), Hachette Livre (Gallica. BnF. fr), sans date.

10　*Ibid*., p. 1.

11　*Ibid*., p. 44.

12　*Ibid*., p. 60.

13　*Ibid*., p. 73.

14　Christian Knorr von Rosenroth, *Kabbala denudata*, 2 vols, J. D. Zunner, 1677-1684. ; —*The Kabbalah Unveiled*, tr., by S. L. Macgregor Mathers, Penguin Books, coll. « Arkana », (1926) 1991.

15　Alphonse L. Constant (Eliphas Lévi), *La Mère de Dieu*, Edition Classics, (1844) 2006.

16　*Ibid*., p. 8.

17　*Ibid*., p. 50.

18　このマリア崇拝は、オカルト右派に属する、ユージェーヌ・ヴァントラス、ジョゼフ＝アントワーヌ・ブーランなどの女性的性格を持った「聖霊（助け主）」信仰などと親近性をもつ。Cf. Arthur Edward Waite, "Eliphas Levi and the Sect of Eugene Vintras" in

Mysteries of Magic, Kessinger Publishing, 1886. なお、エリファス・レヴィは、一八五四－五五年にかけて、ヴァントラス教団のA・マドロルやシャルヴォーズ師らとパリで会っている。

19 Constant, *La Mère de Dieu*, *op.cit.*, p. 317.

20 *Ibid.*, p. 355.

21 Alphonse Constant, *Fête-Dieu ou le Triomphe de la paix religieuse*, V. A. Waille, 1845.

22 Alphonse Constant, *Le Livre des Larmes ou Le Christ Consolateur*, Paulier, 1845.

23 Alphonse Constant, *La Voix de la Famine*, *Le peuple a faim*, *La France a peur*, Ballay, 1846.

24 Alphonse Constant, *Le Testament de la Liberté*, J. Fray, 1848.

25 *Revue Progressiste*, no 6, 1er sept. 1893, p. 388, cité par Chacornac, *Eliphas Lévi*, *op.cit.*, p. 135.

26 エリファス・レヴィ『高等魔術の教理と祭儀』教理篇・祭儀篇、生田耕作訳、人文書院、一九八二、新版一九九二。

27 ロード・リットン『ポンペイ最後の日』堀田正亮訳、三笠書房、〈百万人の世界文学〉、一九五三。

28 E・ブルワ＝リットン『ザノーニ』（I・II）、富山太佳夫、村田靖子訳、国書刊行会、一九八五。

29 エリファス・レヴィ『魔術の歴史』鈴木啓司訳、人文書院、一九九八。

30 エリファス・レヴィ『大いなる神秘の鍵』鈴木啓司訳、人文書院、二〇一一年。なおエリファス・レヴィの魔術三部作のフランス語原文として最も手に入りやすく、かつ信頼がおけるのは、Éliphas Lévi, *Secrets de la Magie* (*Dogme et Rituel de la Haute Magie*, *Histoire de la Magie*, *La Clef des Grands Mysètres*), édition établie et présentée par Françis Lacassin, Robert Laffont, Coll. « Bouquins », 2000 である。

31 Hemès Trismégiste, *La Table d'Émeraude*, *op.cit.*

32 レヴィ『高等魔術』教理篇、前掲書、四三頁。

33 同上書、七頁。

34 同上書、八－九頁。

35 同上書、六八頁。

36 荒井、柴田訳『ヘルメス文書』前掲書、解説（柴田有）、二七－三一頁。なお、柴田有『グノーシスと古代宇宙論』前掲書、三－六頁も参照。

37 « Gnosis », in Le *Grand Robert DVD-ROM*.

38 ショーレム『ユダヤ神秘主義』、前掲書、九頁。

39 Chacornac, *Éliphas Lévi*, *op.cit.*, p. 266.

40 レヴィ『高等魔術』教理篇、前掲書、五三頁。

41　同上書、五四頁。
42　同上書、九八－一〇三頁。
43　同上書、五三頁。
44　同上書、一一二－一一三頁。
45　同上書、一五九頁。
46　同上書、九九－一〇〇頁。
47　同上書、一六九頁。本書第六章「聖母マリア出現と右派オカルティズム」を参照。
48　同上書、一七〇頁。教皇クレメンス十一世が、ジャンセニストのパスキエ・ケスネルの『新約聖書』に対し、ルイ十四世より依頼を受け、ケスネルやその追随者のジャンセニストを弾圧する目的で出した教書ウニゲニトゥス（一七一三）に対し、「受け入れ派《アクセプタン》」と「公会議要求派《アプラン》」との抗争が続いているさなか、一七二七年五月一日「公会議要求派」で、その行いによって高徳の誉れ高かったフランソワ・ド・パリ助祭が亡くなり、その亡骸がサン＝メダール教会の墓地に葬られた。その後、フランソワ・ド・パリ助祭の墓で「公会議要求派」の集会が開かれていたが、やがて、その墓に触れた者、特に女性の間で、「奇蹟」が起こり始めた。身体が痙攣状態に陥り、集団的な恍惚状態に襲われ、その状態が収まると病気や身体の障害が快癒するというものだ。女達は痙攣している間は痛覚が無くなり、器物で強打したり、場合によっては身体を激しく傷つけても何も感ぜず、中には、糞便嗜食などの奇矯な行為に及ぶ者まで現れ、その当時の人々の興味の対象となった。やがてジャンセニズムへの関心低下と共に、この痙攣症についての世の関心も薄れたが、「奇蹟」は断続的に十九世紀初頭まで続いていたという。Saint-Médard (Contortionnaires de), in *Encyclopædia Universalis 2017 DVD ROM*.
49　本書第八章「心霊術の時代」参照。
50　レヴィ『高等魔術』教理篇、前掲書、八六－八七頁、一二四－一二五頁、一五七頁、一七六頁、二二九頁。祭儀篇、前掲書、二六一頁以下。ただしエリファス・レヴィのカバラーやゲマトリアの理解は本来のカバラーのそれとは明かに乖離している。「ゲマトリア」についての簡明な説明は、箱崎総一『カバラ』前掲書を参照。
51　« Tarot », in *Encyclopædia Universalis 2017*.
52　Antoine Court de Gébelin, *Monde primitif analysé et comparé avec le monde moderne*, Paris, 1773-1782, 9vols. Vol. VIII, *L'histoire, blason, les monnoies, les jeux*, tome 1, pp. 365-410.
53　レヴィ『高等魔術』教理篇、前掲書、二五九－二六〇頁。
54　レヴィ『高等魔術』教理篇、前掲書、二〇三－二〇六頁、および、祭儀編、前掲書、一七二頁。
55　レジーヌ・ペルヌー『テンプル騎士団』橋口倫介訳、白水社、文庫クセジュ、（一九七七）二〇〇八。

56 レヴィ『高等魔術』祭儀編、前掲書、八頁。
57 本書第十章「禍々しくも妖しく」参照。
58 レヴィ『高等魔術』祭儀編、前掲書、一六八－一七一頁。
59 ブラヴァツキー夫人については、本書第八章「心霊術の時代」参照。

第六章

1 なお、この章が「左派オカルティズム」に充てた第四章、第五章に比してやや簡略なのは、右派オカルティズムが重要でないという意味ではなく、筆者の前著『ユイスマンスとオカルティズム』（新評論、二〇一〇）が、全編「右派オカルティズム」の問題に充てられていることによる。より詳しい情報を求められたい方は是非、この書籍を参照していただきたい。
2 Gérard Cholvy, Yves-Marie Hilaire, *Histoire religieuse de la France contemporaine*, tome 1, 1800/1880, Privat, 1990, p.13.
3 Joseph de Maistre, *Considération sur la France*, *Œuvres Complètes*, tome I, Librairie générale catholique et classique (1814) 1884.
4 Claude Guillet, *La rumeur de Dieu*, Imago, 1994, pp. 58-65. なお本節の記述は同書に多くの情報を負っている。
5 稲生平太郎『定本　何かが空を飛んでいる』国書刊行会、二〇一三、一〇七－一〇八頁。
6 ジェフリー・オブ・モンマス『ブリタニア列王史』瀬谷幸男訳、南雲堂フェニックス、二〇〇七。
7 Guillet, La rumeur de Dieu, *op.cit.*, pp. 13-41.
8 Augustin de Barruel (dit Barruel), *Mémoires pour servir à l'histoire du jacobinisme*, 5 vols., P. Fauche, 1798-1799.
9 『ブリタニカ国際百科事典小項目版』（ロゴヴィスタ、二〇一七）の記述による。
10 ブルトン、エリュアール『処女懐胎』服部伸六訳、思潮社、一九九四。
11 Stéphane Michaud, *Muse et Madonne, Visage de la femme de la Révolution française aux apparitions de Lourdes*, Seuil, 1985 ; Jacqueline Martin-Brenner, « Le siècle de Marie », in *Générations de Vierges*, Groupe de Recherches Interdisciplinaires, éd., Presses Universitaires du Mirail, 1987.
12 稲生『定本　何かが空を飛んでいる』前掲書、三三頁。
13 L'ABBÉ J.-M. Curique, éd., *Voix prophétiques* 5e éd., 2 vols., Victor Palmé, 1872.
14 R. Bonhomme, Joseph-Antoine Boullan. éds., *Les Annales de la Sainteté au XIXe siècle*, Société d'ecclésiastiques et de religieux, 12 vols, 1869-1875.
15 Louis Bassette, *Le Fait de la Salette*, Cerf, 1955, cité par Michaud, *Muse et Madonne*, *op.cit.*, p. 65.
16 Lettre dictée par la Vierge à deux enfants sur la montagne de la Salette-Falavaux, in Jean Stern, *La Salette, documents authentiques*, tome 1, Désclée De Brouwer, 1984, p. 47.
17 Jean Stern, éd., *La Salette, documents authentiques*, 3 tomes, Desclée De Brouwer, CERF, 1980-1991.

18 L'Abbé Rousselot, *La vérité sur l'événement de la Salette du 19 septembre 1846*, Au Grand Séminaire, 1848.
19 « Mandement de Mgr de Bruillaird », in Stern, *La Salette, op.cit.*, III, document 916, p. 197.
20 *Ibid.*, I, document 43, p. 181-184.
21 Guillet, *La rumeur de Dieu op.cit.*, p. 182.
22 Hippolyte Delahaye, « Un exemplaire de la lettre tombée du ciel », in *Recherche de sciences religieuses*, no. 18, 1928, pp. 164-169. ; René de le Perraudière, « Notes sur l'époque révolutionnaire La Lettre de Dieu », in *Mémoires de la Société nationale d'Agriculture, des Sciences & des Arts d'Angers*, VIII, 1905, pp. 131-136.
23 Joseph Déléon, *La Salette Fallavaux (Fallax-Vallis) ou la Vallée du Mensonge, par Donnadieu (abbé J. Déléon)*, 2 vols, Redon, 1852-53.
24 « La Salette (Miracle de) » in Pierre Larousse, *Grand dictionnaire universel du XIXe siècle, Larousse du XIXe siècle*, DVD ROM, Champion Électrique, (1866-1890) 2000, t. XIX, p. 108.
25 Guillet, *La rumeur de Dieu op.cit.*, p. 176.
26 以上、« Louis XVII (Faux) », Larousse, *op. cit*, t. XIV, pp. 715-716.
27 Maurice Garçon, *Vintras hérésiarque et Prophète*, Librairie Critique Émile Nourry, 1928.
28 Bonhomme, Boullan.éds., *Les Annales de la Sainteté au XIXe siècle, op.cit.*
29 『旧約聖書I　創世記』岩波書店、一九九七、八九頁。
30 ストヤノフ『ヨーロッパ異端の源流』前掲書を参照。
31 Stanislas de Guaïta, *Essais de Sciences maudites, Le Temple du Satan*, Librairie du Merveilleux, 1891, p. 448.
32 ヴァチカンの禁書が解かれて、二〇〇九年より閲覧が可能になっている様子であるが、筆者は未見であり、筆者の知見の限りでは研究書等への記載もない。
33 Guillet, *La rumeur de Dieu, op.cit.*, p. 84.
34 Mélanie Calvat, L'Apparition *De très Sainte Vierge sur la Montagne de la Salette, le 19 septembre 1846*, Imprimerie Notre-Dame de la Salette, 1930.
35 « Celle qui pleure », dans *Œuvres de Léon Bloy*, X, Mercure de France, 1970.
36 Édouard Drumont, *La France Juive*, 2 tomes, 43e éd., C. Marpon & E. Flammarion, 1886.
37 « *Le Salut par les Juifs* », dans *Œuvres de Léon Bloy*, XI, Mercure de France, 1969.

第七章

1 ロバート・ダーントン『パリのメスマー』稲生永訳、平凡社、一九八七年。ヴィンセント・ブラネリ『ウィーンから来た魔術師』井村宏次、中村薫子訳、春秋社、一九九二。ジャン・チュイリエ『眠りの魔術師メスマー』高橋純、高橋百代訳、工作舎、一九九二。マリア・M・タタール『魔の眼に魅されて』鈴木晶訳、国書刊行会、一九九四。

2 スコットランドの医師。ロバート・フラッド（一五七四－一六三七）の追随者で、『磁気医学論』*De Medicina Magnetica* (1676) を著した。生没年については、一六一九－一六六九との異論あり。

3 Franz Anton Mesmer, *De planetarum influxu in corpus humanum*, 1766. ドイツ語版 Wikipedia に原稿の画像あり。

4 アリストテレス『動物発生論』七三六b、『アリストテレス全集』島崎三郎訳、岩波書店、一九六九年、一六三頁。ジョルジョ・アガンベン『スタンツェ』岡田温司訳、ちくま学芸文庫、二〇〇八、一八四頁以下参照。なおアガンベン／岡田温司における同じ箇所の訳は以下の通り。「精液に繁殖力を与えるものは、常に精液の中にある。つまりそれは、いわゆる熱である。この熱は、火やそれに類する力ではなく、精液と泡の中に蓄えられたプネウマであり、このプネウマの性質は、天体の構成要素と類似している」。

5 同上書。

6 「使徒行伝」二章三節、『新約聖書II　ルカ文書』岩波書店、一九九五、一五八頁。

7 「彼の母マリアはヨセフと婚約していたが、二人が一緒になる前に、彼女は聖霊によって身重になっていることがわかった」「マタイによる福音書」一章一八節、『新約聖書I　マルコによる福音書　マタイによる福音書』岩波書店、（一九九五）二〇〇三、九六頁。

8 Bertrand Méheust, *Somnambulisme et médiumnité*, tome.1., *Le défi du magnétisme*, tome.2, *Le choc des Sciences psychiques*, Institut Santélabo, Coll. « Les Empêcheurs de Penser en Rond », 1999.

9 アンリ・エレンベルガー（アンリ・エランベルジェ）『無意識の発見』（上・下）木村敏、中井久夫監訳、弘文堂、（一九八〇）二〇〇七、上、九九－一〇〇頁。

10 同上書、一一三頁。

11 江口重幸『シャルコー』勉誠出版、二〇〇七、一二一頁。

12 Méheust, *Somnambulisme et médiumnité, op.cit.*, I, pp. 412-469

13 *Ibid*, p. 388 et suiv.

14 *Ibid*, p. 424.

15 *Ibid*., p. 425.

16 *Ibid*., p. 426.

17 江口『シャルコー』前掲書、九四頁。

18 Méheust, *Somnambulisme et médiumnité*, *op.cit.*, I, p. 505.

19 *Ibid.*, p. 471 et suiv.

第八章

1 津城寛文『〈霊〉の探究』春秋社、二〇〇五年。三浦清宏『近代スピリチュアリズムの歴史』講談社、二〇〇八年。デボラ・ブラム『幽霊を捕まえようとした科学者たち』鈴木恵訳、文春文庫、二〇一〇年。Sir Arthur Conan Doyle, *The History of Spiritualism* (1926), 2 vols., La Vergne, 2009. ; Reuben Briggs Davenport, *The Death-Blow to Spiritualism*, G. W. Dillingham Co., 1923. ; Howard Kerr, *Mediums, and Spirit-Rappers, and Roaring Radicals, Spiritualism in American Literature, 1850-1900*, University of Illinois Press, 1972. ; Ann Braude, *Radical Spirits Spiritualism and Women's Rights in Nineteenth Century America*, 2nd ed., 2001. ; Todd Jay Leonard, *Talking to the Other Side*, iUniverse, Inc., 2005. ; Barbara Weisberg, *Talking to the Dead, Kate and Maggie Fox and the Rise of Spiritualism*, HerperOne, 2005. ; Brian Righi, *Ghosts, Apparitions and Poltergeists*, Llewellyn Publications, 2008. ; Regis Ladous, *Le Spiritisme*, Cerf, 1989. ; Nicole Edelman, *Histoire de la Voyance & du Paranormal*, Seuil, 2006.

2 降霊術・心霊術・交霊術の区別だが、しばしば混同されて用いられるので、本書における三つの区別について説明しておく。

一、降霊術とは、古代から、あるいは洋の東西を問わず存在する「霊」の呼び出しを指す。「シャーマン」「いたこ」等を介した霊の口寄せなどを考えると分かりやすいだろう。西洋語ではネクロマンシーと呼ばれ、しばしば、黒魔術で、秘儀に通じた魔術師・秘儀伝授者が自動筆記で悪魔（悪霊）や死霊を召喚する意味で用いられる。

二、また、心霊術には、二つの側面があって、一つは、ハイズヴィル事件から始まる霊との交流・意思疎通を行う現象一般について、とりあえずは、物理的に検証可能な手段（ラップ音、ターニング・テーブル、ウィージャ・ボード等）を介した、あの世の霊との交流を指す言葉である。もう一つは、いわゆる、英国心霊研究協会の発足に始まる「心霊科学」（サイキック・サイエンス）としての心霊術を指す。霊の存在を科学的に検証しようとする「心霊術」圏内の特殊な立場を意味するが、「心霊科学」側の人間が「自分達は普通の心霊術とは違う」としながらなお「心霊術」を自称する場合である。

一般の辞書では、スピリチュアリズム（英）、スピリティスム（仏）に対し「心霊術、交霊術、降霊術」等、いずれとも取れる訳語が与えられていることが多いが、ナンドール・フォドールの『心霊科学事典』(Nandor Fodor, ed., *An Encyclopaedia of Psychic Science*, The Citadel Press, 1974) では、「心霊術」に対し「霊を科学として検証する学問」だというはっきりした定義が挙げられている。要するに、ハイズヴィル事件から始まった心霊術の世界を、科学的な探究として再定義し直した訳だ。ただ、それも同じ「心霊術」ないしは「心霊（科）学」と呼んでいるため、混乱が起こっているのであろう。

前者の「心霊術」の場合も、特殊な霊的能力に恵まれた「霊媒」が中心におり、ターニング・テーブルの訳語として「降霊円卓」が用いられるように、霊を召喚しているという点において、広義の「降霊術」の一つではある。ただし、「降霊術」（ネクロマンシー）とは異なり、霊媒をなかだちにしながらも、自動筆記や口寄せ、さらには霊の実体化等の「霊現象」についても、特殊な霊能力を持たない一般人が自由に参加し、理性的に観察し、検証可能であることが保証されていたことが特徴である。

三、交霊術の方は、基本、「セイアーンス（英）、セアンス（仏）」と呼ばれ、敢えて区別すれば、心霊術の圏内で、ターニング・テーブルを囲んで、あるいは霊媒を介して行われる、一回一回の「交霊会」「交霊実験」「交霊体験」を指す言葉である。

「心霊術」と「交霊術」はしばしば同義に用いられるが、本書では、心霊術を（第二の意味の「心霊科学」的な含意も含め）ハイズヴィル事件に発する近代の霊現象全体を歴史的現象として記述する場合に用い、「交霊術」を一回、一回の「交霊会（降霊会）」ないしはそれを通じて霊との接触を図る「技術的な方法」と解し、とりあえず両者を区別して用いることにする。

いずれにせよ、霊との開かれた交流と検証可能性が「心霊術」の特徴であり、前近代に属するシャーマニズムなどと区別され、心霊術の大衆化への道を開いた。その多様な展開については本章以下で具体的に追っていくことになる。

3 Davenport, *The Death-Blow to Spiritualism*, *op.cit.*

4 « Table turning », Nandor Fodor, ed., *An encyclopaedia of Psychic Science*, *op. cit.*, pp. 374-375.

5 Righi, *Ghosts, Apparitions and Poltergeists*, *op.cit.*, p. 45.

6 心霊写真については、ジョン・ハーヴェイ『心霊写真』松田和也訳、青土社、二〇〇九年。一柳廣隆編著『心霊写真は語る』青弓社、二〇〇四。浜野志保『写真のボーダーランド　X線・心霊写真・念写』青弓社、二〇一五。

7 イギリスの心霊主義については、ジャネット・オッペンハイム『英国心霊主義の抬頭』和田芳久訳、工作舎、一九九二。吉村正和『心霊の文化史』河出ブックス、二〇一〇。

8 フランスの心霊術、心霊科学関係については、安斎千秋『フランス・ロマン主義とエゾテリスム』近代文芸社、一九九六。稲垣直樹『フランス〈心霊科学〉考』人文書院、二〇〇七。Thomas A. Kselman, *Death and the Afterlife in Modern France*, Prinston University Press, 1993. ; Linn L. Sharp, *Secular Spirituality, Reincarnation and Spiritism in Nineteenth-Century France*, Lexington Books, 2006. ; John Warne Monroe, *Laboratories of Faith, Mesmerism, Spiritism and Occultism in Modern France*, Cornell University Press, 2008. ; Sofie Lachapelle, *Investigating the Supernatural, From Spiritism and Occultism to Psychical Research and Metapsychics in France, 1853-1931*, The Johns Hopkins University Press, 2011.

9 Jacques Fabry, *Vision de l'Au-delà et Tables Tournantes, Allemagne, XVIIIe-XIXe siècles*, La Philosophie hors de soi, 2007.

10 ハリエット・ビーチャー・ストウ『新訳　アンクル・トムの小屋』小林憲二監訳、明石書店、一九九八（新装版二〇一七）。

11 稲垣直樹『ヴィクトル・ユゴーと降霊術』水声社、一九九三、一三九－一四〇頁。Jean de Mutigny, *Victor Hugo et le spiritisme*, Fernand Nathan, 1981. ; 稲垣直樹『フランス〈心霊科学〉考』前掲書も参照。

12 なお、ヴィクトル・ユゴーの交霊実験については、フランスにおいても最近、Victor Hugo, *Le Livre des Tables, Les séances spirites de*

Jersey, Gallimard, Coll. « Folio Classique », 2014 に纏められた。ユゴーについては他に辻昶『ヴィクトル・ユゴーの生涯』潮出版社、(一九七三) 一九九三等も参照。

13 辻『ヴィクトル・ユゴーの生涯』前掲書、一三二－一三三頁。

14 本書、一五五頁。

15 Robert Amadou, *Les grands Médiums,* Denoël, Coll. « La Tour Saint Jacques », 1957.

16 Viscount Adare, *Experiences in Spiritualism with D. D. Home,* White Crow Books, (1870) 2011.

17 Weisberg, *Talking to the Dead, op.cit.,* p. 220. ; Righi, *Ghosts, Apparitions and Poltergeists, op.cit.,* p. 44.

18 Weisberg, *Talking to the Dead, op.cit.,* p. 220.

19 稲垣直樹『フランス〈心霊科学〉考』前掲書。Méheust, *Somnambulisme et médiumnité, op.cit.,* II. pp. 146-154.

20 Ray Hyman, *The Elusive Quarry, A Scientific Appraisal of Psychical Research,* Prometheus Books, 1989.

21 André Moreil, *La vie et l'œuvre d'Allan Kardec,* Sperar Chambéry, 1961.

22 アラン・カルデックの主要著作については以下の通り。ただし、教育学等の著作は除く。Allan Kardec, *Le Livre des Esprits* (1857), J'ai lu, 2012. ; —*Qu'est-ce que le Spiritisme? : Introduction à la connaissance du monde invisible ou des esprits* (1860), Librairie Spirite Francophone, 2011. ; —*Le Livre des Médiums* (1863), J'ai lu, 2010. ; —*L'Evangile selon le Spiritisme* (1864), Createspace Independent Publishing Platform, 2013. ; —*Le Ciel et l'Enfer* (1865), Createspace Independent Publishing Platform, 2013. ; —*La genèse, les miracles et les prédictions selon le spiritisme* (1868), Bussière, 2011. ; —*Œuvres posthumes,* VFB Éditions, 2018.

23 Kardec, *Le Livre des Esprits, op.cit.,* p. 69.

24 横山茂雄『聖別された肉体』書肆風の薔薇、一九九〇、一〇〇－一一三頁。

25 Peter Washington, *Madame Blavatsky's Baboon,* Schocken Books, (1993) 1995, p.9. 邦訳『神秘主義への扉』白幡節子、門田俊夫訳、一九九九。ブラヴァツキー夫人の伝記としてはハワード・マーフェット『H・P・ブラヴァツキー夫人』田中恵美子訳、神智学協会ニッポンロッジ、神智学叢書、一九八一、があるが、客観性という点で、伝記的事実に関しては多くをワシントン版に負っている。本書における同書からの引用は、『神秘主義への扉』という邦訳題名が原著の直訳「ブラヴァツキー夫人の狒々」と異なっていたため、本書脱稿近くまでブラヴァツキー夫人を扱っている書物だと気づかず、専ら拙訳によっている。他に Joseph Howard Tyson, *Madame Blavatsky Revisited,* iUniverse, Inc., 2006.

26 H・P・ブラヴァツキー『沈黙の声 密教ヨガ聖典』三浦関造訳、竜王文庫、(一九五五) 二〇〇七。同『実践的オカルティズム』田中恵美子、竜王文庫、改訂第二版、一九九六。同『夢魔物語』田中恵美子訳、竜王文庫、一九九七。同『ベールをとったイシス』〈第一巻〉科学 上・下 (神智学叢書)、老松克博訳、竜王文庫、二〇一〇－一五。同『シークレット・ドクトリン 宇宙発生論』上、田中美恵子、ジェフ・クラーク訳、宇宙パブリッシング、二〇一三。同『シークレット・ドクトリン　第二巻第一部　人類発生論』（神智学叢書）、忠源訳、二〇一七。同『シークレット・ドクトリン』第三巻（上）、加藤大典訳、文芸社、二〇一六。ブラヴァツキー夫人の主著はいずれも翻訳が途中のため、以下を参照。Herena P. Blavatsky, *Isis Unveiled* (1877), Pantianos Classics, 2018. — *The Secret Doctrine* (1888), 2 vols, Theosophical University Press, 2014. Herena P. Blavatsky, *The Secret Doctrin*, vol. 3, Annie Besant, ed. Cambridge University Press, 2011. ブラヴァツキー、ベサントをはじめ、神智学協会関係者のほとんどの著作や書簡は「神智学協会」のネット上のサイトで読むことができる。

27 Blavatsky, *Secret Doctrine, op.cit.*, I-vii.

28 横山『聖別された肉体』前掲書。ナチスとオカルティズムとの関係については同書の書誌参照。レオン・ポリアコフ『アーリア神話』アーリア主義研究会訳、法政大学出版局、叢書ウニベルシタス、一九八五。ジョージ・L・モッセ『フェルキッシュ革命』植村和秀ほか訳、柏書房、一九九八。太田俊寛『現代オカルトの根源』ちくま新書、二〇一三（ブラヴァツキー神智学の人種差別論がリードビーター〈原音に忠実にはレッドベター〉、シュタイナーなど「神智学」が発展し派生宗派を生んでいく中で、アリオゾフィのアーリア人種神人説などといかに結びついたかなどの記述あり）。浜本隆志『ナチスと隕石仏像』集英社新書、二〇一七。James Webb, *The Occult Establishment*, Open Court, (1976) 1988. ; Nicholas Goodrick-Clarke, *The Occult Roots of Nazism, Secret Aryen Cults and their Influence on Nazi Ideology*, New York University Press, (1985) 1992.

29 稲垣『フランス〈心霊科学〉考』前掲書。

30 寺沢龍『透視も念写も事実である』草思社、二〇〇四。長山靖生『千里眼事件　科学とオカルトの明治日本』平凡社新書、二〇〇五。

31 寺沢『透視も念写も事実である』前掲書、二七八頁以下。

第九章

1 フーコー『言葉と物』前掲書。

2 ミシェル・フーコー『臨床医学の誕生』神谷美恵子訳、みすず書房、一九六九。

3 Muray, *Le 19e siècle à travers les âges, op.cit.*, p. 103.

4 ユゴー『ノートル＝ダム・ド・パリ』（上・下）、辻昶、松下和則訳、岩波文庫、二〇一六。

5 Robert Bessède, *La crise de la conscience catholique dans la littérature et la pensée françaises à la fin du XIXe siècle*, Klincksieck, 1975.

6 Frédéric Gugelot, *La Conversion des Intellectuels au Catholicisme en France 1885-1935*, CNRS Editions, 1998.

7 アラン・コルバン『娼婦』杉村和子監訳、藤原書店、一九九一、一六八頁および一七八頁。

8 アラン・コルバン『新版 においの歴史』山田登世子、鹿島茂訳、藤原書店、一九九〇。同『浜辺の誕生』福井和美訳、藤原書店、一九九二。

9 Méheust, *Somnambulisme et médiumnité, op.cit.*, I. p. 553. ; Victor Burq, *Métallothérapie, traitement des maladies nerveuses, paralysies, rhumatisme chronique, spasmes…par les applications métalliques*, G. Baillière, 1853. ; —*Métallothérapie : Nouveau traitement par les applications métalliques*, G. Baillière, 1853.

10 Méheust, *Somnambulisme et médiumnité, op.cit.*, II, pp. 126-127.

11 Victor Burq, *Des origines de la métallothérapie*, Delahaye et Lecrosnier, 1882.

12 H. Bourru et P. Burot, *La Suggestion Mentale et l'Action à distance des Substances toxiques et médicamenteuses*, J.-B. Baillière et Fils, 1887.

13 エレンベルガー『無意識の発見』前掲書、上、三九四頁。

14 同上書、三九四頁。Pierre Janet, *Les Médications Psychologiques*, 3 vols., F. Alcan, 1919.

15 動物磁気についてはリュイス博士との共著で以下の書籍を書いている。Jules Luys, Gérard Encausse (pseud. Papus et Niet, Dr), *Du Transfert à distance à l'aide d'une couronne de fer aimanté, d'états névropathiques variés d'un sujet à l'état de veille sur un sujet à l'état hypnotique*, Clermont : imprimerie Daix Frère, 1891. パピュスの著書を列挙するときりがないが、すでにイリュミニズムについて述べた際に挙げた著作の他には、Papus, *Traité Élémentaire d'Occultisme et d'Astrologie, Initiation à l'Étude de l'Ésotérisme Hermétique*, Édition de la Clef d'Or, 2016. ; —*Le Tarot divinatoire*, Elibron Classics, 2006. ; —*La Cabbale, tradition secrète de l'Occident*, Dangles, 2006. など。

16 Alan Gauld, *The Foundres of Psychical Research*, Routledge & Kegan Paul, 1968.

17 Méheust, *Somnambulisme et médiumnité, op.cit.* II, pp. 39-41.

18 オリヴァー・ロッジ『レイモンド』野尻抱影訳、一九九一。和田惟一郎『死者は生きている』ＰＨＰ研究所、二〇一一。

19 ラドヤード・キプリング『ジャングル・ブック』田口俊樹訳、新潮文庫、二〇一六。

20 オッペンハイム『英国心霊主義の抬頭』前掲書、一七五－一七八頁。

21 「霊界通信」、リン・ピクネット編『超常現象の事典』関口篤訳、青土社、一九九四、五七六－五七七頁。

22 オッペンハイム『英国心霊主義の抬頭』前掲書、一七七頁。

23 同上書、一七六頁。

24 John Grant, *Spooky Science*, Sterling, 2015, p. 26.

25 Axel Munthe, *The Story of San Michele* (1929), John Murray Publishers, 2004. 江口『シャルコー』前掲書、一一六－一一八頁も参照。

26 ピクネット編『超常現象の事典』前掲書、四七七頁。

27 Méheust, *Somnambulisme et médiumnité, op.cit.*, II, pp. 130-139.

28 J. Ochorowicz, *De la Suggestion mentale*, Doin, 1887.

29 Pierre Janet, « Note sur quelques phénomènes de somnambulisme », in *Bulletin de la Société de psychologie physiologique,* I (1885), pp. 24-32. ; —« Note sur quelques phénomènes de somnambulisme », *Revue Philosophique de la France et de l'Etranger,* 21 (1886), pp. 190-198.

30 エレンベルガー『無意識の発見』前掲書、上、三九三頁。

31 P. et D. Quercy, « Pierre Janet. Ses premiers travaux sur l'hypnotisme, la suggestion, l'hystérie », *Annales médico-psychologiques,* mars 1948, p. 276, cité par Méheust, *Somnambulisme et médiumnité, op.cit.,* II, p. 139.

32 *Ibid.,* pp. 182-184.

33 ピクネット編『超常現象の事典』前掲書、二五一－二五四頁。Enrico Morselli, *Psicologia e "spiritismo",* : Fratelli Bocca Editori, 1908.

34 同上書、四三〇頁。

35 同上書、四三〇－四三一頁。Méheust, *Somnambulisme et médiumnité, op.cit.,* I, pp. 465-467.

36 *Ibid.,* II, p. 101-118.

37 Doyle, *The History of Spiritualism, op.cit.*

38 Méheust, *Somnambulisme et médiumnité, op.cit.,* II, pp. 49-50.

39 *Ibid.,* II, p. 46.

40 René Sudre, *Personnages d'au-delà,* Editions Denoël 1946., cité par Méheust, *Somnambulisme et médiumnité, op.cit.,* p. 93.

41 ベルクソン『創造的進化』真方敬道訳、岩波文庫、一九七九。同『物質と記憶』熊野純彦訳、岩波文庫、二〇一五。同『精神のエネルギー』原章二訳、平凡社ライブラリー、二〇一二。

42 Méheust, *Somnambulisme et médiumnité, op.cit.,* II, p. 94. & p. 242 et suiv.

43 *Ibid.,* p. 84.

44 Pascal Le Maléfan, *Folie et Spiritisme, Histoire du discours psychopathologique sur la pratique du spiritisme, ses abords et ses avatars* (*1850-1950*), L'Harmattan, 1999.

45 *Ibid.,* p. 54.

46 *Ibid.,* p. 61.

47 Joseph Lévi-Valensi, « Spiritisme et folie », in *L'Encéphale,* 1910, pp. 696-716., cité par Maléfan, *Folie et Spiritisme, op.cit.,* p. 108.

48 *Ibid.,* pp. 122-135.

49 レイチェル・ストーム『ニューエイジの歴史と現在』高橋巖、小松英了訳、角川選書、一九九三。Wouter J. Hanegraaff, *New Age Religion and Western Culture, Esotericism in the Mirror of Secular Thought,* State University of New York Press, 1998.

第十章

1　Viatte, *Les Sources occultes de Romantisme, I, op.cit.*, p. 311. ; Marurice Talmyr, *La Franc-Maçonnerie et la Révolution française*, Édition du Trident, 1997-2007.（「フリーメーソン陰謀論」に対する批判的総括）

2　Charles-Louis Cadet De Gassicourt, *Le Tombeau de Jacques Molai, ou Histoire secrète et abrégée des initiés anciens et modernes* : seconde édition (1796), Hachette (BnF), 2013.

3　John Robison, *Proofs of Conspiracy against all the Religions and Governments of Europe, carried on in the Secret Meetings of Free Masons, Illuminati and Reading Societies*, (1797). Cité par Viatte, *Les Sources occultes de Romantisme, I, op.cit.*, p. 312-313.

4　Barruel, *Mémoires pour servir à l'histoire du jacobinisme, op.cit.*

5　ビーバーシュタイン『ヨーロッパ反体制思想』國嶋一則、久保田陽一、戸田洋樹訳、公論社、一九八一、七六頁。

6　Viatte, *Les Sources occultes de Romantisme, I, op.cit.*, p. 316 et suiv.

7　Reinhard Markner, « Giovanni Battista Simonini, Shards from the Disputed Life of an Italian Anti-Semite », in *Kesarevo Kesarju : Scritti in onore di Cesare G. De Michelis*, Firenze University Press, 2014, pp. 311-312.

8　ノーマン・コーン『ユダヤ人世界征服陰謀の神話』内田樹訳、ＫＫダイナミックセラーズ、一九八六、一八頁。ビーバーシュタイン『ヨーロッパ反体制思想』前掲書、二二五頁。ただし、マルクナーの上掲論文は、この説を否定し、ジョヴァンニ・バッティスタ・シモニーニの実在を主張している。

9　コーン『ユダヤ人世界征服陰謀の神話』前掲書、二四頁。

10　レオン・ポリアコフ『反ユダヤ主義の歴史』全五巻、菅野賢治、合田正人、小幡谷友二、宮崎海子、高橋博美訳、筑摩書房、二〇〇五－〇七。内田樹『私家版・ユダヤ文化論』文春新書、二〇〇六。同「反ユダヤ主義の哲学」『東京都立大学人文学部・人文学報』一九八八－二、一－三六頁。日本の反ユダヤ主義については、松浦寛『ユダヤ陰謀説の正体』ちくま新書、一九九九、を参照。Gérard Noiriel, *Immigration, antisémitisme et racisme en France* (XIXe-XXe *siècle*), Fayard, Coll. « Pluriel », 2009.

11　ビーバーシュタイン『ヨーロッパ反体制思想』前掲書。コーン『ユダヤ人世界征服陰謀の神話』前掲書、二六頁。ただし、ビーバーシュタイン、コーンの著書から『議定書』に関する研究は進んでいる。特に次の二書を参照。Pierre-André Taguieff, *Les Protocoles des Sages de Sion*, (Berg International) 2e éd. revue et augmentée, Fayard, 2 tomes, (1992) 2004. ; Cesare G. De Michelis, *The Non-existent Manuscript, A Study of the Protocols of the Sages of Zion*, tr., by Richard Newhouse, University of Nebraska Press, (1998) 2004.

12　Benjamin Disraeli, *Coningsby, or The New Generation*, (1844), Book Jungle, 2007.

13　Eduard Emil Eckert, *Der Freimaurer Orden in seiner wahren Bedeutung*, Selbstverlag des Verfassers, 1852. ビーバーシュタイン『ヨーロッパ反体制思想』前掲書、二七〇頁。コーン『ユダヤ人世界征服陰謀の神話』前掲書、二六頁。

14 Hermann Ottomar Friedrich Goedsche, « Auf dem Judenkirchhof in Prag », aus *Biarritz, Historisch-politischer Roman* (1868). コーン『ユダヤ人世界征服陰謀の神話』前掲書、二八－三〇頁。

15 Gougenot des Mousseaux, *Le Juif, le judaïsme et la judaïsation des peuples chrétiens*, Henri Plon, 1869. ビーバーシュタイン『ヨーロッパ反体制思想』前掲書、二七三頁。コーン『ユダヤ人世界征服陰謀の神話』前掲書、三七頁。

16 Nicolas Deschamps, *Les Sociétés secrètes et la société ou philosophie de l'histoire contemporaine*, Seguin Frères, 1874/76.

17 Emmanuel Chabauty, (sous le pseudonyme de C. C. De St. André), *Les Francs-Maçons et les Juifs. Sixième Age de l'Eglise d'après l'Apocalypse*, Société Générale de Librairie Catholique, 1880. —(Signée Emmanuel Chabauty), —*Les juif nos maîtres!*, Société Générale de Librairie Catholique, 1882. コーン『ユダヤ人世界征服陰謀の神話』前掲書、四一－四二頁。

18 Drumont, *La France Juive*, *op. cit.* コーン『ユダヤ人世界征服陰謀の神話』前掲書、五〇頁。内田樹「決闘者―エドゥアール・ドリュモンと『ユダヤ的フランス』」『神戸女学院大学論集』一九九五年三月、一－二〇頁。

19 コーン『ユダヤ人世界征服陰謀の神話』前掲書、六八頁。

20 同上書、七一頁。

21 従来のノーマン・コーン説では一八九七－九八年説を取っていたが、一九九九年、ロシアの歴史家ミハエル・レープキンが、マトヴェイ・ゴロヴィンスキーが作者であり、『議定書』が偽造されたのが一九〇〇－〇一年であることを新発見資料から突き止めたという。Éric Conan, « Les secrets d'une manipulation antisémite », *L'Express* du 18/11/1999. しかし、デ・ミケリスは、『議定書』の作成に関わったのは、ラチコフスキーなどロシア秘密警察ではなく、ロシア国内の極右派グループ、クルーシュヴァン、ブトミ、メンシコフらであり、一九〇二－〇三年にロシア語で作成されたとしている。一九〇一年の第五回国際シオニスト会議、一九〇二年の全ロシア・シオニスト会議、一九〇三年の、近代シオニズムの祖テオドール・ヘルツル（一八六〇－一九〇四）のロシア訪問、第六回シオニスト会議などにより、ユダヤ人国家建設が現実味を帯びたことに憤激して、一九〇三年から、一連のポグロム（ユダヤ人虐殺）が発生するが、彼らはその首謀者・煽動者グループであった。De Michelis, *The Non-existent Manuscript*, *op.cit.*, pp. 73-82. ここでは、従来のコーン－タギエフ－レープキン－コナンの説に従っておく。

22 Maurice Joly, *Dialogue aux enfers entre Machiavel et Montesquieu*, A. Mertens et fils, 1864. ただしモーリス・ジョリの名が冠されるのは一八六八年の第三版からである。

23 コーン『ユダヤ人世界征服陰謀の神話』前掲書、七七－八一頁。De Michelis, *The Non-existent Manuscript*, *op.cit.*, pp. 46-56. デ・ミケリスはこの著の中でヘルツルの著作 Theodor Herzl, *Der Judenstaat* (1896) と『議定書』の詳細な比較・検証を行っている。

24 コーン『ユダヤ人世界征服陰謀の神話』前掲書、一一五頁。De Michelis, *The Non-existent Manuscript*, *op.cit.*, p. 24. このコーンの「推定」にもさまざまな異論がある。従来、一九二七年四月ユーゴスラヴィアで行われたステパノフの宣誓証言や、これを「裏づける」ニルスの一九一七年版『議定書』序文によって、『議定書』にはフランス語の「原典」が存在すると信じられてきたが、デ・ミケリスによれば、『議定書』のフランス語原本は存在せず、最初からロシア語で書かれたものだという。またデ・ミケリスによれば、グリンカは「ポール・ワシーリィ伯爵事件」のため、一八九五年、皇帝ニコライ二世にロシアに呼び戻され、生家のあるオレルに軟禁されていて、『議定書』が作成された一九〇〇年代初頭にパリにいなかったとしているが（*Ibid.*, p. 37）、ジョゼフ・ハワード・タイソンは、グリンカの不遇の時期は間もなく終わったとして、『議定書』への彼女の関与を示唆している。Tyson, *Madame Blavatsky Revisited, op.cit.,* p. 315.

25 De Michelis, *The Non-existent Manuscript, op.cit.,* pp.115-117.

26 同上書、六六頁。

27 Dr. Bataille, *Le Diable au XIXe siècle* (1892-95), 2 tomes, Delhomme et Briguet, (Reproduction) Éditions Saint-Remi, 2007.

28 Anonyme, (Samuel Paul Rosen) Cours de *Maçonnerie pratique, enseignement supérieur de la Franc-Maçonnerie* (*Rite écossais ancien et accepté*), 2 vols, Letouzey & Ané, 1875.

29 Léon Meurin, *La Franc-maçonnerie, synagogue de Satan,* Paris, Victor Retaux et Fils, 1893.

30 Massimo Introvigne, *Enquête sur le satanisme,* tr. de l'italien par Philippe Baillet, Dervy, 1994, p. 160.

31 J＝K・ユイスマンス『彼方』田辺貞之助訳、創元推理文庫、一九七五。

32 Heyry-Charles Lea, *Léo Taxil, Diana Vaughan et l'Église Romaine, Histoire d'une Mystification,* Société Nouvelle de Librairie et d'Édition, 1901. ; Michel Berchmans, *Le Diable au XIXe siècle, La mystification du Dr Bataille,* Bibliothèque Marabout, 1973.

33 Dr. Bataille, *Le Diable au XIXe siècle, op.cit.,* I, « Avant-Propos, Confidence d'un Occultiste », pp. 1-20.

34 *Ibid.,* I, p. 20.

35 *Ibid.,* I. pp. 12, 39, & 319 et suiv.

36 Albert Pike, *Morals & Dogma of the Ancient & Accepted Scottish Rite of Freemasonry,* Masonic Publishing Company, 1871.

37 Dr. Bataille, *Le Diable au XIXe siècle, op.cit.,* p. 215.

38 Léo Taxil, Amand-Joseph Fava, *Y a-t-il des femmes dans la franc-maçonnerie?,* H. Noirot, 1891.

39 Dr. Bataille, *Le Diable au XIXe siècle, op.cit.,* I, p. 33 & p. 39 et suiv.

40 *Ibid,* I, p. 710 et suiv.

41 *Ibid.,* I, p. 715.

42 Abel Clarin de la Rive, *La Femme et l'Enfant dans la Franc-Maçonnerie universelle. D'après les documents officiels de la secte* (*1730-1893*), Delhomme & Briguet, 1894., cité par Introvigne, *Enguête sur le satanisme, op.cit.*, p. 179.

43 Arthur Edward Waite, *Devil-Worship in France or the Question of Lucifer,* George Redway, 1896., cité par Introvigne, *Enguête sur le satanisme, op.cit.,* p. 177.

44 *Ibid.,* pp. 177-178.

45 Domenico Margiotta, *Souvenirs d'un trente-troisième : Adriano Lemmi, chef suprême des francs-maçons,* Delhomme et Briguet, 1894.

46 *La Croix,* 12 juin 1895., cité par Introvigne, *op.cit.,* p. 181.

47 *Ibid.,* p. 181.

48 Miss Diana Vaughan, *Mémoirs d'une ex-palladiste parfaite, initiée, indépendante,* Librairie Antimaçonnique, 1895. p. 609.

49 Jean-François Six, *Thérèse de Lisieux au Carmel,* Le Seuil, 1973, p. 243., cité par Introvigne, *Enguête sur le satanisme, op.cit.,* p. 203. ; Thomas R. Nevin, *Therese of Lisieux : God's Gentle Warrior,* Oxford University Press, 2006, p. 219.

50 *Ibid.,* p. 182.

51 Léo Taxil, « Discours prononcé le 19 Avril 1897 », in *Le Frondeur,* hebdomadaire numéro du 25 avril 2017.

52 Introvigne, *Enguête sur le satanisme, op.cit.,* p. 190.

53 Athirsata, *L'Affaire Diana Vaughan – Léo Taxil au scanner,* Sources-Retrouvées, 2002.

54 *Ibid.,* p. 219.

55 « Letter from Pike to Maccini（August 15, 1871）», in William Guy Carr, *Pawns in the Game,* Dauphin Publications, 2013, p. xii.

56 現代アメリカにおけるキリスト教右翼と陰謀史観の結びつき、アメリカ・エリート社会とフリーメーソン・秘密結社のありようについては、越智道雄『秘密結社』ビジネス社、二〇〇五。

57 Berchmans, *Le Diable au XIXe siècle, op.cit.,* p. 69.

58 ミシェル・ウエルベック『H・P・ラヴクラフト』星埜守之訳、国書刊行会、二〇一七。

59 Dr. Bataille, *Le Diable au XIXe siècle, op.cit.,* I, p. 148.

60 *Ibid.,* p. 149.

61 J＝K・ユイスマンス、アレイ・プリンス宛書簡一八九一年四月二十七日付。J.-K. Huysmans, *Lettres inédites à Arij Prins, 1885-1907,* Droz, 1977.

62 同上書簡、一八九三年五月二十一日付。

63 J.-K. Huysmans, *Là-haut, ou Notre-Dame de la Salette,* texte inédit établi par P. Cogny, Casterman, 1965. ; —*Là-haut, ou Notre-Dame de la Salette,* Édition critique de Michèle Barrière, P. U. de Nancy, 1988. ; Hideshi Ono, *La beauté abjecte : le fonctionnement de la négativité dans l'œuvre de J.-K. Huysmans,*（『ユイスマンス作品における否定性の機能』）thèse de doctorat présentée et soutenue à l'université Paris VII, 3 tomes, 2000.

64 Huysmans, *Là-Haut, édition critique de Michèle Barrière, op.cit.*, p. 106.
65 *Ibid.*, pp. 117-118.
66 *Ibid.*, p. 125.
67 *Ibid.*, p. 126.
68 *Ibid.*, p. 127.
69 Michael Sutton, *Charles Maurras et les Catholiques français, 1890-1914, Nationalisme et Positivisme*, traduit de l'anglais par Geneviève Mosseray, Beauchesne, 1994.

終章

1 工藤庸子『近代ヨーロッパ宗教文化論』東京大学出版会、二〇一三。
2 ジャン＝ピエール・リュマレ「複雑な人格、ジャン＝アンリ・ファーブル」大野英士訳、『kotoba』二〇一七年夏号、集英社、九六－九九頁。
3 フリードリッヒ・ニーチェ『悦ばしき知識』信太正三訳、ちくま学芸文庫、一九九三、一九九－二二一頁。
4 オウム真理教や幸福の科学など、現代の日本の新興宗教の問題点をロマン主義・全体主義との絡みで論じた好著として宗教学者太田俊寛の『オウム真理教の精神史』春秋社、二〇一一を挙げておく。
5 前田亮一『今を生き抜くための70年代オカルト』光文社新書、二〇一六。
6 斎藤貴男『カルト資本主義』文春文庫、二〇〇〇。
7 柄谷行人『日本近代文学の起源』講談社学術文庫、一九八八。
8 前田愛『近代日本の文学空間』平凡社ライブラリー、二〇〇四。
9 水野葉舟『遠野物語の周辺』横山茂雄編、国書刊行会、二〇〇一。
10 ショーレム『ユダヤ神秘主義』前掲書、九一－九四頁。
11 由貴香織里『天使禁猟区』（連載）『花とゆめ』（白泉社）一九九四－二〇〇〇。単行本全二十巻、一九九五－二〇〇一。
12 Johannes Praetorius, *Blockes-Berges Verrichtung*, Scheibe-Arnst, 1668.
13 谷川流『涼宮ハルヒ』シリーズ、角川スニーカー文庫、二〇〇三年〜。（TVアニメ）『涼宮ハルヒの憂鬱』第二期「エンドレス・エイトI－VIII」二〇〇九。
14 松原達也他『STEINS;GATE』。ニトロプラス他製作のゲーム・ソフト、及びそれより派生した小説、アニメ等。二〇〇九－。
15 渡部周子『〈少女〉像の誕生　近代日本における「少女」規範の形成』新泉社、二〇〇七。

大野英士（おおの・ひでし）

一九五六年東京生まれ。東京大学文学部仏文科卒。早稲田大学大学院文学研究科仏文学専攻博士課程満期退学。二〇〇〇年、パリ第七大学テクスト・資料学科言語・文学・文明系大学院より文学博士号（ドクトル・エス・レットル）取得。指導教授はジュリア・クリステヴァ。専門はフランス文学。現在、早稲田大学ほか非常勤講師。著書に『ネオリベ現代生活批判序説』（新評論、白石嘉治ほかと共編著）、『ユイスマンスとオカルティズム』（新評論）など。訳書に『フランサフリック』（緑風出版、高橋武智との共訳）、『ピアニストのノート』（講談社選書メチエ）などがある。

オカルティズム

非《ひ》理《り》性《せい》のヨーロッパ

二〇一八年一二月一〇日　第一刷発行
二〇二一年　四月一三日　第三刷発行

著者　大《おお》野《の》英《ひで》士《し》

発行者　鈴木章一
発行所　株式会社講談社
東京都文京区音羽二丁目一二―二一　〒一一二―八〇〇一
電話（編集）〇三―三九四五―四九六三
（販売）〇三―五三九五―四四一五
（業務）〇三―五三九五―三六一五

装幀者　奥定泰之
本文データ制作　講談社デジタル製作
本文印刷　信毎書籍印刷株式会社
カバー・表紙印刷　半七写真印刷工業株式会社
製本所　大口製本印刷株式会社

ISBN978-4-06-514260-8　Printed in Japan
N.D.C.139　317p　19cm

講談社選書メチエ　刊行の辞

書物からまったく離れて生きるのはむずかしいことです。百年ばかり昔、アンドレ・ジッドは自分にむかって「すべての書物を捨てるべし」と命じながら、パリからアフリカへ旅立ちました。旅の荷は軽くなかったようです。ひそかに書物をたずさえていたからでした。ジッドのように意地を張らず、書物とともに世界を旅して、いらなくなったら捨てていけばいいのではないでしょうか。

現代は、星の数ほどにも本の書き手が見あたります。読み手と書き手がこれほど近づきあっている時代はありません。きのうの読者が、一夜あければ著者となって、あらたな読者にめぐりあう。その読者のなかから、またあらたな著者が生まれるのです。この循環の過程で読書の質も変わっていきます。人は書き手になることで熟練の読み手になるものです。

選書メチエはこのような時代にふさわしい書物の刊行をめざしています。

フランス語でメチエは、経験によって身につく技術のことをいいます。道具を駆使しておこなう仕事のことでもあります。また、生活と直接に結びついた専門的な技能を指すこともあります。

いま地球の環境はますます複雑な変化を見せ、予測困難な状況が刻々あらわれています。

そのなかで、読者それぞれの「メチエ」を活かす一助として、本選書が役立つことを願っています。

一九九四年二月　　野間佐和子